MĀORI MADE EASY

**For everyday learners
of the Māori language**

Scotty Morrison

RAUPO

Scotty Morrison (Ngāti Whakaue) is the well-known presenter of Māori current affairs programmes *Te Karere* and *Marae Investigates*. He holds a Diploma of Teaching, Bachelor of Education and Masters (Education) from Waikato University, and is currently working towards his PhD at Massey University. Scotty has been an Adjunct Professor and the Director of Māori Student and Community Engagement at Auckland's Unitec Institute of Technology, where he continues to promote te reo Māori through awareness, administration and specialised courses.

Born and raised in Rotorua, he now lives in Auckland with his wife Stacey Morrison and their children, Hawaiki, Kurawaka and Maiana.

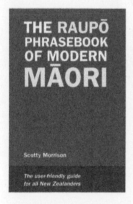

THE RAUPŌ
PHRASEBOOK
OF MODERN
MĀORI

Scotty Morrison

The user-friendly guide
for all New Zealanders

Also by Scotty Morrison

The most up-to-date, versatile and relevant resource for using Māori language in everyday life.

Whether you're a novice or emergent speaker of te reo Māori, or a complete beginner, you'll learn useful phrases for: the home, marae and workplace; meeting and greeting; eating and drinking; days and months; seasons and weather; counting and learning; travel and directions; sports and recreation; having fun and socialising . . . and much more!

The Raupō Phrasebook of Modern Māori is the guide that no home should be without.

'Clever but written in a user-friendly style . . . an important little book for all New Zealanders interested in te reo.'
—Katherine Findlay, *Mana*

Contents

Introduction

This book has been designed to accelerate your acquisition and learning of the Māori language. It is structured to utilise 30 minutes of your precious time each day. We are all time poor, so whenever you get 30 minutes in your busy schedule to do your Māori language study, that's when you do it. No waiting for your night class to start, no travelling to the local wānanga or university. Press your te reo Māori button for 30 minutes a day and get yourself to an intermediate standard of Māori language expertise.

The book is self-directed. At times you will be asked to log on to a website (www.MaoriMadeEasy.co.nz) to participate in oral and audio activities. Each week follows a general structure beginning with an introductory proverb and a conversation between two characters, Mere and Māka. Their conversation demonstrates the sentence structures that you will learn during the week.

The rest of the week is dedicated to explanations and exercises to assist and reinforce your knowledge regarding the new sentences and vocabulary of the week, culminating with a type of test where you translate what Mere and Māka said at the beginning of the week. The theory is that at the beginning of the week you read their conversation with little understanding of what's being said, but by the end of the week, after all your study and exercises, you are then able to understand what Mere and Māka are saying. A crossword often rounds out the week to reinforce the vocabulary acquired, but to also have a bit of fun!

Answers to the exercises are at the end of the book. On some occasions there are multiple answers and constructions possible; the constructions that you are taught are the ones that are given in the answer section. If you are required to write a sentence to explain something (and there is more than one possible answer) or are asked to draw a picture, no answer will be given at the back. Check answers at the end of each section only. No cheating e hoa mā!

Scotty Morrison

The Learning Journey

I began to learn te reo Māori during my first year at university when I was 19. My first-year results were mediocre to say the least, but I began to socialise with native speakers of the language as my interest and understanding of it grew. In my second year, I flatted with two expert native speakers of Māori, and it was during that year that I attained a level of fluency. I was fortunate to be exposed to a more colloquial style of language in our flat (where Māori was basically the favoured language during the whole year) while continuing on with the more formal textbook-based learning style at university. Based on my experience learning te reo Māori, I now advocate the following pathway for learning a new language:

Year One

Me aronui
Focus

Me manawanui
Be determined and tenacious

Me kimi kaiako mātau, tautōhito hoki
Find an experienced and renowned tutor or lecturer

Me kimi wāhi āhuru
Make sure you feel safe and comfortable in your learning environment

Me whai kaupapa wetewete kōrero māmā noa iho
Learn grammar but in a light and easy format

Me aro ki te wairua me te hā o te reo
Connect with the essence of the language

Me kimi hoa ako
Find a friend to learn with you

Me aro ki ngā rerenga pū, ki ngā rerenga māmā noa iho
Keep it simple, learn the fundamentals

Me ako kupu kōrero e hāngai ana
Learn words and phrases you will use regularly

Me mātaki i ngā kaupapa ako reo ki runga pouaka whakaata
Watch and analyse Māori language learning programmes on television

Me whakarongo hoki ki ngā kaupapa ako reo ki runga reo irirangi
Listen and analyse Māori language learning programmes on the radio

Me hono atu ki te rautaki reo a tō iwi
Join the language strategy of your tribe or community

Me tāwhai i te reo o tō kaiako, o te hunga mātau hoki
Imitate the language style of your tutor and expert speakers

Year Two
Me kimi kaupapa rumaki
Look for an immersion learning programme

Me ako tonu i ngā kupu kōrero e hāngai ana
Continue to learn words and phrases you will use regularly

Me tāwhai tonu i te reo o tō kaiako, o te hunga mātau hoki
Continue to imitate the language style of your tutor and expert speakers

Me kimi hoa kōrero Māori, mātau ake i a koe
Find Māori-speaking friends, especially ones more fluent than yourself

Year Three
Me tīmata koe ki te whakarāwai, me te whakanikoniko i tō reo
Begin to garnish and adorn your language

Me aro ki te takoto o te kupu
Focus more on grammar

Me tāwhai tonu i te reo o tō kaiako, o te hunga mātau hoki
Continue to imitate the language style of your tutor and expert speakers

Dialects

The major differences in terms of language style pertaining to the tribes of Aotearoa New Zealand are contained within the pronunciation of words, the vocabulary, and idioms. Māori ancestors were able to communicate effectively with each other despite dialectal differences, and even in today's setting a fluent speaker of Māori has no problem understanding other dialects of Māori. Some linguists claim that older speakers of Māori are more likely to speak language identifiable with a particular dialect or region, whereas younger speakers of Māori tend to do a lot of dialect mixing, especially those living in bigger cities. This view has some merit with the onus being on the young people to rediscover their own particular dialect if they are not living in their tribal regions.

The majority of young Māori speakers are outside their own tribal areas being taught by people who speak a dialect that is not their own. I remember my Māori language lecturer at Waikato University, who was from the Tūhoe tribe in the Eastern Bay of Plenty region, telling me I was starting to sound like a Tūhoe even though I am from the Te Arawa confederation of tribes in the Rotorua area.

My main focus at that stage was just to learn the language; dialect was irrelevant. If you are fortunate enough to be learning your own dialect, great! If you're not, don't worry! It's possible to learn your dialect at a later stage, and anyway, in my opinion the differences are not huge.

To illustrate this point, let's take a look at some examples. In the southwest of the North Island, in the Whanganui and Taranaki regions, the *h* is not pronounced and is in fact a glottal stop. So the word *whenua* (land) becomes *w'enua*, and *whakarongo* (listen) becomes *w'akarongo*.

If we cross over to the northeast of the North Island to the Tūhoe region in the Eastern Bay of Plenty, *ng* has merged with *n*, so words such as *kanga* (to curse) sound like *kana*, and *tangihanga* (funeral) sound like *tanihana*.

In parts of the Far North, where the tribes of Ngāpuhi, Te Aupōuri, Te Rarawa, Ngāti Hine, Ngāti Kurī and Ngāti Kahu live, *wh* has merged with *w* to produce a soft whispering sound on words like *whare* (house) and *whati* (to break or snap).

In the southern South Island dialect, the *ng* is a *k*, so you get words like *karanga* (to call) having its *ng* replaced by a *k* to become *karaka*.

North Island tribes call the highest peak of the South Island *Aorangi* (Mt Cook), but to local tribes of the South Island it's *Aoraki*.

If you venture over to the East Coast of the North Island, you may be greeted with a *'Kai te aha?'* by the locals. This is another example of regional dialect. For most tribal groups the equivalent phrase, *'Kei te aha?'*, means *'What are you doing?'* but in the East Coast it's a form of greeting which means, *'Hello, how are you?'*

You may have recognised the difference in spelling of the *kai* and the *kei* in these examples which again is a characteristic of dialectal difference. I can hear you saying, 'I thought "kai" meant food,' and yes, you are correct – the word *kai* is still the commonly accepted word for *food* throughout all tribal areas. It is also used in some instances to convert a verb into a noun, for example, *hanga* is the verb *to build*, so a *kaihanga* is a builder. *Kai* indicates the one who performs the action, in this case, the builder.

Some variations in the language come with the spelling of the words and some obvious examples of this would be *taina* and *teina* (younger sibling or relative), *toimaha* and *taumaha* (heavy), and *tupuna* and *tipuna* (grandparent or ancestor).

My advice to you is not to get too caught up in the dialect debate. At the end of the day, the differences in te reo Māori are probably not even big enough to be termed 'dialectal'. Regional variations may be a more accurate term to describe the current differences in the Māori language. The language in this book is reflective of the Māori language in its entirety and not necessarily from a particular dialect. The idioms and proverbs, however, may originate from specific areas.

WEEK ONE
Pronunciation

Whakataukī o te wiki
Proverb of the week
E tata tapahi, e roa whakatū
Procrastination is the thief of time

The Māori alphabet, or **Te Pū Taka Māori**, is made up of ten consonants and five vowels. Māori is a phonetic language which, when compared with other languages of the world, is reasonably simple to pronounce. All that is required is a bit of attention, a dose of respect and a sprinkle of patience. The key to correct pronunciation is to master the sounds of the five vowels, both short and long.

The five short vowels are:

a – pronounced like the 'a' in the word 'ago'

e – pronounced like the 'e' in the word 'egg'

i – pronounced like the 'i' in the word 'ink'

o – pronounced like the 'aw' in the word 'hawk'. Be careful not to say 'oh' like the 'o' in 'OK'!

u – pronounced like the 'u' in the word 'flute'

Long vowels have a macron, or a line on top of them, that lengthens the sound. So **a** with a macron on it (**ā**) becomes the elongated sound **aa**. It is extremely important to lengthen the vowel sound if there is a macron present in a word because it changes the meaning completely. For example, **mana** means *power, control, influence or authority* while **māna** is a word denoting possession and translates to *for him or her*. As you can see by the way it is written, there are no macrons on the two vowels in the commonly used Māori word **mana** and yet the vast majority of people in Aotearoa New Zealand tend to assign a macron to the first **a** so it gets mispronounced as **māna**, a different word altogether!

The five long vowels are:

ā – pronounced like the 'ar' in the word 'far'

ē – pronounced like the 'ai' in the word 'pair'

ī – pronounced like the 'ee' in the word 'peep'

ō – pronounced like the 'or' in the word 'store'

ū – pronounced like the 'oo' in the word 'moon'

If you give the wrong sound to these vowels, whether short or long, you are well on your way to messing up the correct pronunciation of a Māori name or word. The words **Taranaki** and **Waikato**, for example, are commonly mispronounced because the sound of the vowel **a** is said flat like in the word c*a*t. As mentioned earlier, sometimes long vowel sounds are shortened or short vowel sounds are lengthened, which gives the word a whole new meaning. Once the correct pronunciation of the vowel sounds is achieved, it should give you the confidence to dive on in there and make an honest attempt to say any Māori word correctly because, apart from length, the pronunciation of each vowel in Māori words is constant.

The ten consonants are:

h   k   ng   m   n   p   r   t   w   wh

The pronunciation of these consonants is pretty straightforward and they are similar in sound to the English consonants, though some are a little trickier. The **r** is very short and slightly rolled. If you can make the purring sound of a cat, that's the sound. It almost sounds similar to a *d* in English, but softer like the *d* sound in the word *shudder*. The **wh** digraph is usually pronounced as an English *f* sound, except in the Taranaki region where it is omitted for a glottal stop. The word **Whanganui** is written with an **h** in it, but a speaker from the area will say it like this, **W'anganui**. In some areas such as the Far North, the **wh** sound is a lot softer. If you can say the **wh** without your top teeth touching your bottom lip, that's the sound, but most contemporary Māori speakers pronounce it as an *f*, so I wouldn't spend hours and hours trying to keep your top teeth away from your bottom lip!

The **ng** tends to give people the most problems. The **ng** is said as it sounds in the English word *singer*. Try not to say the **ng** as it sounds in *finger*, it is a softer sound than that! For example, **Tauranga** is pronounced Tow-rah-ngah, not Tow-rang-gah! The final consonant that may differ slightly from English pronunciation is the **t**. The pronunciation of this consonant varies depending on which vowel appears after it. When followed by an **i** or **u**, it has an *s* sound, but it's not nearly as prominent as the *s* sound you hear in English. When followed by an **a**, **e**, or **o**, it's pronounced with little or no *s* sound.

Practise saying these well-known Māori words out loud. If you're a bit self-conscious, you may want to wait until there is no one else in the room!

HARATAU - PRACTICE

Rāhina - Monday

 30-minute challenge

1. Whakahuatia ā-waha ēnei oro o te reo Māori.
1. Practise saying the following Māori vowels out loud.

Firstly, the short vowel sounds:

a – pronounced like the 'a' in the word 'a̲go'

e – pronounced like the 'e' in the word 'e̲gg'

i – pronounced like the 'i' in the word 'i̲nk'

o – pronounced like the 'aw' in the word 'ha̲wk'. Be careful not to say 'oh' like the 'o' in 'OK'!

u – pronounced like the 'u' in the word 'fl̲u̲te'

And now the long vowel sounds:

ā – pronounced like the 'ar' in the word 'fa̲r'

ē – pronounced like the 'ai' in the word 'pa̲ir'

ī – pronounced like the 'ee' in the word 'pe̲e̲p'

ō – pronounced like the 'or' in the word 'sto̲re'

ū – pronounced like the 'oo' in the word 'mo̲o̲n'

2. Whakahuatia ā-waha ēnei kupu Māori rongonui nei.
2. Now practise saying the following well-known Māori words out loud.

 Concentrate on the vowel sounds – they are the key to correct pronunciation of Māori.

Aotearoa	Ao-te-a-ro-a	Aroha	A-ro-ha
Māori	Māo-ri	Mana	Ma-na
Haka	Ha-ka	Koha	Ko-ha
Karanga	Ka-ra-nga	Marae	Ma-rae
Moko	Mo-ko	Pākehā	Pā-ke-hā
Pōwhiri	Pō-whi-ri	Tangi	Ta-ngi
Taonga	Tao-nga	Waiata	Wai-a-ta
Waka	Wa-ka	Whānau	Whā-nau
Whenua	Whe-nu-a		

 Now go to www.MaoriMadeEasy.co.nz

3. Ināianei, kimihia te tikanga o ēnei kupu Māori.

3. Find the meanings of each of these common Māori words.

Aotearoa	New Zealand. Long White Cloud.
Aroha	Love. Compassion.
Māori	Normal. Usual. Natural. Common.
Mana	Power. Pride. Prestige.
Haka	War Dance.
Koha	Gift. Present. Donation.
Karanga	Call. Ceremonial call of welcome.
Marae	enclosed space in front of the wharenui
Moko	Traditional Māori Tatoo.
Pākehā	Foreign. non-Māori.
Pōwhiri	Welcome
Tangi	Cry. Mourn. Funeral.
Taonga	Treasure. Precious.
Waiata	Song. to sing.
Waka	Canoe. Vehicle.
Whānau	Family. to be born or give birth.
Whenua	Land. Placenta.

Rātū – Tuesday

 30-minute challenge

1. Whakahuatia ā-waha ēnei oro o te reo Māori.

1. Practise saying the following Māori vowels out loud.

Firstly, the short vowel sounds:

a – pronounced like the 'a' in the word '<u>a</u>go'

e – pronounced like the 'e' in the word '<u>e</u>gg'

i – pronounced like the 'i' in the word '<u>i</u>nk'

o – pronounced like the 'aw' in the word 'h<u>aw</u>k'. Be careful not to say 'oh' like the 'o' in 'OK'!

u – pronounced like the 'u' in the word 'fl<u>u</u>te'

And now the long vowel sounds:

ā – pronounced like the 'ar' in the word 'f<u>ar</u>'

ē – pronounced like the 'ai' in the word 'p<u>ai</u>r'

ī – pronounced like the 'ee' in the word 'p<u>ee</u>p'

ō – pronounced like the 'or' in the word 'st<u>or</u>e'

ū – pronounced like the 'oo' in the word 'm<u>oo</u>n'

2. Whakahuatia ā-waha ēnei kupu Māori rongonui nei.
2. Practise saying the following well-known Māori words out loud.

 The longer you say a word incorrectly, the harder it becomes to learn to say it correctly. Bad habits take a long time to break!

Each of the following words contains the digraph **ng**. The **ng** tends to be the most problematic part of pronunciation for most people, apart from the vowel sounds, so remember to make the **ng** sound similar to that heard in the English word *singer*.

maunga   ngaki   ngaro   ngata   kanga

The following words provide more practice on the digraph **ng**, however, there are now macrons present on these words, so be mindful of how you pronounce them.

ngākau   mātanga   ngārara   tīrangi   kānga

Each of the following words contains the **wh** digraph. Remember, most contemporary Māori speakers pronounce it as an *f*.

whakarongo   whare   whai   whatitiri   whana

The following words provide more practice on the digraph **wh**, however, there are now macrons present in these words, so be mindful of how you pronounce them.

whāriki   whā   whāwhā   whāea   whakahē

 Now go to www.MaoriMadeEasy.co.nz

3. Ināianei, kimihia te tikanga o ēnei kupu Māori.
3. Your final task is to find the meanings of each of these words.

Maunga	Mountain
Ngaki	Revenge, to clear weeds.
Ngaro *(blowfly or fly)*	Lost. Missing.
Ngata	Snail.
Ngākau	Heart. Affection
Mātanga	Expert. Skilled. Analyst.
Ngārara	Insect. Bug.
Tīrangi	Unsettled.
Kānga	Corn.
Whakarongo	Listen. Hear.
Whare	House.
Whai	Follow.
Whatitiri	Thunder.

Whana	Kick.
Whāriki	Mat. Carpet.
Whā	Four.
Whāwhā	Feel.
Whāea	Mother.
Whakahē	Disagree.

Rāapa – Wednesday

 30-minute challenge

1. Whakahuatia ā-waha ēnei wāhi o te motu.
1. Practise saying the following Māori place names out loud.

 **Good pronunciation is essential for speaking AND understanding spoken Māori well.**

The following place names provide practice on the consonant **r**. Remember, the **r** is very short and slightly rolled. If you can make the purring sound of a cat, that's the sound.

Rotorua   Ruapehu   Reporoa   Ramarama   Rakiura

The following place names provide more practice on the consonant **r**, however, there are now macrons present in these words, so be mindful of how you pronounce them.

Rāwhiti   Rāwene   Ruawāhia   Rāpaki   Ruatōria

The following place names are more difficult and are constantly mispronounced. Challenge yourself! See how you go!

Ngāruawāhia   Whatawhata   Te Kauwhata   Whāingaroa   Taupō

And finally, the main centres of Aotearoa New Zealand, starting in Auckland and heading south to Dunedin.

Tāmaki Makaurau   Kirikiriroa   Te Whanganui-a-Tara
Ōtautahi   Ōtepoti

 Now go to www.MaoriMadeEasy.co.nz

2. Tāwhaitia te reo e rongo ana koe.
2. Imitate what you are hearing.

When I began learning Māori, one of the methods I used to accelerate language acquisition was to 'imitate' the style, subtleties, nuances and flow of expert speakers. To 'imitate' means to copy someone or something, or to do something the same way. My learning experience was enhanced and my language acquisition was accelerated by copying the sentence structures and words used by our expert native speakers. So, pick an eloquent speaker of Māori, learn their style and begin to imitate the way they speak!

For this next activity, close your eyes and listen to the five sample Māori sentences on the website. These sentences are all **whakataukī** or proverbs. They are great to learn because they are one-off statements that are very Māori in meaning and can be used in many contexts. They are listed below, but don't look at them yet. First, listen carefully to how they are being said on the website and try to make the same sounds. **Hear** the sounds and don't try to **see** the words. Listen many times, not just once!

3. Ināianei me ako ngā whakataukī.

3. Now learn the meanings of each proverb.

Hōhonu kakī, pāpaku uaua	*Long on words, short on actions*
Okea ururoatia	*Never say die*
Iti noa ana he pito mata	*From the withered tree a flower blooms*
E kore a muri e hokia	*What's done is done*
Kia mau ki te tokanga nui a noho	*There is no place like home*

Rāpare – Thursday

 30-minute challenge

1. Whakahuatia ā-waha ēnei takirua o te reo Māori.

1. Practise saying these word pairs.

The following words are spelt the same, but are pronounced differently and therefore have different meanings. The presence of the macron changes the pronunciation and the meaning.

 Practise, practise, practise is the only way your pronunciation will improve! Speaking Māori will feel uncomfortable, so you need to practise until the words feel natural.

mana	māna
aka	āka
wahine	wāhine
aku	āku
toto	tōtō
take	tāke
tana	tāna

patu	pātū
ata	āta
pahi	pahī

2. Mai i te rārangi kupu takirua kātahi anō ka whakahuatia e koe, tuhia ngā kupu kāore e mārama ana ki a koe me ā rātou whakamārama.

2. *From the pairs list you have just been practising, write the words you don't understand and their meanings.*

1. _____
2. _____
3. _____
4. _____
5. _____
6. _____
7. _____
8. _____
9. _____
10. _____
11. _____
12. _____
13. _____
14. _____
15. _____

Rāmere – Friday

 30-minute challenge

1. E huri ki te ipurangi. Kei reira ngā kupu katoa o tēnei wiki e whakahuatia ana. Ko tāu he tāwhai i te whakahuatanga o ia kupu. Kua waiho he whakamatuatanga e whakahua mai ai koe i ia kupu. Ko te painga atu, mēnā ka whakamahi koe i tō kawe reo ki te hopu i tō whakahua hei whakarongotanga anō māu.

1. *Go to the website. There is a sample pronunciation guide for all the words used in this week's pronunciation exercises. Your challenge is to listen to each sample, and in the space provided, imitate the correct pronunciation you have just heard. It would be great if you could use your cell phone or another device to record yourself, so you can listen to what you sound like.*

Now go to www.MaoriMadeEasy.co.nz

2. Kimihia te whakamārama tika mō ngā whakataukī i ako ai koe inanahi.

2. *Your next task is to match the meanings of the proverbs you learnt yesterday.*

Hōhonu kakī, pāpaku uaua	*Never say die*
Okea ururoatia	*There is no place like home*
Iti noa ana he pito mata	*What's done is done*
E kore a muri e hokia	*From the withered tree a flower blooms*
Kia mau ki te tokanga nui a noho	*Long on words, short on actions*

At the end of the week, you will be provided with a word list to familiarise yourself with over the course of the weekend. The number of words to learn will vary each week. These word lists will assist you to complete the learning and exercises that have been set for the coming week. You will also sometimes be provided with a crossword.

Weekend Word List

Pene	Pen
Pukapuka	Book
Rākau	Tree
Ika	Fish
Waka	Canoe
Tā whakaahua	Camera
Whare	House
Ngeru	Cat
Hū	Shoe
Manu	Bird
Pūngāwerewere	Spiders
Rau	Leaf
Waka rererangi	Plane
Wharekai	Restaurant
Whare rongoā	Chemist
Tāne	Man / Male
Wahine	Woman / Female
Kōtiro	Girl
Tama	Boy
Koroua	Old man

Kuia	Old woman
Pēpi	Baby
Kaiako	Teacher
Kaitākaro	Player

WEEK TWO
Numbers

Hōhonu kakī, pāpaku uaua
Long on words, short on actions

Learning how to count in Māori is obviously going to be critical as your knowledge of the language grows. It does take quite a bit of time and practice, but hopefully by the end of this week you will be familiar with the numeracy in te reo Māori.

Cardinal numbers used for counting are as follows:

kore	*zero*
tahi	*one*
rua	*two*
toru	*three*
whā	*four*
rima	*five*
ono	*six*
whitu	*seven*
waru	*eight*
iwa	*nine*
tekau	*ten*
tekau mā tahi	*eleven*
tekau mā rua	*twelve*
tekau mā toru	*thirteen*
tekau mā whā	*fourteen*
tekau mā rima	*fifteen*
tekau mā ono	*sixteen*
tekau mā whitu	*seventeen*
tekau mā waru	*eighteen*
tekau mā iwa	*nineteen*
rua tekau	*twenty*
rua tekau mā tahi	*twenty-one*
toru tekau	*thirty*
whā tekau	*forty*
rima tekau	*fifty*

ono tekau	*sixty*
whitu tekau	*seventy*
waru tekau	*eighty*
iwa tekau	*ninety*
kotahi rau	*one hundred*
rua rau	*two hundred*
kotahi mano	*one thousand*
kotahi miriona	*one million*

Ordinal numbers used for ranking between one and nine, require the prefix tua:

Tuatahi	*First*
Tuarua	*Second*
Tuatoru	*Third*
I tuawhā ia	*He / She came fourth*
Wāhanga tuarima	*Chapter five*
Kei te papa tuaono tōna whare	*His / Her apartment is on the sixth floor*

Ordinal numbers from 10 upwards require no prefix:

Tekau mā rima	*Fifteenth*
Tekau mā ono	*Sixteenth*
Rua mano mā tahi	*2001*
Rua mano tekau mā tahi	*2011*
Kotahi mano, iwa rau, waru tekau mā waru	*1988*

HARATAU – PRACTICE

Rāhina – Monday

 30-minute challenge

1. **E huri ki te ipurangi. Kei reira ngā nama o runga nei e whakahuatia ana. Ko tāu he tāwhai i te whakahuatanga o ia nama. Kua waiho he whakamatuatanga e whakahua mai ai koe i ia nama. Ko te painga atu mēnā ka whakamahi koe i tō kawe reo ki te hopu i tō whakahua hei whakarongotanga anō māu.**

1. *Go to the website. There is a sample pronunciation guide for all the numbers mentioned above. Your challenge is to listen to the pronunciation of each number, and in the space provided, imitate*

the correct pronunciation you have just heard. It would be great if you could use your cell phone or another device to record yourself, so you can listen to what you sound like.

 Now go to www.MaoriMadeEasy.co.nz

2. Tuhia te kupu Māori mō ia nama.

2. *Write the Māori word for each number.*

10 Tekau	2	6	20
100	40	70	3
1	8	5	50
1000	14	12	7
0	9	11	18
60	4	13	15

Rātū – Tuesday

 30-minute challenge

1. Honoa te nama ki tōna whakamārama tika.

1. *Match the ordinal number to its correct meaning. (Remember – ordinal numbers used for ranking between one and nine require the prefix tua.)*

tuawhitu	first
tuatahi	second
tuaono	third
tuatoru	fourth
tuaiwa	fifth
tuawhā	sixth
tuarua	seventh
tuawaru	eighth
tuarima	ninth

2. Tuhia te kupu Māori mō ia nama.
2. *Write the Māori word for each number.*

21 Rua tekau mā tahi	33 Toru tekau mā toru	66	28
99	43	76	39
31	58	55	52
79	61	24	87
90	89	42	18
40	4	13	85

Rāapa – Wednesday

When asking about how many items or objects there are, use **e hia**.

E hia ngā āporo?	*How many apples are there?*
E whitu ngā āporo	*There are seven apples*
E hia ngā matimati?	*How many fingers?*
E rima ngā matimati	*There are five fingers*
E hia ngā hōiho?	*How many horses are there?*
Kotahi te hōiho	*There is one horse*

Hia is a question word and it means *how many*. In the examples above, you have also been introduced to the Māori word for *the*. There are two forms, a singular form **te** and a plural form **ngā**. So when you are talking about one item or object you use **te**, and more than one you use **ngā**. Therefore, **te** will always follow the number **kotahi**, and **ngā** will follow all other numbers because they will always be more than **tahi**, or *one*. So, when indicating there is only one, *kotahi* is used, irrespective of whether it indicates people or objects.

Kotahi te rangatira	*There is only one leader*
Kotahi te whakautu	*There is only one answer*
Kotahi te māngai mō tātou	*There is only one spokesperson for us*
Kotahi te rongoā	*There is only one remedy*
Kotahi mano, iwa rau, waru tekau mā waru	*1988*

When asking the question *how many*, always use the plural form **ngā**, like this, **e hia ngā . . .** If you use **e hia te . . .** then you are already saying there is one object, so what is the point of asking?! When you answer the **e hia** question, simply remove the question word **hia** and replace it with the correct number.

🕐 30-minute challenge

1. Whakautua te pātai mō ia whakaahua.

1. Answer the question about each picture.

1. E hia ngā pene?

E whā ngā pene

2. E hia ngā pukapuka?

_____

3. E hia ngā rākau?

_____

4. E hia ngā waka?

_____

2. Whakamāoritia ēnei rerenga kōrero.
2. Translate these sentences into Māori.

1. There are 27 spiders

   _____

2. There is 1 bird

   _____

3. There are 2 mountains

   _____

4. There are 94 leaves

   _____

5. There are 6 planes

   _____

6. There are 100 restaurants

   _____

7. There are 3 chemists

   _____

8. There are 10 schools

   _____

9. There are 52 shoes

   _____

10. There are 67 cameras

    _____

Rāpare – Thursday

When asking about how many people there are, you can use the prefix
toko. When responding, only use **toko** when the number of people
being spoken about is between two and nine:

Tokohia ngā tāngata?	*How many people?*
Tokowaru	*Eight*
Tokohia ngā tamariki?	*How many children?*
Tokotoru ngā tamariki	*Three children*
Tokohia ngā wāhine o tēnei kapa?	*How many women in this team?*
Tekau mā rua	*Twelve*
Tokohia ngā tāne i haere?	*How many men went?*
Kotahi rau, ono tekau mā whā	*One hundred and sixty four*

1. Whakautua te pātai mō ia whakaahua.

1. Answer the question about each picture.

1. Tokohia ngā tāne?

Tokoono ngā tāne

2. Tokohia ngā wāhine?

_____

3. Tokohia ngā tamariki?

_____

4. Tokohia ngā kōtiro?

_____

5. Tokohia ngā tama?

_____

6. Tokohia ngā koroua?

_____

7. Tokohia ngā kuia?

_____

8. Tokohia ngā pēpi?

_____

9. Tokohia ngā māmā?

_____

10. Tokohia ngā kaitākaro?

_____

2. Whakamāoritia ēnei rerenga kōrero.
2. Translate these sentences into Māori.

1. There are 7 men

_____

2. There is 1 baby

_____

3. There are 2 fathers

_____

4. There are 74 players

_____

5. There are 6 old men

_____

6. There are 100 people

_____

7. There is 1 person

_____

8. There are 9 girls

_____

9. There are 54 boys

_____

10. There are 6 teachers

_____

Rāmere – Friday

When asking how many items or objects are required, use **kia hia**:

Kia hia ngā pukapuka (māu)?	*How many books (do you want)?*
Kia whitu ngā pukapuka (māku)	*Seven books (for me)*
Kia hia ngā inu (māu)?	*How many drinks (do you want)?*
Kia rua tekau mā whā ngā inu.	*Two dozen (twenty-four)*

Hōmai kia kotahi te tōtiti, kia rua ngā hēki
(Can I have) one sausage and two eggs

You will notice the words **māu** (for you) and **māku** (for me) have been placed in brackets. This is because these words will be analysed in more depth as your expertise with te reo Māori develops.

 30-minute challenge

1. Whakautua te pātai mō ia whakaahua.
1. *Answer the question about each picture.*

1. Kia hia ngā āporo māu?

Kia tekau mā ono ngā āporo māku

2. Kia hia ngā tōtiti māu?

_____

3. Kia hia ngā inu māu?

_____

4. Kia hia ngā hēki māu?

_____

5. Kia hia ngā pukapuka māu?

_____

6. Kia hia ngā huka māu?

_____

7. Kia hia ngā mārau māu?

_____

8. Kia hia ngā māripi māu?

_____

9. Kia hia ngā koko iti māu?

_____

10. Kia hia ngā pōro māu?

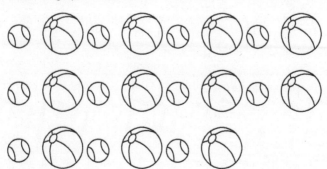

---

2. Whakamāoritia ēnei rerenga kōrero. Whakamahia te kupu *hōmai* ki te tīmatanga.

2. *Translate these sentences into Māori. Use the word* hōmai *or give (to me) at the start of each sentence.*

1. I will have 3 eggs
   Hōmai kia toru ngā hēki māku

2. I will have 30 drinks
   _____

3. I will have 2 teaspoons
   _____

4. I will have 6 bananas
   _____

5. I will have 99 pens
   _____

6. I will have 2 coffees
   _____

7. I will have 7 rugby balls
   _____

8. I will have 15 light bulbs
   _____

9. I will have 1 fork
   _____

10. I will have 1 knife
   _____

Weekend Word List

Tāmaki Makaurau	Auckland
Kirikiriroa´	Hamilton
Ngāmotu	New Plymouth
Te Papa-i-o-ea	Palmerston North
Ahuriri	Napier
Heretaunga	Hastings
Whakatū	Nelson
Te Whanganui-a-Tara	Wellington
Ōtautahi	Christchurch
Ōtepoti	Dunedin
Toa	Shop
Ngahau	Party / Concert
Whare kanikani	Night club
Papa tākaro	Sports field / Playground

WEEK THREE
Greeting and farewelling people / Asking where someone is going

Whakataukī o te wiki
Proverb of the week
Okea ururoatia
Never say die

He Tauira Kōrero:
Mere: Tēnā koe.
Māka: Kia ora.
Mere: Kei te pēhea koe?
Māka: Kei te pai au. Kei te pēhea koe?
Mere: Kei te pai au. Nō hea koe?
Māka: Nō Rotorua au. Nō hea koe?
Mere: Nō Tāmaki au. Ko wai tō ingoa?
Māka: Ko Māka. Ko wai tō ingoa?
Mere: Ko Mere.
Māka: Kei te haere koe ki hea, e Mere?
Mere: Kei te haere au ki te toa.
Māka: Ka pai te tūtaki ki a koe e Mere, mā te wā.
Mere: Āe, ka kite anō i a koe.

The next step on your language learning journey begins with a simple conversation you can have when you are greeting someone. It doesn't matter if they are a friend or a stranger, you can still begin the conversation with these sentences.

So let's say you are meeting a friend at a café. They walk in the door and sit down at the table. What's the first thing you would say to them? Excellent! You would say *hello*. So how do we say *hello* in Māori? There are two ways you can say *hello* to your friend: **kia ora** or **tēnā koe**.

The greeting **kia ora** literally means *I wish you good health and prosperity*, which is a nice sentiment to use when greeting another person. **Tēnā koe** literally means *there you are*, or if you have watched the James Cameron movie *Avatar, I see you*. It is therefore an acknowledgement that your friend is present. There are some who believe that **kia ora** is a more informal style of greeting than **tēnā koe**. I personally do not subscribe to that interpretation and believe both are appropriate greetings in both informal and formal settings.

Kia ora or **tēnā koe** will usually be accompanied by a handshake and a **hongi**, or pressing of the noses.

You are then going to ask your friend how they are. To do this, we are going to use the present tense sentence starter **kei te**. Starting a sentence with **kei te** means that you are asking about or talking about something that is happening at this very moment in time, or in the present tense. If we add the question word **pēhea**, or *how* to our present tense marker **kei te**, we get **kei te pēhea** which could mean *how is* or *how are* depending on the subject word that we are going to add on at the end of the sentence. For our sample conversation that we are creating, that subject word is going to be **koe** or *you (one person)*. OK, let's do some practice!

HARATAU – PRACTICE

Rāhina – Monday

 30-minute challenge

1. **Whakarongo ki te tauira kōrero e whakahuatia ana i runga ipurangi, ā, tāwhaitia.**
1. *Listen to the sample dialogue on the website, and imitate what you hear.*

2. **Tirohia ngā whakaahua e rua. Me mihi ki ia tangata, me pātai hoki, *kei te pēhea*. Tuatahi, me mahi ā-waha. Tuarua, me tuhi i tō mihi ki raro i ia whakaahua.**
2. *Look at the following two pictures. Greet each person and ask them how they are, using the Māori you have just learnt. The first part of the exercise is to do this orally. The second part is to write what you have said below each picture.*

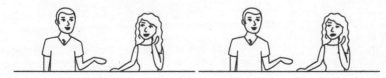

You are now familiar with the question **Kei te pēhea koe?** to ask how someone is. At the beginning of this chapter, the sample response to the question **Kei te pēhea koe?** was **Kei te pai au** or *I'm feeling good*. You will notice the presence of the subject word or personal pronoun **au** in the response. This is the word for *me* or *I*.

 Anytime a question contains *koe*, *au* will be in the response. Likewise, if *au* is in the question, *koe* will be in the response. So remember this formula:

Question	Answer
koe (you)	**au (I, me)**
au (I, me)	**koe (you)**

Of course, whether you are asking or responding to the question **kei te pēhea?**, the answer is not always going to be **kei te pai**. So there is a range of possible responses when asking or answering the question, **kei te pēhea koe?**

3. Akohia ēnei kōrero 10 hei whakautu i te pātai, *kei te pēhea koe*?

3. Learn these 10 responses to the question, how are you?

Kei te hiakai au	I'm hungry
Kei te hiainu au	I'm thirsty
Kei te tino ora au	I'm extremely well
Kei te pērā tonu au	I'm still the same
Kei te māuiui au	I'm unwell / sick
Kei te ngenge au	I'm worn out / tired
Kei te pukumahi au	I'm very busy
Kei te pukuriri au	I'm a bit peeved / annoyed
Kei te hōhā au	I'm over it / I've had enough
Kei te kaha tonu au	I'm still strong

Rātū – Tuesday

 30-minute challenge

1. He tirohanga whakamuri. Kimihia te whakamārama tika mō ēnei rerenga kōrero i ako ai koe inanahi.

1. OK, revision time! Your first task today is to match the responses you learnt yesterday to the correct meaning.

Kei te hiakai au	I'm very busy
Kei te hiainu au	I'm unwell
Kei te tino ora au	I'm still the same
Kei te pērā tonu au	I'm over it / I've had enough
Kei te māuiui au	I'm still strong
Kei te ngenge au	I'm annoyed
Kei te pukumahi au	I'm worn out / tired
Kei te pukuriri au	I'm extremely well
Kei te hōhā au	I'm hungry
Kei te kaha tonu au	I'm thirsty

So far, you have been introduced to two of the three singular personal pronouns, **koe** and **au**. Remember, these words are singular because they are talking about one person only. Now is a great time to learn the third and final singular personal pronoun, and it's only your second week! **Ka wani kē koe** / You're awesome all right!

You have learnt that **koe** means *you* and **au** means *I* or *me*. We are now going to learn the word for *he / him* or *she / her*, which is **ia**! This word is pronounced almost like the English word *ear*. Just like **koe** and **au**, **ia** is not gender specific, so you may use it to talk about a male or female.

 Anytime a question contains *ia*, *ia* will be in the response. So your formula now looks like this:

Question	Answer
koe (you)	**au (I, me)**
au (I, me)	**koe (you)**
ia (he / him, she / her)	**ia (he / him, she / her)**

OK, now I want you to practise these singular personal pronouns.

2. **Kimihia kia rua ngā taputapu e āhua tangata ana te āhua, pērā i ngā pakoko tuahangata e rua, ngā tāre e rua, ngā newanewa e rua rānei. Hangaia he tapatoru i waenganui i a koutou, ko koe ki tētahi pito, ko ngā taputapu nei ki ērā atu. Haratautia te kōrero nei, 'Ko au, ko koe, ko ia'. Tohua tō kōroa ki a 'au', ki a 'koe', ki a 'ia' hoki hei whakaatu i te ahunga o te kōrero, engari ka tohua ana tō kōroa ki a 'ia' me hāngai tonu te titiro ki a 'koe'. Mēnā he hoa tokorua ōu, he whānau rānei, whakamahia ko rāua!**

2. *Find two objects to represent people, maybe a couple of superhero action figures, a couple of Barbie dolls or some cuddly toys. Place them in a triangle shape, with you at one point and the objects at the other two. Practise saying, 'Ko au, ko koe, ko ia'. For this exercise,*

it's important to use your finger to indicate who you are addressing, so finger towards you for 'au', finger towards one of the objects for 'koe', and still looking at 'koe', finger pointing towards the other object for when you say, 'ia'. Of course if you have a couple of friends or some family members at your disposal, use them for this exercise!

3. Kia oti tērā mahi, whakawhānuihia ki ēnei rerenga: Kei te pehea au? Kei te pēhea koe? Kei te pēhea ia? Me tohu tonu ki te kōroa, e ahu ana tō pātai ki a wai, ā, kaua e wareware, me hāngai tonu te titiro ki a 'koe'.

3. Once you have mastered that exercise, start to incorporate these questions: Kei te pehea au? Kei te pēhea koe? Kei te pēhea ia? You must still use your finger to point to the person you are directing the question to, and remember, eyes don't leave 'koe'.

 You will very rarely, if ever, ask, 'kei te pēhea au?' but continue to use it in these exercises at this stage, because it will help you to comprehend the pronouns, *au*, *koe* and *ia*.

4. Whakapākehātia ēnei rerenga kōrero.
4. Translate the following sentences into English.

Kei te ngenge ia

_____

Kei te pukumahi ia

_____

Kei te pukuriri ia

_____

Kei te hōhā ia

_____

Kei te kaha tonu ia

_____

Kei te hiakai ia

_____

Kei te hiainu koe

_____

Kei te tino ora ia

_____

Kei te māuiui koe

Rāapa – Wednesday

These next two questions are more likely to be asked when you are unfamiliar with the person you are greeting because you are now going to establish where they are from and what their name is. At this point we are introduced to a new sentence starter **nō** meaning *from*, and a new question word **hea** meaning *where*. These two words combined, **nō hea**, mean *where from*. Add the personal pronoun **koe** to the end of these two words and we get, **nō hea koe?** or *where are you from*? It is an important part of Māori culture to establish any kinship ties that may exist between you and the person or people you are greeting. This is the reason the question **nō hea** is frequently asked at the beginning of the conversation.

To further establish kinship relationships, you may ask the question **ko wai tō ingoa?** or *what is your name*? Our new question word is **wai** or *who*, so literally we are asking *who is your name*? The word **ingoa** means *name,* the sentence starter **ko** introduces the name of someone or something and the possessive particle **tō** means *you* or *your*, so **ko wai tō ingoa?** = *what is your name*?

Answering the questions

OK! This is the easy part! The question words we have been introduced to so far, are **pēhea** or *how*, **hea** or *where* and **wai** or *who*. To answer these two questions, simply replace the question word with the appropriate response. You don't need to change any other words in the sentence. So, begin your answer with what the question begins with, i.e., **kei te** or **nō**, then take out the **pēhea** or **hea** and put in your answer. Let's look at the examples from our sample conversation at the beginning of this chapter.

Mere asks Māka, **Kei te pēhea koe?** Māka responds by repeating the **kei te** but takes out the **pēhea** and replaces it with the adjective **pai** or *well / good*. He also changes the **koe** to **au**, because he is responding with '*I am . . .*'

Mere then asks Māka, **Nō hea koe?** Māka responds by repeating the **nō** but takes out the **hea** and replaces it with the location **Rotorua**. Finally, Mere asks Māka, **Ko wai tō ingoa?** Māka responds by repeating the **ko** but takes out the **wai** and replaces it with his name, Māka. So let's do some practice!

30-minute challenge

1. **Tirohia te mahere o Aotearoa. Tīmata ki Te Hiku-o-Te-Ika, piki whakarunga me te kī ake nō tēnā wāhi, nō tēnā wāhi, nō tēnā wāhi koe. Hei tauira: 'Nō Whangārei au, Nō Tāmaki au,' etc. Mēnā kei roto tonu te ingoa wāhi i te reo Pākehā, kimihia tōna ingoa Māori.**

1. *Look at the map of New Zealand. Start at the top of the North Island and move down the map saying you are from each area marked on the map. Like this: 'Nō Whangārei au, Nō Tāmaki au', etc. If the place name is in English, find its Māori name.*

According to Māori tradition, a famous ancestor named Māui fished up the North Island. If you look carefully at the map, the shape of the North Island is a fish, or Te Ika-a-Māui (Māui's great fish). The tail is in the north and the head of the fish is in Wellington. So when speaking Māori, from Auckland you go up to the head of the fish, to Wellington, and down to the tail of the fish, to Whangārei, Paihia, Kaitāia etc.

2. Tuhia ō kōrero hei whakaoti i te kōrero nei.

2. Write your responses to complete this dialogue.

Ko Mere: Tēnā koe

Ko koe: _____

Ko Mere: Kei te pēhea koe?

Ko koe: _____

Ko Mere: Nō hea koe?

Ko koe: _____

Ko Mere: Ko wai tō ingoa?

Ko koe: _____

3. Akohia ēnei mihi hōu.

3. Learn these new ways of addressing people.

E kui = used for an elderly woman

E koro = used for an elderly man

E kare = used for a close or intimate friend

E hoa = used for a friend

E tama = used for a young boy

E hine = used for a young girl

4. Whakapākehātia ēnei rerenga kōrero.

4. Translate the following sentences into English.

Kei te pēhea koe, e hoa?

_____

Nō hea koe, e koro?

_____

Kei te pukuriri au, e kare.

_____

Kei te hōhā ia, e kui.

_____

Kei te pukumahi koe, e tama?

_____

Ko wai tō ingoa, e hine?

_____

Rāpare – Thursday

There are two sentence structures we are going to learn to ask someone where they are going to. In our sample dialogue, Māka asks Mere, **'Kei te haere koe ki hea?'** You may find it easier to say, **'Ki hea tō haere?'** Both of these structures achieve the objective of asking someone where they are going. You should now be familiar with the question word **hea** meaning *where* from yesterday's session, however, **hea** now combines with **ki** to become *to where*. So **kei te haere koe ki hea?** literally means *going you to where* or in proper English, *where are you going?* **Ki hea tō haere?** means *where are you off to?*

Sometimes a short answer is all that is required to answer **kei te haere koe ki hea?** or **ki hea tō haere?**

Look at these examples:

Kei te haere koe ki hea?	Ki te toa
Where are you going?	*To the shop*
Ki hea tō haere?	Ki te whare wānanga
Where are you going?	*To the university*
Kei te haere koe ki te ngahau?	Kāo
Are you going to the party?	*No*
Kei te haere koe ki te kura?	Āe
Are you going to school?	*Yes*

Āe is *yes* and **kāore** or **kāo** is *no* in te reo Māori.

🕐 **30-minute challenge**

1. **Tirohia ngā whakaahua. Haratautia te pātai, 'kei te haere koe ki hea? / ki hea tō haere?'**

1. *Look at the following three pictures. Practise saying where each person is going.*

2. Nā, kua pātaitia e koe te pātai ki ōna āhua e rua, ināianei whakautua te pātai me te mea nei ko koe kē i te pātaitia.

2. Great! You've practised asking both versions of the question. Now answer the question for each picture, as if you were the one being asked where you're going.

3. Whakaotia ēnei rerenga kōrero ki te kupu Māori e tika ana. Tīpakohia tō kupu Māori i ngā kupu i te porohita.

3. Complete the following sentences by finding the correct Māori word. Choose your Māori word from those in the circle.

whare wānanga
kāinga   toa
ngahau   whare paku
papa tākaro   hui
moenga   moana
whare kanikani

a. Kei te haere au ki te (night club)

_____

e. Kei te haere au ki te (bed)

_____

h. Kei te haere au ki te (sports field / playground)

_____

i. Kei te haere au ki te (restroom)

_____

k. Kei te haere au ki te (home)

_____

m. Kei te haere au ki te (university)

_____

n. Kei te haere au ki te (party)

_____

o. Kei te haere au ki te (meeting)

_____

p. Kei te haere au ki te (shop)

_____

r. Kei te haere au ki te (beach / oceanside)

_____

Rāmere – Friday

Te reo Māori provides a variety of ways to bid a person farewell at the end of a conversation. You will notice that in our sample dialogue at the beginning of this week, Māka uses **'Mā te wā'** to end his conversation with Mere. I would translate this in today's colloquial-style language as *'Catch you later'*. Mere replies with, **'Ka kite anō i a koe'** or *'See you again soon'*.

These two styles of farewelling a person are simple and can be used in any situation. They differ from terms such as **haere rā**, which is only used when you are saying goodbye to a person who is leaving, and **e noho rā**, **noho ake rā** or **hei konei rā** which is only used by you, the person who is leaving, to those who are staying.

A good phrase to learn is **'Ka pai te tūtaki ki a koe'** or *'It's a pleasure to meet you'*. It's always a winning line to pull out of the bag when you are meeting someone for the first time!

 30-minute challenge

This week you have learnt a bit about the sentence structures contained in our sample dialogue. So here's your first challenge for the day.

1. **Whakamāoritia te tauira kōrero i waenganui i a Māka rāua ko Mere.**

1. *Translate the sample dialogue between Māka and Mere.*

   Mere: Tēnā koe.

   _____

   Māka: Kia ora.

   _____

   Mere: Kei te pēhea koe?

   _____

   Māka: Kei te pai au. Kei te pēhea koe?

   _____

   Mere: Kei te pai au. Nō hea koe?

   _____

   Māka: Nō Rotorua au. Nō hea koe?

   _____

   Mere: Nō Tāmaki au. Ko wai tō ingoa?

   _____

   Māka: Ko Māka. Ko wai tō ingoa?

   _____

Mere: Ko Mere.

Māka: Kei te haere koe ki hea, e Mere?

Mere: Kei te haere au ki te toa.

Māka: Ka pai te tūtaki ki a koe e Mere, mā te wā.

Mere: Āe, ka kite anō i a koe.

He Pangakupu

Complete the crossword below

Down

1. busy
2. university
3. meet
5. Dunedin
7. unwell
9. you
11. how
12. intimate friend
14. me
16. him

Across

4. shop
6. catch you later
8. see you again
10. Christchurch
13. hello
15. hungry
17. where

Weekend Word List

Whakaheke ngaru	Surfing
Pānui pukapuka	Reading
Kāinga	Home
Kata	Laugh
Hīkoi	Walk
Tākaro	Play
Moe	Sleep
Tangi	Cry
Kapa haka	Māori performing arts
Piki	Ascend
Kura	School
Pouaka whakaata	TV
Mātakitaki	Watch
Āwhina	Help
Kaukau	Bathe
Tāhoe	Swim (from one point to another)
Huna	Hide
Hokomaha	Supermarket

WEEK FOUR
Action phrases

Whakataukī o te wiki
Proverb of the week
Iti noa ana he pito mata
From the withered tree a flower blooms

He Tauira Kōrero:
Mere: E Māka, kei te aha koe i tēnei rā?
Māka: Kei te haere au ki te moana.
Mere: Kei te aha a Hēni?
Māka: Kei te haere mai ia.
Mere: Kei te whakaheke ngaru kōrua?
Māka: Kei te whakaheke ngaru au, engari kāore a Hēni e whakaheke ngaru ana.
Mere: Ka pānui pukapuka ia?
Māka: Āe. Koirā tana tino mahi.
Mere: Koia kei a ia! Kāore au e pānui pukapuka, hōhā tērā!
Māka: Ha! Ha! Kei te kata au i tō kōrero!
Mere: Kei te haere au ki te kāinga o Mere ināianei, ka kite i a koe āpōpō, nē?
Māka: Āe, mā te wā.

During the course of last week's sessions, you were introduced to your first tense marker **kei te**. Remember that **kei te** is a present tense sentence starter. Starting a sentence with **kei te** means that you are asking about or talking about something that is happening at this very moment in time, or in the present tense.

Tense markers are important because they indicate a tense shift in the conversation. You don't want to be telling someone that you are doing something tomorrow when you actually did it yesterday, do you? Your basic action phrase tense markers are represented by the following verbal particles:

Kei te . . . / E . . . ana	*Present tense*
I . . .	*Past tense*
Kua . . .	*An action has occurred*
Ka . . .	*Future tense*

The basic action phrase looks like this:

Tense marker + Verb + Agent (of the action)

Kei te	haere	ia	*He / She is going*

The only variation on this occurs when using the present tense marker **E . . . ana**. In this instance, the verb sits in between the **e** and the **ana** like this:

E haere ana ia   *He / She is going*

So you can see the difference, a basic English language action phrase looks like this:

Agent (of the action) + Tense marker + Verb

e.g. He + is + running

Let's look at some examples using the verb **oma** or *run* and the pronoun **ia** or *he / she* to highlight the differences of each tense marker:

Kei te . . .	*(Present tense marker)*
Kei te oma ia	He / She is running
E . . . ana	*(Present tense marker)*
E oma ana ia	He / She is running
I . . .	*(Past tense)*
I oma ia i tērā wiki	He / She ran last week
Kua . . .	*(An action has occurred)*
Kua oma ia	He / She has run
Ka . . .	*(Future tense)*
Ka oma ia āpōpō	He will run tomorrow

All of these statements can be turned into a question by a simple change in voice inflection or the addition of a question mark at the end of the sentence:

Kei te . . .	*(Present tense question)*
Kei te oma ia?	Is he / she running?
E . . . ana	*(Present tense question)*
E oma ana ia?	Is he / she running?
I . . .	*(Past tense question)*
I oma ia i tērā wiki?	Did he / she run last week?
Kua . . .	*(Question – has the action occurred?)*
Kua oma ia?	Has he / she run yet?
Ka . . .	*(Future tense question – will?)*
Ka oma ia āpōpō?	Will he run tomorrow?

Now, don't panic! You are going to get plenty of practice at all of these sentence structures over the next three weeks. We are going to break each sentence variation down and make sure that by the end of these three weeks, you are able to use all of the different tense markers to describe an action that either is happening, is about to happen, or has already happened. So let's get into it! It's haratau / practice time!

HARATAU – PRACTICE
Rāhina – Monday

 30-minute challenge

1. **Tirohia te whakaahua kei raro nei, honoa ngā wāhanga tahi / rua / toru o ngā tauira rerenga kōrero hei tohu i ngā mahi kei te mahia i roto i te whakaahua. Tuhia ō rerenga ki ngā whārua. Kua oti kē tētahi hei tauira māu.**

1. *Look at the picture below, then join parts 1 / 2 / 3 to form a present tense action phrase based on what's happening in the picture. Write the sentences you have created in the spaces provided. An example has been completed for you.*

1	2	3
Kei te	*moe*	*te pāpā*
Kei te	*hīkoi*	*te kōtiro*
Kei te	*noho*	*ngā tama*
Kei te	*kōrero*	*te māmā*
Kei te	*noho*	*te ngeru*

Kei te	tū	te māmā
Kei te	tākaro	te kurī
Kei te	kai	te pāpā
Kei te	kata	te kōtiro

1. Kei te hīkoi te ngeru
2. _____
3. _____
4. _____
5. _____
6. _____
7. _____
8. _____
9. _____

2. Whakapākehātia ngā rerenga kōrero o runga nei.

2. *Now, translate into English the sentences you have created in the previous exercise.*

1. The cat is walking
2. _____
3. _____
4. _____
5. _____
6. _____
7. _____
8. _____
9. _____

Rātū – Tuesday

You have now learnt your first set of action phrases using the present tense marker **kei te** to begin your sentence. If I was to ask you right now, 'How do I say, "the boys are playing" in te reo Māori?' you would immediately reply . . . That's correct! 'Kei te tākaro ngā tama.' Excellent! You are learning very fast! So, you now know the formula to describe an action that's happening at this very point in time, but what if you wanted to ask about an action being performed right now or in the present tense? You have already been exposed to the question words, **pēhea** – how, **hea** – where and **wai** – who, in the first week. Here is a new question word for you to learn, **aha** – what.

To ask the questions *What are you doing?* or *What are the boys doing?* simply place the question word **aha** into the sentence where the verb would usually be.

Remember, a basic action phrase looks like this:

Tense marker + Verb + Agent

Kei te   haere   ia   *He / She is going*

A basic action question phrase will look like this:

Tense marker + Question word *aha* + Agent

Kei te   aha   ia   *What is he / she doing?*

So we then get something like this:

Kei te aha koe?   *What are you doing?*

Kei te aha ngā tama?   *What are the boys doing?*

⏲ 30-minute challenge

1. Whakautua te pātai mō ia whakaahua.

1. Answer the question about each picture.

1. Kei te aha ia?

_____

2. Kei te aha ia?

_____

3. Kei te aha te tamaiti?

_____

4. Kei te aha te kōtiro?

_____

5. Kei te aha ngā tamariki?

---

2. Kōwhiria ngā rerenga kōrero e tika ana hei whakaoti i te kōrero i waenganui i a Atawhai rāua ko Rāwinia.

2. *Choose the correct sentences to complete the dialogue between Atawhai and Rāwinia.*

Rerenga Kōrero

Kei te noho ia.

Kei te pai.

Kei te aha tō māmā?

Kei te hoki ia ki te kāinga.

Kei te hīkoi ki te tāone.

Kei te aha a Hēmi?

Kei te pēhea koe?

Kei te haere au ki te tāone.

1. Atawhai asks Rāwinia how she is.

2. Rāwinia says she is fine.

3. Atawhai asks Rāwinia what her mother is doing.

4. Rāwinia replies that she is returning home.

5. Atawhai says he is going to town.

1. Atawhai: _____

2. Rāwinia: _____

3. Atawhai: _____

4. Rāwinia: _____

5. Atawhai: _____

Rerenga Kōrero

Kei te noho ia.

Kei te aha koe?

Kei te pai.

Kei te aha tō pāpā?

Kei te hoki ia ki Rotorua.

Kei te haere ia ki te mahi.

Kei te hanga waka ia.

Kei te mātakitaki pouaka whakaata au.

Kei te pānui pukapuka au.

1. Atawhai asks Rāwinia what her father is doing.
2. Rāwinia says he is building a car.
3. Atawhai asks Rāwinia what she is doing.
4. Rāwinia replies that she is reading a book.
5. Atawhai says he is watching TV.

1. Atawhai: _____
2. Rāwinia: _____
3. Atawhai: _____
4. Rāwinia: _____
5. Atawhai: _____

Rāapa – Wednesday

🕒 30-minute challenge

1. Whakapākehātia / Whakamāoritia rānei ēnei rerenga kōrero.
1. Translate the following sentences into English or Māori.

1. The bird is singing

_____

2. Kei te tangi te tama

_____

3. The baby is sleeping

_____

4. I am listening

_____

5. Kei te āwhina ia

_____

6. Kei te hiakai ia

_____

7. Miriama is sleeping

_____

8. Kei te kata au

_____

9. The duck is swimming

_____

10. Kei te heke te ua

_____

11. Kei te kaukau ngā tamariki

_____

12. Kei te horoi kākahu ngā tamariki   .

_____

13. Kei te huna koe?

_____

14. Kei te aha koe?

_____

15. Kei te whiti te rā

_____

16. The girls are playing

_____

17. Kei te tākaro ngā tama

_____

18. The cats are fighting

_____

19. Kei te kai ia i te aha?

_____

20. Kei te hoko kai koe?

_____

2. Tuhia ō kōrero hei whakaoti i te kōrero nei.
2. _Write your responses to complete this dialogue._
    Ko Mere: Tēnā koe.
    Ko koe: _____
    Ko Mere: Kei te pēhea koe?
    Ko koe: _____
    Ko Mere: Kei te aha koe?
    Ko koe: _____
    Ko Mere: Kei te aha tō pāpā?
    Ko koe: _____

3. Akohia ēnei kīwaha e toru hei whakamihi i te tangata.
3. _Learn these three colloquialisms that acknowledge the effort of someone._

Koia kei a koe!   You're awesome all right!
Kino kē koe!   Gee, you're the one!
Taputapu kē!   Neat! Choice! Cool!

Colloquial language differs from more formal language because colloquialisms do not carry literal meanings. It is generally very difficult to ascertain from the words that make up the sentence or phrase the actual meaning that is intended. However, colloquialisms are excellent to learn, no matter what stage of your journey you are on. They are one-off phrases that often reflect a Māori world view and the essence of Māori language.

Rāpare – Thursday

You may have observed that the examples you have been learning this week are all affirmative present-tense action phrases, that is, they are all describing actions that are happening right now. These phrases can be converted into the negative by using particular negative forms which are fairly specific when it comes to te reo Māori. Some of the terms used to negate affirmative sentences are dialectal, such as **kāore**, **kāhore**, **kīhai** and **kāre**. You can take your pick as to which word you will use, but remember, these words are used to negate action phrases. Now, here's my tip for getting negative sentence structures right.

Step 1: Adjust the affirmative sentence structure from this . . .

Tense marker + Verb + Agent

Kei te   haere   ia

. . . to this (you are moving the agent to the front of the sentence):

Agent + Tense marker + Verb

ia   Kei te   haere

Step 2: Place your negative word (**kāore**) at the very start of the sentence so you end up with this:

Kāore ia kei te haere

Step 3: The sentence in Step 2 is still grammatically wrong, so the last change you need to make is to change the kei to an i:

Kāore ia i te haere   *He / She is not going*

This 3-step process works the vast majority of the time when negating basic action phrases (except those that begin with **kua** – I have another formula for those ones!). And even better, you only need to do steps 1 and 2 to negate the action phrases that begin with **e . . . ana**, **i**, and **ka**. Always remember, you need to do Step 3 when negating action phrases that begin with the tense marker **kei te** – don't forget! And just another point here, this is not the only way to negate sentences. There are other formulas and other sentence structures you could use. Those can be learnt over time. Focus on this way for now!

Right, time for some more examples:

To negate **kei te . . . (Present tense marker)** use **kāore i te** . . . (Steps 1, 2, and 3).

Kei te oma ia	*He / She is running*
Kāore ia i te oma	*He / She is not running*
Kei te moe ia	*He / She is sleeping*
Kāore ia i te moe	*He / She is not sleeping*

To negate **e . . . ana (Present tense marker)** use **kāore e . . . ana** (Steps 1 and 2).

E oma ana ia	*He / She is running*
Kāore ia e oma ana	*He / She is not running*
E kōrero ana au	*I am talking*
Kāore au e kōrero ana	*I am not talking*

 ## 30-minute challenge

1. Whakakāhoretia ēnei rerenga kōrero.

1. *Negate the following sentences.*

1. Kei te waiata ia

   Kāore ia i te waiata

2. Kei te tuhi kōrero ia

   _____

3. E whakairi kākahu ana a Mariana

   _____

4. Kei te whakarongo au

   _____

5. Kei te āwhina te tama

   _____

6. E hī ika ana te whānau

   _____

7. Kei te moe a Miriama

   _____

8. Kei te kata tō (your) māmā

   _____

9. E tāhoe ana te rakiraki

   _____

10. E peita ana au i te whare

_____

11. Kei te kaukau ngā tamariki

_____

12. Kei te horoi kākahu te whānau

_____

13. Kei te tunu kai au

_____

14. Kei te tangi a Hēni

_____

15. E whiti ana te rā

_____

2. Whakaotia ēnei rerenga kōrero ki te kupu Māori e tika ana. Tīpakohia tō kupu Māori i ngā kupu i te porohita.

2. *Complete the following sentences by finding the correct Māori word. Choose your Māori word from those in the circle.*

wharekai
kai   ako
aronui   riri
whakarongo   pōuri
whakeheke ngaru
hokomaha
waiata

1. Kāore au i te haere ki te (restaurant)

_____

2. Kāore au e (surfing) ana

_____

3. Kāore au i te (angry)

_____

4. Kāore au i te (sad)

_____

5. Kāore ia e (learning) ana

_____

6. Kāore ngā tama i te (eating)

_____

7. Kāore te whānau e haere ana ki te (supermarket)

_____

8. Kāore koe i te (listening)

_____

9. Kāore ngā kōtiro e (concentrating) ana

_____

10. Kāore ngā kererū e (singing) ana

_____

 If you look carefully at the examples in the exercise you have just completed, you will notice that what the *kei te* and the *e . . . ana* tense markers do is put an *-ing* on the end of the verb, e.g., the base verb *listen* or *whakarongo* becomes *listening* when it is positioned after the *kei te*, e.g., *kei te whakarongo*. Another example would be the word *sing* or *waiata* which becomes *singing* in the phrase, *E waiata ana au*.

Rāmere – Friday

Today we are going to learn about a new tense marker **ka**. The difference between starting a sentence with **kei te** and starting a sentence with **ka** is that **kei te** is used to describe an action that is happening now, while **ka** is used to describe an action that will happen sometime in the future.

Kei te   *Present tense active*

Ka   *Future tense*

Let's look back at some of the examples used during the introduction to this week's learning, where we examined the differences between **kei te** and **ka**.

Kei te . . . (Present tense marker)

Kei te oma ia   *He / She is running*

Ka . . . (Future tense)

Ka oma ia āpōpō   *He / She will run tomorrow*

Remember, just like **kei te** sentences, statements beginning with **ka** can be turned into a question by a simple change in voice inflection or the addition of a question mark at the end of the sentence:

Ka . . . (Future tense question – will?)

Ka oma ia āpōpō?   *Will he / she run tomorrow?*

🕐 30-minute challenge

1. Whakamāoritia ēnei rerenga kōrero.
1. Translate these sentences into Māori.

1. She will arrive tomorrow
   Ka tae mai ia āpōpō

2. I will talk
   _____

3. Hēnare will stand
   _____

4. The sun will shine tomorrow
   _____

5. The birds will sing
   _____

6. He will return tomorrow
   _____

7. I will get angry
   _____

8. The children will laugh
   _____

9. The elderly lady will smile
   _____

10. The tree will fall
    _____

This week you have learnt a bit about the sentence structures contained in our sample dialogue. Some of it may still be difficult to comprehend but have a go at translating it, then check your answers online.

2. Whakamāoritia te tauira kōrero i waenganui i a Māka rāua ko Mere.
2. Translate the sample dialogue between Māka and Mere.

Mere: E Māka, kei te aha koe i tēnei rā?

_____

Māka: Kei te haere au ki te moana.

_____

Mere: Kei te aha a Hēni?

_____

Māka: Kei te haere mai ia.

_____

Mere: Kei te whakaheke ngaru kōrua?

Māka: Kei te whakaheke ngaru au, engari kāore a Hēni e whakaheke ngaru ana.

Mere: Ka pānui pukapuka ia?

Māka: Āe. Koirā tana tino mahi.

Mere: Koia kei a ia! Kāore au e pānui pukapuka, hōhā tērā!

Māka: Ha! Ha! Kei te kata au i tō kōrero!

Mere: Kei te haere au ki te kāinga o Mere ināianei, ka kite i a koe āpōpō, nē?

Māka: Āe, mā te wā.

He Pangakupu

Complete the crossword below

Across
3. help
4. watch
6. cry
7. sleep
11. supermarket
12. school

Down
1. Māori performing arts
2. surfing
5. home
8. laugh
9. play
10. canoe
11. hide

Weekend Word List

Harawene	Jealous
Wātea	Free / Available
Haerenga	Journey
Whakatā	Rest
Tae mai	Arrive
Menemene	Smile
Tōmuri	Late
Mate	Die / Death / Dead
Hoko	Purchase
Ua	Rain
Hinga	To fall / To lose
Ngana	Try
Pakapaka	Burnt (food)

WEEK FIVE
Action phrases continued

Whakataukī o te wiki
Proverb of the week
E hia motunga o te weka i te māhanga
Once bitten, twice shy

He Tauira Kōrero:
Mere: E Māka, kei te aha koe?
Māka: Kei te peita au i taku whare.
Mere: Koia kei a koe! Ka āwhina au i a koe, nē?
Māka: Kino kē koe e hoa!
Mere: Ka pēhea a Hema, ka āwhina ia i a koe?
Māka: Kāo. Kāore ia e wātea ana. Kei te haere ia ki Te Whanganui-a-Tara
Mere: Kei te harawene au ki a ia. Ka pai tērā haerenga!
Māka: Ka pai hoki te peita whare e hoa!
Mere: Āe, āe, engari kāore e kore ka ngenge tāua.
Māka: Tika! Ka mutu te mahi, ka hoko inu, ka whakatā!

At the end of last week, you were introduced to the future tense marker
ka.

Ka . . . (Future tense)
Ka oma ia āpōpō   *He / She will run tomorrow*
Ka hinga te rākau   *The tree will fall*

Ka . . . (Future tense question – will?)
Ka oma ia āpōpō?   *Will he run tomorrow?*
Ka hinga te rākau?   *Will the tree fall?*

To begin this week, we are going to learn how to negate a sentence
beginning with **ka**. If you have already mastered the steps to negate
kei te and **e . . . ana** sentences, then this should be fairly easy for you,
because the first two steps are the same, with only the last step having
a slight difference.

Step 1: Adjust the affirmative sentence structure from this . . .

Tense marker + Verb + Agent

Ka   haere   ia

. . . to this (you are moving the agent to the front of the sentence):

Agent + Tense marker + Verb

ia   Ka   haere

Step 2: Place your negative word (**kāore**) at the very start of the sentence so you end up with this:

Kāore ia ka haere

Step 3: The sentence in Step 2 is still grammatically wrong, so the last thing you need to do is to change the **ka** to an **e**:

Kāore ia e haere	*He / She is not going*

Here are some more examples for you to look at and analyse:

Ka kōrero au	*I will speak*
Kāore au e kōrero	*I will not speak*
Ka tangi au	*I will cry*
Kāore au e tangi	*I will not cry*
Ka pōuri a Mere	*Mere will be sad*
Kāore a Mere e pōuri	*Mere will not be sad*

Don't forget, a slight inflection at the end of the sentence and you will have turned these negative action phrases into questions:

Kāore ia e oma āpōpō?	*Will he / she not be running tomorrow?*
Kāore te wahine e karanga?	*Will the woman not be calling?*
Kāore au e kōrero?	*Will I not be speaking?*
Kāore au e tangi?	*Will I not cry?*
Kāore a Mere e pōuri?	*Will Mere not be sad?*

HARATAU – PRACTICE

Rāhina – Monday

 30-minute challenge

1. **Whakakāhoretia ēnei rerenga kōrero.**
1. *Negate the following sentences.*
 1. Ka tae mai ia
    Kāore ia e tae mai
 2. Ka kōrero au

    _____

 3. Ka tū a Hēnare

    _____

 4. Ka whiti te rā

    _____

 5. Ka waiata ngā manu

    _____

6. Ka hoki mai ia

_____

7. Ka riri au

_____

8. Ka kata ngā tamariki

_____

9. Ka menemene te kuia

_____

10. Ka pai koe

_____

2. Ināianei, whakapākehātia ngā rerenga kōrero whakakāhore.

2. _Now, translate into English the negative sentences you have just completed._

1. He / She will not arrive
2. _____
3. _____
4. _____
5. _____
6. _____
7. _____
8. _____
9. _____
10. _____

Rātū – Tuesday

OK! You are now an expert at using action phrases beginning with **kei te** and **ka** (or at least heading towards expert status!). **Kei te** to begin a present-tense action phrase and **ka** to begin a future-tense action phrase. Our next tense marker to learn is the **i** for past tense. The **i** works in exactly the same way as the **kei te** and the **ka**, it sits at the beginning of the sentence and precedes the verb or action word. Look at these examples:

I kai au	_I ate_
I oma au	_I ran_
I tōmuri koe	_You were late_
I mate te mōkai	_The pet died_

30-minute challenge

1. Whakamāoritia ēnei rerenga kōrero.

1. *Translate the following sentences.*

  1. He / She bought food
     I hoko kai ia
  2. The family sat down
     I noho te whānau
  3. Hēnare stood up

  4. It rained

  5. The bird died

  6. He returned

  7. I cried

  8. The children played

  9. The old man fell over

10. You won

Remember, just like **kei te** and **ka** sentences, statements beginning with **i** can be turned into a question by a simple change in voice inflection or the addition of a question mark at the end of the sentence.

2. Kōwhiria ngā rerenga kōrero e tika ana hei whakaoti i te kōrero i waenganui i a Atawhai rāua ko Rāwinia.

2. *Choose the correct sentences to complete the dialogue between Atawhai and Rāwinia.*

Rerenga Kōrero

I haere koe ki hea?
I pēhea au?
I kai koe i ngā ika?
I haere au ki te hī ika.
I hīkoi au ki te tāone.
I aha koe?

I pai.

I haere au ki te tāone.

Āe.

1. Atawhai asks Rāwinia where she went to.
2. Rāwinia says she went fishing.
3. Atawhai asks Rāwinia how that was.
4. Rāwinia replies that it was good.
5. Atawhai asks Rāwinia if she ate the fish.
6. Rāwinia replies, yes.

1. Atawhai: _____
2. Rāwinia: _____
3. Atawhai: _____
4. Rāwinia: _____
5. Atawhai: _____
6. Rāwinia: _____

Rāapa – Wednesday

Today we are going to learn how to negate action phrases beginning with **i**. The good news is it is only a two-step process!

Step 1: Adjust the affirmative sentence structure from this . . .

Tense marker + Verb + Agent

I   haere   ia

. . . to this (you are moving the agent to the front of the sentence):

Agent + Tense marker + Verb

ia   I   haere

Step 2: Place your negative word (**kāore**) at the very start of the sentence so you end up with this:

Kāore ia i haere   *He / She did not go*

And that's it! So let's practise negating **i** to consolidate this new knowledge we have just acquired.

 30-minute challenge

1. Honoa te rerenga kōrero Pākehā ki te rerenga kōrero Māori tika.

1. Match the English sentence with the correct Māori sentence.

Rewi did not fall over   Kāore ia i tākaro

The sun did not shine   Kāore a Hēmi i toa

You were not late   Kāore a Rewi i hinga

The dog did not die	Kāore te rā i whiti
He did not play	Kāore koe i tōmuri
Hēmi did not win	Kāore te kurī i mate

2. Whakakāhoretia ēnei rerenga kōrero.

2. Negate the following sentences.

1. I hoko kai ia

   Kāore ia i hoko kai

2. I noho te whānau

   _____

3. I mate ngā putiputi

   _____

4. I tipu te rākau

   _____

5. I tipu te tama

   _____

6. I hoki mai te whānau

   _____

7. I ngana ia

   _____

8. I pupuhi te hau

   _____

9. I hinga te koroua

   _____

10. I toa koe

    _____

Rāpare – Thursday

In my experience, most people have a problem with the **kua** tense marker. The rest seem to sit OK with the majority after a bit of practice. So here's a little tip to help you understand **kua**. It's one of the few times I would advocate thinking English when you're attempting to speak Māori: if your English sentence has the word *have* or *has* in it, then **kua** is the tense marker you will start your Māori sentence with. The best way for you to comprehend this is to view some examples. I have purposely placed the English sentences on the left side of the page, because in this instance, you are referring to the English language to help you begin your Māori action phrase:

I **have** eaten	***Kua*** *kai au*
I **have** finished	***Kua*** *mutu au*
I **have** been defeated	***Kua*** *hinga au*
The children **have** slept	***Kua*** *moe ngā tamariki*

And again, where appropriate, some of these statements can be turned into questions:

Have I been defeated (lost)?	***Kua*** *hinga au?*
Have the children slept?	***Kua*** *moe ngā tamariki?*
Has Mere gone to the shop?	***Kua*** *haere a Mere ki te toa?*
Has the milk run out?	***Kua*** *pau te miraka?*

🕐 **30-minute challenge**

1. Tuhia he rerenga kōrero *kua* mō ia whakaahua.

1. Write a kua *sentence about each picture.*

1. Kua moe te tāne

2. _____

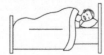

3. _____

_____

4. _____

5. _____

2. Whakamāoritia / Whakapākehātia ēnei rerenga kōrero.

2. Translate the following sentences into Māori / English.

1. Kua toa ia
   He has won

2. The family has departed
   Kua wehe te whānau

3. Kua maroke te awa

   _____

4. The bird has flown

   _____

5. Kua pakapaka te kai

   _____

6. The children have washed

   _____

7. Kua peke te kurī

   _____

8. Mere has spoken

   _____

9. Kua ngaro ia

   _____

10. You have eaten

   _____

Rāmere – Friday

Today, we are going to continue the pattern we have been following the past two weeks and negate the action phrase we have just learnt. Negating action phrases beginning with **kua** is a little bit more complicated than negating **kei te**, **e . . . ana**, **i** and **ka**. Let's have a look at how it is done:

Step 1: Adjust the affirmative sentence structure from this . . .

Tense marker + Verb + Agent

Kua   haere   ia

. . . to this (you are moving the agent to the front of the sentence):

Agent + Tense marker + Verb

ia   Kua   haere

Step 2: Place your negative word (**kāore anō**) at the very start of the sentence so you end up with this:

Kāore anō ia kua haere

Step 3: The sentence in Step 2 is still grammatically wrong, so the last thing you need to do is to change the **kua** to **kia**:

Kāore anō ia kia haere   *He / She has not gone yet*

Here are some examples to help you:

To negate **kua . . . (an action has occurred)** use **kāore anō . . . kia . . .**

Kua oma ia	*He / She has run*
Kāore anō ia kia oma	*He / She has not yet run*
Kua piki te tama i te rākau	*The boy has climbed the tree*
Kāore anō te tama kia piki i te rākau	*The boy has not yet climbed the tree*
Kua waiata a Mereana	*Mereana has sung*
Kāore anō a Mereana kia waiata	*Mereana has not yet sung*

 30-minute challenge

1. Whakakāhoretia ēnei rerenga kōrero.

1. Negate the following sentences.

1. Kua toa ia
   Kāore anō ia kia toa

2. Kua wehe te whānau

   _____

3. Kua maroke te awa

   _____

4. Kua whara te ngeru

   _____

5. Kua pakapaka te kai

   _____

6. Kua horoi ngā tamariki

   _____

7. Kua peke te kurī

   _____

8. Kua mutu te pōwhiri?

   _____

9. Kua ngaro ia?

   _____

10. Kua kai koe?

   _____

This week you have learnt a bit more about action phrases and been exposed to the sentence structures contained in our sample dialogue that introduced this week's work. Have a go at translating it. There are some kīwaha or colloquialisms included, but none that you are not familiar with, so you should be able to complete the task!

2. **Whakamāoritia te tauira kōrero i waenganui i a Māka rāua ko Mere.**

2. *Translate the sample dialogue between Māka and Mere.*

    Mere: E Māka, kei te aha koe?

    _____

    Māka: Kei te peita au i taku whare.

    _____

    Mere: Koia kei a koe! Ka āwhina au i a koe, nē?

    _____

    Māka: Kino kē koe e hoa!

    _____

    Mere: Ka pēhea a Hema, ka āwhina ia i a koe?

    _____

    Māka: Kāo. Kāore ia e wātea ana. Kei te haere ia ki Te Whanganui-a-Tara.

    _____

    Mere: Kei te harawene au ki a ia. Ka pai tērā haerenga!

    _____

    Māka: Ka pai hoki te peita whare e hoa!

    _____

    Mere: Āe, āe, engari kāore e kore ka ngenge tāua.

    _____

    Māka: Tika! Ka mutu te mahi, ka hoko inu, ka whakatā.

    _____

He Pangakupu

Complete the crossword below

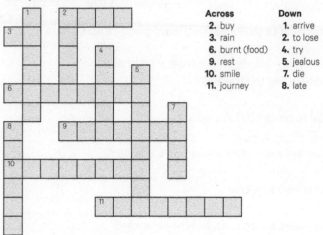

Across
2. buy
3. rain
6. burnt (food)
9. rest
10. smile
11. journey

Down
1. arrive
2. to lose
4. try
5. jealous
7. die
8. late

Weekend Word List

Pau	Run out / Exhausted
Kei hea?	Where?
Aua atu	Who cares
Tunu	Cook
Wehe	Depart
Whakapai	Clean up / Bless
Taiwhanga	Room
Horoi	Wash
Pōwhiri	Welcome
Maha	Many
Tuatete	Hedgehog
Kiriata	Movie / Film
Patu	Strike / Hit / Kill
Tahitahi	Sweep
Paramanawa	Refreshments
Haurangi	Drunk
Pāki	Burger

WEEK SIX
Action phrases / Using personal pronouns

Whakataukī o te wiki
Proverb of the week
E kore a muri e hokia
What's done is done

He Tauira Kōrero:
Mere: E Māka, kei hea koe?
Māka: Kei taku whare.
Mere: Kei te aha koe?
Māka: Kei te mātakitaki māua ko Hēni i te pouaka whakaata!
Mere: Kei te hiakai kōrua?
Māka: Āe mārika!
Mere: Ka hoko kai au.
Māka: Kia ora! I hoko kai māua engari kua pau!
Mere: Aua atu! Kei te haere au ki te toa.
Māka: Ka wani kē koe e hoa! Ka tatari māua!

In the last two weeks, you have learnt how to construct the first stage of an action phrase using the tense markers **kei te**, **e . . . ana**, **ka**, **i** and **kua**. This stage is where the action occurs and where who performs that action is identified. For example:

Kei te inu au	*I am drinking*
E inu ana au	*I am drinking*
Ka inu au	*I will drink*
Kua inu au	*I have drunk*
I inu au	*I drank*

You have also learnt to negate the first stage of an action phrase and say that the action did not occur:

Kāore au i te inu	*I am not drinking*
Kāore au e inu ana	*I am not drinking*
Kāore au e inu	*I will not drink*
Kāore anō au kia inu	*I have not drunk yet*
Kāore au i inu	*I did not drink*

The second stage is to identify the object being affected by the action performed in the first stage. This is done by using the particle **i**. This particle is placed after the agent in the affirmative action phrase to show that whatever follows the **i** is the object affected by the action. Let's break it down:

Tense marker + Verb + Agent + Object
Kei te   inu   au   **i**   te miraka   *I am drinking the milk*
Tense marker + Verb + Agent + Object
Ka   inu   au   **i**   te miraka   *I will drink the milk*
Tense marker + Verb + Agent + Object
Kua   inu   au   **i**   te miraka   *I have drunk the milk*
Tense marker + Verb + Agent + Object
I   inu   au   **i**   te miraka   *I drank the milk*

In all of the above examples, the verb is **inu** or *drink*, the agent is **au** or *I* and the object being affected by the action, i.e., being drunk by me, is **te miraka** or *the milk*. Note that the particle **i** is always in front of the object being affected by the action.

The negative sentence structure does not affect the second stage of the sentence, it remains the same, so:

Kāore au i te inu i te miraka   *I am not drinking the milk*
Kāore au e inu ana i te miraka   *I am not drinking the milk*
Kāore au e inu i te miraka   *I will not drink the milk*
Kāore anō au kia inu i te miraka   *I have not yet drunk the milk*
Kāore au i inu i te miraka   *I did not drink the milk*

HARATAU – PRACTICE
Rāhina – Monday

 30-minute challenge

1. **Whakapākehātia ēnei rerenga kōrero.**
1. *Translate these sentences into English.*

1. Kei te tunu ia i te kai
   He / She is cooking the food

   _____

2. Kua wehe te whānau i te whare

   _____

3. Kei te whakapai koe i tō taiwhanga moe?

   _____

4. Kua patu te ngeru i te manu

   _____

5. Kei te hoko ia i ngā tāmure

_____

6. Kua horoi ngā tamariki i ngā rīhi

_____

7. I peke te kurī i te taiepa

_____

8. E pōwhiri ana te iwi i ngā manuhiri

_____

9. Ka tuhituhi a Mere i ngā kōrero

_____

10. Kei te piki ngā kōtiro i te rākau

_____

2. Whakakāhoretia ēnei rerenga kōrero.

2. Negate these sentences.

1. Ka mahi a Rīhari i taua mahi
   Kāore a Rīhari e mahi i taua mahi
2. Kua oma au i ngā ara oma maha

_____

3. E heke ana ia i te maunga

_____

4. Kei te patu te kurī i te tuatete

_____

5. I hoko ia i ngā whare

_____

Rātū – Tuesday

The examples used so far to explain and practise action phrases have contained words like **koe**, **au** and **ia**. These words are called personal pronouns. They are singular and therefore only used when talking about one person. Unlike the English language, these words are not gender specific.

Another significant difference between the Māori pronouns and the English ones is the presence of dual pronouns, i.e., **tāua**, **rāua**, **māua**, **kōrua**. These do not exist in the English language. Personal pronouns take a lot of time and focus to perfect, but don't let that put you off. I know you are a perfectionist who will want to get these correct. Accuracy when using personal pronouns can sometimes determine someone who speaks good quality Māori, and someone who needs to go back to school! So we are going to do plenty of practice. I have always found the following table helpful:

	Includes the speaker and listener(s)	Excludes the listener(s)	Excludes the speaker	Neither the speaker nor listener(s)
One person		au / ahau (I, me)	koe (you)	ia (he, she, him, her)
Two people	tāua (we, us, you and I)	māua (we, us, but not you)	kōrua (you two)	rāua (they, them)
Three or more people	tātou (we, us, including you)	mātou (we, us, but not you)	koutou (you)	rātou (they, them)

(Moorfield, John C, *Te Kākano*, Longman Paul 1988)

You are going to use personal pronouns frequently, it's impossible not to, so study the table above and become an accomplished user of them. Our initial practice exercises are going to focus on the dual pronouns because once you have mastered how to use those, you will have automatically mastered the plural forms as well. Plural pronouns follow the same rules as dual pronouns, except they talk about three or more people, rather than just two. Let's look at the following four sentences which provide an example of how to use the four different dual pronouns:

Kei te tākaro tāua?	*Are we (you and I) playing?*
Kei te tākaro māua?	*Are we (she and I) playing?*
Kei te tākaro rāua?	*Are they (those two over there) playing?*
Kei te tākaro kōrua?	*Are you (you two) playing?*

Māori personal pronouns are a lot more definitive than English ones because they are more specific about who is being talked about. It's almost like you have to do a quick count up of how many people you are going to mention before you choose which pronoun to use. This is probably why Māori are such great mathematicians! But seriously, you have to be accurate with these, or you may unintentionally exclude someone. For example, you may say, **'Kei te haere māua ki te ngahau'** (We [us two but not you] are going to the party), which of course excludes the person being spoken to! You may have wanted to use **tātou** instead which would include the person being spoken to. So let's have a quick summary:

Use 'au' or 'ahau' for I or me:
He tuatangata ahau!   *I am a superhero!*

Use 'koe' for you:
Kaua koe e kōrero pēnā   *Don't you talk like that*

Use 'ia' for he or she:
Kei te tangi kurī ia   *He / She is crying for no reason at all*

Use 'tāua' for you and I:
Me haere tāua ki te hoko kai!   *Let's (you and I) go and buy some food!*

Use 'māua' for us two but not you (the listener):
Kua kite kē māua i tēnei kiriata   *We (him and I) have already seen this movie*

Use 'kōrua' for you two but not me (the speaker):
Haere mai kōrua!   *Come here you two!*

Use 'rāua' for those two (they, them):
Kei te hī ika rāua   *They (those two) are fishing*

OK, let's have a quick practice!

🕐 30-minute challenge

1. Whakaurua te tūpou tika.

1. *Insert the appropriate pronoun.*

1. Kei te heke _____ (you and I)
   (tāua, rāua, kōrua, māua)

2. Kei te kōrero _____ (those two)
   (tāua, rāua, kōrua, māua)

3. Kei te waiata _____ (you two)
   (tāua, rāua, kōrua, māua)

4. Kei te moe _____ (her and I, but not you)
   (tāua, rāua, kōrua, māua)

5. Kei te haere _____ (you two)
   (tāua, rāua, kōrua, māua)

6. Kei te kai _____ (you and I)
   (tāua, rāua, kōrua, māua)

7. Kei te whakamau kākahu _____ (those two)
   (tāua, rāua, kōrua, māua)

8. Kei te tākaro _____ (him and I, but not you)
   (tāua, rāua, kōrua, māua)

2. Whakapākehātia ngā rerenga kōrero o runga ake nei.
2. *Translate into English the sentences you have just completed.*

 1. We are going down _____

 2. _____

 3. _____

 4. _____

 5. _____

 6. _____

 7. _____

 8. _____

Rāapa – Wednesday

🕐 **30-minute challenge**

1. Whakamāoritia ēnei rerenga kōrero, whakaarohia hoki te kupu tika hei tīmata i tō rerenga.
1. *Translate the following sentences and think about the correct tense marker to use to start your sentence.*

 1. We (she and I) are crying
    Kei te tangi māua

 2. We (you and I) are listening
    _____

 3. They (those two) will laugh
    _____

 4. Did you two hide?
    _____

 5. We (she and I) are eating
    _____

 6. They (those two) are peeling the potatoes
    _____

 7. They (those two) have killed the bird
    _____

 8. We (you and I) will win
    _____

9. We (she and I) are going to Napier

_____

10. Did you two sweep the floor?

_____

Rāpare – Thursday

🕐 **30-minute challenge**

1. **Kōwhiria ngā rerenga kōrero e tika ana hei whakaoti i te kōrero i waenganui i a Atawhai rāua ko Rāwinia.**
1. *Choose the correct sentences to complete the dialogue between Atawhai and Rāwinia.*

Rerenga Kōrero

Kāore anō ia kia tae mai.
Kua tae a Hēni ki tō whare?
I kai koe i ngā pāki?
Kei te haere au ki te hī ika.
Kāore koe i waea atu ki a ia?
Kāore māua i te kōrero.
Kei te tohe kōrua?
Ka kite koe i a Hēni.
Āe mārika!

1. Atawhai asks Rāwinia if Hēni has arrived at her house
2. Rāwinia replies she hasn't arrived yet
3. Atawhai asks Rāwinia if she phoned her
4. Rāwinia replies that they (Hēni and Rāwinia) are not speaking to each other
5. Atawhai asks Rāwinia if the two of them are arguing
6. Rāwinia replies, yes indeed!

1. Atawhai: _____
2. Rāwinia: _____
3. Atawhai: _____
4. Rāwinia: _____
5. Atawhai: _____
6. Rāwinia: _____

Rerenga Kōrero

E hari ana au i te paramanawa.

Kei te moe rāua.

E aha ana ō mātua?

Kei te ngahau rāua.

Kei te haere koe ki te papa rēhia?

Kāore koe i waea atu ki a ia?

Kei te haere māua ko Hēni.

I ngahau rāua?

I haurangi rāua.

Kei te hari koe i te kai?

Āe mārika!

1. Atawhai asks Rāwinia what her parents are doing.
2. Rāwinia replies they (those two) are sleeping.
3. Atawhai asks Rāwinia if they (those two) partied.
4. Rāwinia replies that they (those two) got drunk.
5. Atawhai asks Rāwinia if she is going to the park.
6. Rāwinia replies that she and Hēni are going.
7. Atawhai asks Rāwinia if she is going to take some food.
8. Rāwinia says she is taking snacks.

1. Atawhai: _____
2. Rāwinia: _____
3. Atawhai: _____
4. Rāwinia: _____
5. Atawhai: _____
6. Rāwinia: _____
7. Atawhai: _____
8. Rāwinia: _____

2. Akohia ēnei kīwaha e toru hei whakamihi i te tangata.

2. *Learn these three colloquialisms that acknowledge the effort of someone.*

Ka wani kē koe!	=	You're awesome all right!
Āe mārika!	=	Yes indeed!
Aua atu!	=	Who cares!

Rāmere – Friday

 30-minute challenge

1. Honoa te tūpou ki tōna whakamārama tika.

1. Match the pronoun to its correct explanation.

tāua	all of you (3 or more) but not me = the speaker
māua	all of us (3 or more) but not you = the listener
kōrua	you and I
tātou	those two
rātou	all of us (3 or more)
rāua	them (3 or more)
mātou	he / she and I
koutou	you two

2. Whakamāoritia te tauira kōrero i waenganui i a Māka rāua ko Mere.

2. Translate the sample dialogue between Māka and Mere.

Mere: E Māka, kei hea koe?

_____

Māka: Kei taku whare.

_____

Mere: Kei te aha koe?

_____

Māka: Kei te mātakitaki māua ko Hēni i te pouaka whakaata!

_____

Mere: Kei te hiakai kōrua?

_____

Māka: Āe mārika!

_____

Mere: Ka hoko kai au.

_____

Māka: Kia ora! I hoko kai māua engari kua pau!

_____

Mere: Aua atu! Kei te haere au ki te toa.

_____

Māka: Ka wani kē koe, e hoa! Ka tatari māua!

_____

He Pangakupu

Complete the crossword below

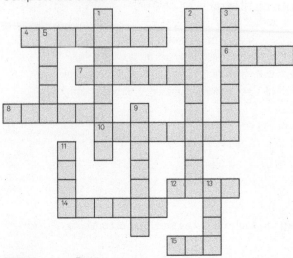

Across
4. clean up
6. depart
7. film
8. where?
10. drunk
12. hit
14. who cares
15. run out

Down
1. sweep
2. refreshments
3. welcome
5. wash
9. hedgehog
11. many
13. cook

Weekend Word List

Pōtae	Hat
Hōu	New
Parehe	Pizza
Amuamu	Moan
Pūtea	Money / Budget
Āporo	Apple
Hū	Shoes
Tīkiti	Tickets
Roro	Brain
Whanaunga	Relation
Ātaahua	Beautiful
Rautaki	Strategy
Wahie	Firewood
Pōro	Ball
Waewae	Leg

WEEK SEVEN
Possessive prepositions

Whakataukī o te wiki
Proverb of the week
Kia mau ki te tokanga nui a noho
There is no place like home

He Tauira Kōrero:
Kei te kuhu a Mere rāua ko Māka ki te akomanga.
Kaiako Ani: Ata mārie kōrua, kei te pēhea?
Māka: Kei te pai, Whaea Ani.
Mere: Auē, kāore āku pukapuka?
Māka: Kei te pai, he pukapuka āku!
Kaiako Ani: Kei te hiakai kōrua ki te ako?
Māka rāua ko Mere: Āe mārika!
Mere: He pene hōu āku, Whaea Ani!
Kaiako Ani: Ka wani kē! He pōtae ō kōrua? Kei te tino whiti te rā.
Māka: Āe, he pōtae tōku.
Mere: He pōtae hoki tōku, Whaea.

The main function of possessives or **pūriro** is to show who has control
or possession over the object or person being spoken about. If I was
talking about my pet dog, I would use the **ā** form because I have control
over my dog. The dog is my pet! Koia tāku kurī! However, if I was talking
about my boss at work, I would use the **ō** form because he or she is in a
superior position to me, and therefore, to some extent, has control over
what I do. He or she is my boss! Koia tōku rangatira! The following table
lists the main possessives:

Singular		Plural		Translation
ā	ō	ā	ō	
tāna	tōna	āna	ōna	his, hers
tāku	tōku	āku	ōku	my, mine
tāu	tōu	āu	ōu	yours
tā tāua	tō tāua	ā tāua	ō tāua	ours (yours and mine)
tā māua	tō māua	ā māua	ō māua	ours (her / his and mine)
tā kōrua	tō kōrua	ā kōrua	ō kōrua	yours (you two)
tā rāua	tō rāua	ā rāua	ō rāua	theirs (those two)
tā tātou	tō tātou	ā tātou	ō tātou	ours (all of us)
tā mātou	tō mātou	ā mātou	ō mātou	ours (all of us but not you)

(Continued over page)

Singular		Plural		Translation
ā	ō	ā	ō	
tā koutou	tō koutou	ā koutou	ō koutou	yours (you 3 or more)
tā rātou	tō rātou	ā rātou	ō rātou	Theirs (those 3 or more)

(For more on ā and ō categories, see page 99.)

You may have already made a few observations about this table. Because you are so brilliant, you probably spotted that the singular possessives (**tāna**, **tāku**, **tāu**, **tōna**, **tōku**, **tōu**) are special words created to show what the relationship is like between the individual and what is possessed. The plural possessives perform the same function but precede the dual and plural personal pronouns (**tāua**, **tātou** etc.) that we discussed last week.

You will have also noticed that when the **t** is present it means only one object or person is being spoken about. If it has been omitted, there is more than one.

You will find many examples of these possessives littered throughout the exercises prepared for the coming weeks, but here are a few for you to analyse now using sentence structures you have been learning over the past few weeks:

Kei te horoi ia i ōna kākahu	*She is washing her clothes*
I whati tētahi o āku rākau hau pōro!	*One of my golf clubs snapped!*
Kei te ora tonu ōku mātua	*My parents are still alive*
Ko wai ōu tuākana?	*Who are your older siblings?*
Kua pau tā tāua parehe!	*Our pizza has run out!*
Kei te riri tō tāua rangatira	*Our boss is angry*
E hia ō tāua whare ināianei?	*How many houses do we have now?*
Kua mutu tā māua mahi	*Our work has ended*
Kua tae mai tō māua hoa	*Our friend has arrived*
Kotahi tā kōrua kurī?	*Do you have one dog?*
E toru ā kōrua kurī?	*Do you have three dogs?*
Kua mate tō rāua kuia	*Their grandmother has passed away*

One of the most common ways to show possession is to begin your sentence with the word **he**, then use one of the possessives or **pūriro** from the table. Look carefully at the following examples:

He pene tā Mere	*Mere has got a pen*
He pene ā Mere	*Mere has got (some) pens*
He whare tō rāua	*They (2) have got a house*
He whare ō rāua	*They (2) have got (some) houses*
He pōtae tō taku irāmutu	*My nephew has got a hat*
He pōtae ō taku irāmutu	*My nephew has got (some) hats*

These statements can also be changed into questions:

He pene tā Mere?	*Has Mere got a pen?*
He pene ā Mere?	*Has Mere got (some) pens?*
He whare tō rāua?	*Have they (2) got a house?*
He whare ō rāua?	*Have they (2) got (some) houses?*
He pōtae tō taku irāmutu?	*Has my nephew got a hat?*
He pōtae ō taku irāmutu?	*Has my nephew got (some) hats?*

When you are saying that, or asking if, one person owns something, use either: **tōku / tāku, tōu / tāu, tōna / tāna** or their plural forms: **ōku / āku, ōu / āu, ōna / āna.**

He pene tāna	*He / She has got a pen*
He pene āu?	*Have you got (some) pens?*
He whare tōna?	*Has he / she got a house?*
He whare ōna	*He / She has got (some) houses*
He pōtae tōku	*I have got a hat*
He pōtae ōu?	*Have you got (some) hats?*

HARATAU – PRACTICE

Rāhina – Monday

Phew! Quite a bit for you to take on board today, so let's ease into a short practice session and continue on with reinforcing possessives during the week.

 30-minute challenge

1. **Tirohia te tūtohi, ka waihanga ai kia tekau ngā rerenga kōrero.**
1. *Look at the table below and construct 10 sentences using the three parts.*

He	pene	āna
	waka	ā rāua
	pukapuka	ōna
	pōtae	ōu
	āporo	āu
	parehe	ā tāua
	ngeru	ā ngā tamariki
	whare	āku
	pūtea	ōku
	kākahu	tō tāua

1. _____
2. _____
3. _____
4. _____
5. _____
6. _____
7. _____
8. _____
9. _____
10. _____

Rātū – Tuesday

Heaps more practice on possessives today! Refresh your memory by re-reading the notes from yesterday, then get into the following exercises.

🕐 30-minute challenge

1. Whakamāoritia ngā rerenga kōrero nei.

1. *Translate the following sentences into Māori.*

1. You have a cat
   He ngeru tāu

2. I have shoes
   _____

3. She has a bag
   _____

4. She has a house
   _____

5. I have dogs
   _____

6. I have an apple
   _____

7. Do you have a car?
   _____

8. Does she have some tickets?
   _____

9. Do you have some food?
   _____

10. Do I have a brain?
    _____

2. Kōwhiria te pūriro tika.

2. Choose the correct possessive.

1. He pūtea **(āu, ōu)**?

   He pūtea **āu**?

2. E hia **(āna, ōna)** pōtae?

3. Kotahi **(tāku, tōku)** ngeru

4. He waka **(ō rāua, ā rāua)**?

5. E hia **(āu, ōu)** pukapuka?

6. E hia **(ā koutou, ō koutou)** kōura?

7. He kaiako pai **(tāna, tōna)**?

8. Tokohia **(āku, ōku)** tamariki?

9. Tokohia **(ā koutou, ō koutou)** rangatira?

10. He roro **(tāu, tōu)**?

Rāapa – Wednesday

🕐 **30-minute challenge**

1. Kōwhiria te pūriro tika.

1. Choose the correct possessive.

1. He whanaunga **(āu, ōu)**?

   He whanaunga **ōu**?

2. Koia te tama **(a, o)** Mere rāua ko Māka

3. Ko **(tā, tō)** rāua ngeru tērā

4. Ko ia te māmā **(o, a)** Pita

5. Ko **(tāna, tōna)** whare tērā?

_____

6. He pahikara **(tāku, tōku)**

_____

7. He whare ātaahua **(tāna, tōna)**

_____

8. E rua **(āku, ōku)** inu?

_____

9. Tokohia **(āu, ōu)** mokopuna?

_____

10. E rua **(āku, ōku)** waewae

_____

2. Whakamāoritia ēnei rerenga kōrero.
2. _Translate the following sentences into Māori._

1. They (2) have a boat
   He waka moana tō rāua

2. We (you and I) have a house

_____

3. They (4) have some food

_____

4. We (she and I but not you) have a ball

_____

5. Have you (6) got a strategy?

_____

6. How many fish have they (4) got?

_____

7. Do we (all of us 6) have some firewood?

_____

8. Do they (2) have some tickets?

_____

9. Do you have some food?

_____

10. I am watching Mere's TV

_____

Rāpare – Thursday

Today, we are going to learn how to negate a possessive phrase to say we do not have a particular object in our possession. Let's have a look at how it is done:

Step 1: Adjust the affirmative sentence structure from this . . .

Sentence marker + Noun + Possessive

He whare tōku

. . . to this (you are moving the possessive to the front of the sentence):

Possessive + Sentence marker + Noun

tōku He whare

Step 2: Place your negative word (**kāore**) at the very start of the sentence and eliminate the **he** so you end up with this:

Kāore tōku whare

Step 3: The sentence in Step 2 is still grammatically wrong, so the last change you need to make is to replace the singular possessive with the plural possessive:

Kāore ōku whare   *I have no house*

An important point for you to remember is that a **negative possession sentence will always use the plural form**. When translated into English, the singular form is used:

He pene tāna	*He / She has got a pen*
Kāore āna pene	*He / She doesn't have a pen*
He pene āu?	*Have you got (some) pens?*
Kāore āku pene	*I don't have a pen*
He whare tōna?	*Has he / she got a house?*
Kāore ōna whare	*He / She doesn't have a house*
He whare ōna	*He / She has got (some) houses*

 30-minute challenge

1. **Whakakāhoretia ēnei rerenga kōrero.**
1. *Negate the following sentences.*
    1. He waka moana tō rāua
       Kāore ō rāua waka moana
    2. He kurī tāna

    _____

    3. He pūtea ā rāua

    _____

    4. He waka tōna

5. He rautaki tā koutou

_____

6. He tāmure ā māua

_____

7. He wahie āna

_____

8. He kai āku

_____

9. He tīkiti tāku

_____

10. He pouaka whakaata tāku

_____

2. Whakautua ēnei pātai ki te rerenga whakakāhore.
2. _Answer the following questions using the negative sentence structure._

1. He kurī tāu?
   Kāore aku kurī
2. He pūtea āku?
   Kāore āu pūtea
3. He tōkena ōu?

_____

4. He waka tōu?

_____

5. He rautaki tāna?

_____

6. He pōro ā rāua?

_____

7. He whare ō tāua?

_____

8. He kai āu?

_____

9. He taiaha āna?

_____

10. He tamariki ā kōrua?

_____

Rāmere – Friday

 30-minute challenge

1. Kōwhiria ngā rerenga kōrero e tika ana hei whakaoti i te kōrero i waenganui i a Atawhai rāua ko Rāwinia.

1. Choose the correct sentences to complete the dialogue between Atawhai and Rāwinia.

Rerenga Kōrero

He kai ā tāua?

Kua tae a Hēni ki tō whare?

I patu koe i te ngeru?

Kei te hikoi tāua ki tātahi.

Kāore āku māripi.

Ko te whenua tērā o tō kuia.

Kei te aha tāua i tēnei rā?

Kāore ā tāua kai.

Kāore ōku kaha.

He kaha tōu.

Āe mārika!

1. Atawhai asks Rāwinia what they are doing today.
2. Rāwinia replies they are walking to the beach.
3. Atawhai says she hasn't got the energy.
4. Rāwinia replies, you do have the energy.
5. Atawhai asks Rāwinia if they have some food.
6. Rāwinia replies, we have no food.

1. Atawhai: _____

2. Rāwinia: _____

3. Atawhai: _____

4. Rāwinia: _____

5. Atawhai: _____

6. Rāwinia: _____

2. Akohia ēnei kīwaha e toru hei whakamihi i te tangata.

2. Learn these three colloquialisms that acknowledge the effort of someone.

Ka mātua i tēnā!	That'll do!
Ehara i te tī!	You only live once!
Kia ahatia!	So what!

3. Whakamāoritia tā Māka rāua ko Mere kōrero.

3. *Translate the sample dialogue between Māka and Mere.*

    Kei te kuhu a Mere rāua ko Māka ki te akomanga.

Kaiako Ani: Ata mārie kōrua, kei te pēhea?

Māka: Kei te pai, Whaea Ani.

Mere: Auē, kāore āku pukapuka!

Māka: Kei te pai, he pukapuka āku!

Kaiako Ani: Kei te hiakai kōrua ki te ako?

Māka rāua ko Mere: Āe mārika!

Mere: He pene hōu āku, Whaea Ani!

Kaiako Ani: Ka wani kē! He pōtae ō kōrua? Kei te tino whiti te rā.

Māka: Āe, he pōtae tōku.

Mere: He pōtae hoki tōku, Whaea.

He Pangakupu

Complete the crossword below

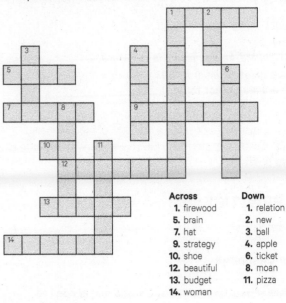

Across
1. firewood
5. brain
7. hat
9. strategy
10. shoe
12. beautiful
13. budget
14. woman

Down
1. relation
2. new
3. ball
4. apple
6. ticket
8. moan
11. pizza

Weekend Word List

Waka	Car
Waka moana	Canoe / Boat
Putiputi	Flower
Whare karakia	Church
Rare	Lolly
Kuhu	Go into / Enter
Rorohiko	Computer
Koti	Coat / Jacket
Whakaaro	Idea / Thought
Tāhae	Steal
Mahere	Map / Plan
Kākahu	Clothes
Maunga	Mountain

WEEK EIGHT
More on using possessives

Whakataukī o te wiki
Proverb of the week
Ahakoa he iti te matakahi, ka pakaru i a ia te tōtara
Even though the wedge is small, it brings down the mighty tōtara tree
(A little effort can achieve great things)

Possessives are difficult and frustrating! However, it is important that you persevere. It is impossible to become a speaker of Māori without knowing how to use possessives correctly. So this week, we are going to continue to practise them.

HARATAU – PRACTICE
Rāhina – Monday

 30-minute challenge

1. **Tirohia ngā whakaahua, ka whakahuaā-waha mai ai koe i te *tō tāua, tā tāua, ā tāua, ō tāua* rānei.**
1. *Look at the pictures below and say out loud the correct possessive, choosing from **tō tāua**, **tā tāua**, **ā tāua** and **ō tāua** for each object.*
For picture 1 you would say, **'tā tāua kōtiro'**.
For picture 2 you would say, **'ā tāua tamariki'**.

1.

2.

3.

4.

5.

6.

7.

8.

9.

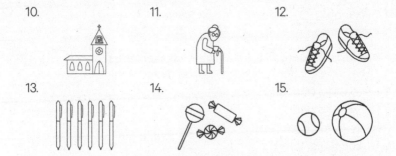

10.   11.   12.

13.   14.   15.

2. **Tirohia anō ngā whakaahua, ka whakahua-ā-waha mai ai koe i te *tō māua, tā māua, ō māua, ā māua* rānei. Kia pērā anō mō ngā kupu *kōrua, rāua, mātou, tātou,* me *koutou*.**

2. *Look again at the pictures and say out loud the correct possessive, choosing from* **tō māua, tā māua, ō māua** *and* **ā māua** *for each object. Repeat the same exercise using* **kōrua, rāua, mātou, tātou** *and* **koutou**.

 Now go to www.MaoriMadeEasy.co.nz

Rātū – Tuesday

 30-minute challenge

1. **Whakaotia ngā rerenga kōrero kei raro iho nei. E whā ngā momo kōrero hei whakauru ki roto – *tā koutou, tā tātou, tā mātou, tā rātou*. Ko ngā kupu kei ngā taiepa hei āwhina i a koe.**

1. *Complete the following sentences. There are four options for you to select from –* **tā koutou, tā tātou, tā mātou, tā rātou**. *Use the bracketed words to help you select the correct option.*

1. Kotahi _____ ngeru (your)

2. Arā _____ kai (all of our)

3. Ko wai _____ kurī? (their)

4. Ko Hēmi _____ irāmutu (their)

5. Titiro ki _____ ngeru (your)

6. Ko te poitarawhiti _____ tino tākaro (our but not your)

7. Kua kuhu _____ kurī ki roto i te whare (our but not your)

8. He kiore kei raro i _____ whāriki (all of our)

9. He kai _____ (your)

10. Kei te moe _____ pēpi (their)

2. Kōwhiria te pūriro tika, kātahi ka whakakāhoretia.

2. Choose the correct possessive, then negate.

1. He rorohiko **(tāu, tōu)**?

   He rorohiko **tāu**?

   Kāore āu rorohiko

2. He koti **(tōna, tāna)**?

   _____

3. He ngeru **(ā, ō rātou)**?

   _____

4. He waka **(ō koutou, ā koutou)**?

   _____

5. He pukapuka akoako **(āu, ōu)**?

   _____

6. He pātai **(ā koutou, ō koutou)**?

   _____

7. He kōrero **(tāu, tōu)**?

   _____

8. He mokopuna **(ā tāua, ō tāua)**?

   _____

9. He hiahia **(āu, ōu)**?

   _____

10. He whakaaro **(ō kōrua, ā kōrua)**?

   _____

Rāapa – Wednesday

🕐 **30-minute challenge**

1. Whakaotia ngā rerenga kōrero kei raro iho nei. E whā ngā momo kōrero hei whakauru ki roto – *tō koutou, tō tātou, tō mātou, tō rātou*. Ko ngā kupu kei ngā taiepa hei āwhina i a koe.

*1. Complete the following sentences. There are four options for you to select from – **tō koutou, tō tātou, tō mātou, tō rātou**. Use the bracketed words to help you select the correct option.*

1. Kei te haere ki _____ whare (their)

2. Kei te kai _____ pāpā (your)

3. Haere mai ki roto i _____ taiwhanga moe (all of our)

4. Kei te tāhae ia i _____ waka (our but not your)

5. Kua tae mai _____ pahi (your)

6. Kua tūkino rāua i _____ whare (their)

7. Ka eke ngā tamariki ki _____ marae (their)

8. Ka mihi ngā kōtiro ki _____ maunga (all of our)

9. I whakapai ngā koroua i _____ whare karakia (our but not your)

10. Kei te moe _____ kuia (their)

2. Kōwhiria ngā rerenga kōrero e tika ana hei whakaoti i te kōrero i woonganui i a Atawhai rāua ko Rāwhila.

2. *Choose the correct sentences to complete the dialogue between Atawhai and Rāwinia.*

Rerenga Kōrero

He waka tō tāua?

Kua tae ngā mokopuna a tō māmā?

Kāore āku mahere, engari e mōhio ana au kei hea.

Kei te hīkoi tāua ki tātahi.

Kāore āku māripi.

He mahere tāu?

Kei te aha tāua i tēnei rā?

Āe, he waka tō tāua.

Ka pai, kei te haere tāua ki te whare o tōku māmā.

Kāore anō.

Āe mārika!

1. Atawhai asks Rāwinia if they have a car.

2. Rāwinia replies, we have a car.

3. Atawhai says, good, they are going to his mother's house.

4. Rāwinia asks if Atawhai has a map.

5. Atawhai replies he has no map, but knows where it is.

6. Rāwinia asks Atawhai if his mother's grandchildren are there.

7. Atawhai replies, not yet.

1. Atawhai: _____

2. Rāwinia: _____

3. Atawhai: _____

4. Rāwinia: _____

5. Atawhai: _____

6. Rāwinia: _____
7. Atawhai: _____

Rāpare – Thursday

🕐 **30-minute challenge**

1. **Whakaotia ngā rerenga kōrero e whai ake nei. E whā ngā kupu hei whakauru ki roto i ia rerenga – *tā, tō, ā, ō*.**
1. *Complete the following sentences. There are four words to choose from – **tā**, **tō**, **ā**, **ō**.*

   1. Kei te mātakitaki rātou i _____ mātou pouaka whakaata
   2. Kei te horoi ia i _____ rātou pereti
   3. E oma ana ia ki _____ koutou kāinga
   4. Ko Ruapehu _____ mātou maunga
   5. Anei _____ tātou hoa! Kua tae mai ia
   6. Ko te whutupōro _____ rātou tino tākaro
   7. Ko Waiapu _____ rātou awa
   8. Kua pau _____ tātou kai
   9. Titiro ki _____ koutou kākahu paru
   10. Anei _____ tātou hoa! Kua tae mai rātou
   11. Anei _____ rātou korowai
   12. Kei te tākaro _____ rāua kurī
   13. Ka pakaru _____ tātou waka

2. **Ināianei, whakapākehātia ngā rerenga kōrero o runga ake nei.**
2. *Now, translate the above sentences into English.*

   1. _____
   2. _____
   3. _____
   4. _____
   5. _____
   6. _____
   7. _____
   8. _____
   9. _____
   10. _____
   11. _____
   12. _____

13. _____
14. _____
15. _____

Rāmere – Friday

🕐 **30-minute challenge**

Well, you've been going pretty much at full throttle this week on an aspect of the language that is difficult to learn. So I've decided to give you a fairly easy day today to finish off the week.

1. Whakatikahia ēnei rerenga e noho nanu ana.

1. *Put these jumbled sentences in order.*

  1. kākahu / anei / tāua / tō
     Anei tō tāua kākahu

  2. te / whare / ki / kei / tō / koutou / haere / au

     _____

  3. he / tāu / pukapuka

     _____

  4. mātou / kāore / ā / kai

     _____

  5. he / ō / paraikete / rāua?

     _____

2. Akohia ēnei kīwaha e toru.

2. *Learn these three colloquialisms.*

Ka mau te wehi!	*That's amazing!*
Karawhiua!	*Give it heaps!*
Kua pau te hau!	*I'm absolutely stuffed / exhausted!*

He Pangakupu

Complete the crossword below

Across
5. boat
6. lolly
7. clothes
10. steal
11. flower
12. enter into
13. jacket

Down
1. church
2. car
3. grandchildren
4. map
8. girl
9. shoot
13. old lady

Weekend Word List

Kapu tī	Cup of tea
Waireka	Fruit juice
Miraka	Milk
Pahikara	Bike
Tōtiti	Sausage
Hēki	Egg
Pēke	Bag
Tīhate	T-shirt
Hākari	Feast
Korarā	Milo
Taputapu tākaro	Toys
Tōkena	Socks
Kawe reo	Cell phone
Rīngi	Ring
Punua kurī	Puppy

WEEK NINE
Ā and Ō categories /
More on possessive prepositions

Whakataukī o te wiki
Proverb of the week
Ākuanei a kino tō ai me he rā
Soon evil disappears like the setting sun
(A community can overcome evil if it tries hard enough)

If you thought personal pronouns and possessives were difficult, working out the **ā** and **ō** categories is going to make your head spin! It's acknowledged as one of the most perplexing and sometimes confusing aspects of the language. However, just like personal pronouns, the **ā** and **ō** categories occur frequently and therefore have to be learnt and mastered. You have already been exposed to many examples of the **ā** and **ō** categories during your exercises regarding possessives. Circumstances, relationships and perception will determine whether the **ā** or the **ō** will apply to your sentence. This is a basic list of what belongs in the **ā** category, and what belongs in the **ō** category, but it's by no means extensive or all-encompassing:

Ā	Ā
Kai me te Inu	*Food and drink*
Anei ā tātou kai	*Here is our food*
Kararehe me ngā mōkai	*Animals and pets*
He ngeru tā rātou mōkai	*Their pet is a cat*
Wahine pūmau / Tāne pūmau	*Spouse*
Ko Wiremu tāna tāne	*Wiremu is her husband*
Tamariki	*Children*
Tokowhā āku tamariki	*I have four children*
Mokopuna / Irāmutu	*Grandchildren / Nieces / Nephews*
Ko āku mokopuna ēnei	*These are my grandchildren*
Ngā mea ka taea te kawe	*Moveable property*
Kei te kura āku pukapuka	*My books are at school*
Ngā kaimahi me ngā tonotono	Workers / Inferior positions
I tōmuri ngā kaimahi a Heta i te ata nei	*Heta's workers were late this morning*

Ō

Ō	Ō
Whanaunga	*Relatives*
Kei konei ōku whanaunga	*My relations are here*
Ingoa	*Names*
Ko Te Manahau tōku ingoa	*My name is Te Manahau*
Ngā waka	*Transport*
Ko te waka moana o te whānau	*That's the family's boat*
Whare	*Buildings*
Me hoki ki tō tātou whare!	*Let's go back to our place!*
Ngā wāhanga o tētahi mea	*Parts of anything*
He roa ōna ringaringa!	*His arms are long!*
Ngā kare-ā-roto	*Feelings*
Ka nui tō mātou pōuri	*Our sorrow is overwhelming*
Kākahu	*Clothing*
Me kuhu i ō koutou kākahu mahana!	*Put on your warm clothes!*
Āhuatanga	*Qualities*
Ka nui hoki tō kōrua pai ki tēnei tākaro!	*You two are awesome at this game!*
Moenga me ngā tūru	*Bedding and seating*
Ka haere tahi māua ko tōku aupuru ki ngā wāhi katoa!	*My pillow and I go everywhere together!*
Ngā rangatira	*Superiors*
Koia tō tātou Pirimia	*He is our Prime Minister*

Another way of indicating possession is to use the words **mō** and **mā**, which loosely translate to *for* in English. The reason why I have chosen those words for this section is because they are governed by the **ā** and **ō** grammar rules. It will help you to understand further how those rules work and how they relate to the **mā** and **mō** possessives.

Mā wai tēnei kai	*For whom is this food? (Who is this food for?)*
Mā ngā tamariki tēnei kai	*This food is for the children*
Mō wai tēnei whare?	*For whom is this house for? (Who is this house for?)*
Mō rāua tēnei whare	*This house is for those two*

Mā is used in the first two examples because food belongs in the **ā** category list. **Mō** is used in the next two examples because dwellings and houses belong to the **ō** category list.

Let's begin our practice by focusing on the singular forms of the **mā** and **mō** possessives.

māku / mōku	for me
māu / mōu	for you (one person)
māna / mōna	for him / her

Here are some more examples:

Mōu tēnei waka	This car is for you (waka = vehicle, so **ō** category)
Māu tēnei āporo	This apple is for you (apple = food, so **ā** category)

Now, one more thing before we move on; if you see any of the following words without macrons on them, they are called neutral possessives. This means they can be used for both **ā** and **ō** catergory items.

taku   aku   tana   ana

HARATAU – PRACTICE

Rāhina – Monday

🕐 **30-minute challenge**

1. **Tuhia he rārangi i ngā whakaahua i te taha mauī ki ngā tāngata i te taha matau hei whakaatu i ngā rerenga kōrero.**

1. *Draw a line from the pictures on the left to the people on the right to demonstrate each sentence.*

1. Mā Mere te kapu tī
2. Mō te kuia te waka
3. Mā ngā tamariki te pōro
4. Mō Hare te whare
5. Mō te kōtiro te pōtae

2. Whakamahia ngā whakaahua hei whakautu i ngā pātai.

2. Use the pictures to answer the questions.

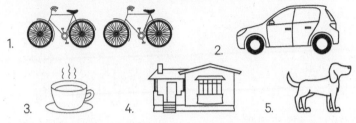

1.

2.

3.

4.

5.

1. He aha mō ngā tamariki?

_____

2. He aha mō te koroua?

_____

3. He aha mā Mere?

_____

4. He aha mō te whānau?

_____

5. He aha mā ngā kōtiro?

_____

Rātū – Tuesday

🕐 **30-minute challenge**

1. Whakamahia ngā whakaahua ki te whakautu i ngā pātai.

1. Use the pictures to answer the questions.

He tokotoko māku

He pōro mā mātou

He hītau hōu ōku

MERE

He whare hōu mō mātou

1. He aha mā te koroua?

_____

2. He aha mā ngā tamariki?

_____

3. He aha mō Mere?

_____

4. He aha mō te whānau?

_____

2. Whakaurua te mea tika o ēnei – *māu, mōu*.

2. *Complete the sentences by inserting the correct possessive –* **māu, mōu**.

1. _____ te pēke

2. _____ te pouaka

3. _____ te tīhate

4. _____ te pahikara

5. _____ te pene

Rāapa – Wednesday

🕐 **30-minute challenge**

1. Whakamahia anō ēnei whakaahua ki te tuhi rerenga e kī ana, *māna*, *mōna* rānei.

1. Use these pictures again to construct sentences beginning with **māna**, **mōna** (for him / her).

1. Māna te kapu tī
2. _____
3. _____
4. _____
5. _____

2. Ināianei, whakapākehātia ō rerenga kōrero.

2. Now, translate your sentences into English.

1. The cup of tea is for him / her
2. _____
3. _____
4. _____
5. _____

Rāpare – Thursday

So far we have been concentrating on the singular forms of **māu**, **mōu**, **māku**, **mōku**, **māna**, **mōna**. When using dual and plural pronouns such as **tāua** and **tātou**, simply retain the **mā** or **mō** and place the pronoun after it, like this:

He kai tēnei mā rāua	*This food is for them (2)*
Mā tātou te hākari	*This feast is for all of us*
Mā rātou te taputapu tākaro hōu	*This new toy is for them (3)*
E tunu keke ana a Jason mā tātou	*Jason is baking a cake for us*
Mā koutou tērā kete	*That kete is for you (3)*
Mō Hauata ngā paraikete	*The blankets are for Hauata*
Ko wai hei hoa haere mō koutou?	*Who is going with you (3) as a mate?*

 30-minute challenge

1. **Whakautua ngā pātai ki te pūriro tika.**
1. *Answer the questions using the correct possessive.*

1. Mā wai te kai? (ia)
   Māna te kai

2. Mā wai te pēke kai? (rātou)
   Mā rātou te pēke kai

3. Mā wai te punua kurī? (koe)
   _____

4. Mō wai ngā tōkena? (māua)
   _____

5. Mō wai ngā pōtae? (tāua)
   _____

6. Mā wai te kawe reo? (au)
   _____

7. Mā wai te pukapuka? (tātou)
   _____

8. Mō wai ngā rīngi? (rāua)
   _____

9. Mō wai te tūranga tumuaki? (kōrua)
   _____

10. Mō wai te wai? (koe)
    _____

2. Whakamahia ngā whakaahua ki te hanga rerenga kōrero.

2. Use the pictures to construct your sentences.

1. (tāua) Mā tāua te ngeru
2. (rātou)

_____

3. (kōrua)

_____

4. (māua)

_____

5. (tātou)

_____

Rāmere – Friday

Negating the **mā**, **mō** possessives is reasonably straightforward. It's a one-step process!

Step 1: Place the negative phrase **ehara i te mea** at the beginning. So from this . . .

Possessive + Agent + Object

Mō   Mere   te whare

. . . to this:

Negative phrase + Possessive + Agent + Object

Ehara i te mea   mō   Mere   te whare

 30-minute challenge

1. Whakakāhoretia ēnei rerenga kōrero.

1. Negate the following sentences.

1. Mō ngā tamariki ngā kākahu
   Ehara i te mea mō ngā tamariki ngā kākahu
2. Mō te koroua te whare

_____

3. Mā Mere ngā pene rākau

_____

4. Mō te whānau te waka hōu

_____

5. Mā ngā kōtiro ngā rare

_____

6. Mā rātou te kōauau?

_____

7. Mōu te koti

_____

8. Māna te pōro

_____

9. Māku te pouaka āporo

_____

10. Mā rāua ngā pukapuka

_____

2. Akohia ēnei kīwaha e toru.
2. Learn these three colloquialisms.

Kei konā au!   _I'm with you on that!_
Hoea tō waka!   _Off you go / You're on your own!_
Kāti te patu taringa!   _Stop battering my ears!_

He Pangakupu

Complete the crossword below

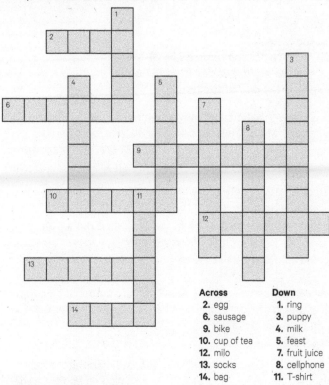

Across
2. egg
6. sausage
9. bike
10. cup of tea
12. milo
13. socks
14. bag

Down
1. ring
3. puppy
4. milk
5. feast
7. fruit juice
8. cellphone
11. T-shirt

Weekend Word List

Maika	Banana
Tokotoko	Walking stick
Waina	Wine
Kete	Bag / Kit
Tarakihana	Tractor
Paraikete	Blanket
Heihei	Chicken
Tarau	Pants / Trousers
Mea	Thing
Raruraru	Problem
Rau mamao	Remote control

WEEK TEN
Past-tense possessive prepositions

Last week we learnt that **mā** and **mō** are the words we use to indicate future possession. **Mā** and **mō** generally translate to *for* in English:

Mā ngā manuhiri te kai	*This food is for the visitors*
Mō Rewi rāua ko Hēmi te waka	*This car is for Rewi and Hēmi*

We also learnt how to negate these future possession sentences by using the phrase **ehara i te mea** at the beginning of the sentence:

Ehara i te mea mā ngā manuhiri te kai	*This food is not for the visitors*
Ehara i te mea mō Rewi rāua ko Hēmi te waka	*This car is not for Rewi and Hēmi*

Nā and **nō** have the same meaning as **mā** and **mō** but **nā** and **nō** imply that the possession of a particular item has already been established or is already an accomplished fact:

Nā ngā manuhiri te kai	*This is the visitor's food*

The difference between this example and **mā ngā manuhiri te kai**, is the implication that the food has already been prepared and set aside for the visitors.

Nō Rewi rāua ko Hēmi te waka	*This car belongs to Rewi and Hēmi*

Again, the difference here is that **nō** indicates that the car already belongs to Rewi and Hēmi, and may have belonged to them for some time. It is an established and accomplished fact.

HARATAU – PRACTICE

Rāhina – Monday

🕐 **30-minute challenge**

1. **Tuhia he rārangi i ngā whakaahua i te taha mauī ki ngā tāngata i te taha matau hei whakaatu i ngā rerenga kōrero.**

1. *Draw a line from the pictures on the left to the people on the right to demonstrate each sentence.*

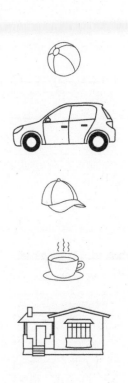 

1. Nā Mere te pōro
2. Nō te kuia te whare
3. Nō Hare te waka
4. Nā Māka ngā maika
5. Nā te koroua te kapu tī

2. Whakamahia ngā whakaahua hei whakautu i ēnei pātai.
2. Use the pictures to answer the questions.

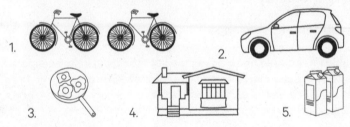

1. Nō ngā tamariki ngā aha?

_____

2. Nō te koroua te aha?

_____

3. Nā Mere ngā aha?

_____

4. Nō te whānau te aha?

_____

5. Nā ngā kōtiro ngā aha?

_____

Rātū – Tuesday

🕐 **30-minute challenge**

1. Whakamahia ngā whakaahua ki te whakautu i ngā pātai.
1. Use the pictures to answer the questions.

1. Nā ngā tamariki te aha?

   _____

2. Nā te koroua te aha?

   _____

3. Nō Mere te aha?

   _____

4. Nō te whānau te aha?

   _____

2. Whakaurua te mea tika o ēnei – _nāku, nōku._

2. _Complete the sentences by inserting the correct possessive –_ **nāku**, **nōu**.

  1. _____ te pēke

  2. _____ te pouaka

  3. _____ te tīhate

  4. _____ te pahikara

  5. _____ te pene

Rāapa – Wednesday

🕐 **30-minute challenge**

1. **Whakamahia anō ēnei whakaahua ki te tuhi rerenga e kī ana,** *nāna, nōna* **rānei.**
1. *Use these pictures again to construct sentences beginning with* **nāna**, **nōna** *(belongs to him / her).*

1. Nāna te kapu tī
2. _____
3. _____
4. _____
5. _____

2. **Ināianei, whakapākehātia ō rerenga kōrero.**
2. *Now, translate your sentences into English.*
 1. The cup of tea is his / hers
 2. _____
 3. _____
 4. _____
 5. _____

Rāpare – Thursday

So far we have been concentrating on the singular forms of **nāu, nōu, nāku, nōku, nāna, nōna.** As with the **mā** and **mō** possessives, when using dual and plural pronouns such as **tāua** and **tātou**, simply retain the **nā** or **nō** and place the pronoun after it, like this:

Nā rāua tēnei kai	*This food belongs to them (2)*
Nā rātou te taputapu tākaro hōu	*This new toy belongs to them (3)*
Nā tāua te pukapuka	*That book belongs to us (you and me)*

Nō tātou tēnei whare	*This house belongs to all of us*
Nō Pita te kahukiwi	*This kiwi feather cloak belongs to Pita*
Nō Hauata ngā paraikete	*The blankets belong to Hauata*

 30-minute challenge

1. **Whakautua ngā pātai ki te pūriro tika.**
1. *Answer the questions using the correct possessive.*

 1. Nā wai te kai? (ia)
    Nāna te kai

 2. Nā wai te pēke kai? (rātou)
    Nā rātou te pēke kai

 3. Nā wai te punua kurī? (koe)
    _____

 4. Nō wai ngā tōkena? (māua)
    _____

 5. Nō wai ngā pōtae? (tāua)
    _____

 6. Nā wai te kawe reo? (au)
    _____

 7. Nā wai te pukapuka? (tātou)
    _____

 8. Nō wai ngā rīngi? (rāua)
    _____

 9. Nō wai te tūranga tumuaki? (kōrua)
    _____

10. Nō wai te wai? (koe)
    _____

2. Whakamahia ngā whakaahua ki te hanga rerenga kōrero.

2. Use the pictures to construct your sentences.

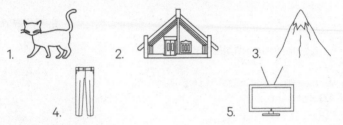

1. (tāua)   Nā tāua te ngeru
2. (kōrua) _____
3. (rātou) _____
4. (māua)   _____
5. (tātou) _____

Rāmere – Friday

Negating the **nā**, **nō** possessives can be a little more complicated than negating **mā** and **mō**! There is an advanced way to do it, and a beginners' way to do it! Fortunately, you are at the beginners' level, so we are going to start with that method!

Step 1: Place the negative word **ehara** at the beginning of the sentence. So from this . . .

Possessive + Agent + Object

Nō   Mere   te whare

. . . to this:

Negative word + Possessive + Agent + Object

Ehara   nō   Mere   te whare

And for a beginner, that's all there is to it! A more advanced speaker will negate our sample sentence with an extra step:

Step 2: Replace the **nā** or **nō** with an **i**:

Negative word + Possessive + Agent + Object

Ehara   i   a Mere   te whare

Note that because Mere is the actual name of a person, it must be introduced by the particle **a**. This is so the listener knows that it is the name of a person, and not the greenstone hand weapon which is called a **mere**. The **a** is not required when the person's name is preceded by a possessive preposition.

What happens if the name of a person is not present in the sentence? Look at these examples:

Nā rāua te punua ngeru	*That kitten belongs to them*
Ehara i a rāua te punua ngeru	*That kitten does not belong to them*
Nāu tēnei mea	*This thing belongs to you*
Ehara i a koe tēnei mea	*This thing does not belong to you*
Nōna tērā whare	*That house over there belongs to him / her*
Ehara i a ia tērā whare	*That house over there does not belong to him / her*
Nō te kura te waka	*That car belongs to the school*
Ehara i te kura te waka	*That car does not belong to the school*

Pronouns such as **tāua** and **tātou** will have the **a** in front of them in the negative sentence pattern. If the object belongs to a place (such as a school) or something similar, then the singular **te** or plural **ngā** will be present:

Nō tāua te kākahu	*Ehara i a tāua te kākahu*
Nō rātou te waka moana	*Ehara i a rātou te waka moana*
Nō te karapu te whutupōro	*Ehara i te karapu te whutupōro*
Nā ngā tamariki ngā rare	*Ehara i ngā tamariki ngā rare*

 30-minute challenge

1. **Whakakāhoretia ēnei rerenga kōrero – whakamahia ngā tikanga whakakāhore e rua.**

1. Negate the following sentences – use both methods.

  1. Nō ngā tamariki ngā kākahu
     Ehara nō ngā tamariki ngā kākahu
     Ehara i ngā tamariki ngā kākahu

  2. Nō te koroua te whare

     _____

     _____

  3. Nā Mere ngā pene rākau

     _____

     _____

  4. Nō te whānau te waka hōu

     _____

     _____

5. Nā ngā kōtiro ngā rare

   _____

   _____

6. Nā rātou te kōauau?

   _____

   _____

7. Nōu te kākahu kaukau

   _____

   _____

8. Nāna te pōro

   _____

   _____

9. Nāku te pouaka āporo

   _____

10. Nā rāua ngā tuna

   _____

   _____

11. Nōu te raruraru

   _____

   _____

12. Nāna te rau mamao

   _____

   _____

13. Nā ngā whare wānanga ngā pukapuka

   _____

   _____

14. Nā te whānau ngā rīwai

   _____

   _____

15. Nō ngā iwi te whenua

   _____

   _____

He Pangakupu

Complete the crossword below

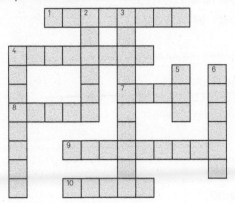

Across
1. walking stick
4. problem / trouble
7. kit
8. banana
9. blanket
10. pants

Down
2. old man
3. tractor
4. remote control
5. thing
6. chicken

Weekend Word List

Māuiui	Sick
Tiaki	Look after
Maremare	Cough
Waimarie	Lucky
Awa	River
Hapū	Sub-tribe
Iwi	Tribe
Mātua	Parents
Pāpā	Father
Māmā	Mother
Tuakana	Older brother of male / sister of female
Teina	Younger brother of male / sister of female
Tungāne	Brother of female
Tuahine	Sister of male

WEEK ELEVEN
Saying where you are from /
Talking about your whānau

Whakataukī o te wiki
Proverb of the week
Ehara te tangata i te peka tītoki
Unlike the branch of the tītoki tree that decays and dies,
people live on through their descendants

He Tauira Kōrero:
Mere: Kia ora, e Māka.
Māka: Kia ora, e Mere.
Mere: Kei te pēhea ō mātua?
Māka: Kei te pai. Kei te pēhea tō tuakana? Kei te māuiui tonu?
Mere: Kei te piki tōna ora. Kei te tiaki taku tungāne i a ia.
Māka: Waimarie! Kei te māuiui hoki taku tamāhine i tēnei wā.
Mere: He aha tōna mate?
Māka: He maremare.
Mere: Auē! Ka aroha kē hoki!
Māka: Kei te pai. Kei te whare o tōku māmā ia.
Mere: Kei te tiaki tōna kuia i a ia?
Māka: Āe.

This week, we are focusing on how to introduce yourself and talk about your **whānau** or family. The more you learn the Māori language, the more doors to the Māori culture will open up to you. This will more than likely lead to you becoming involved in Māori occasions, where it is common practice to introduce yourself to a large group of people by reciting your pepeha or tribal aphorism, a traditional recitation of important landmarks, tribal boundary features and genealogy.

Pepeha are usually rote learnt and therefore become quite natural to say and easy to deliver after a few recitations. A pepeha generally follows the following structure:

Ko _____ te maunga
Ko _____ te awa / roto / moana
Ko _____ te iwi
Ko _____ te hapū
Ko _____ te marae
Nō _____ ahau

Ko _____ rāua ko _____ ōku mātua

Ko _____ tōku ingoa

The mountain I affiliate to is _____

The river / lake / sea I affiliate to is _____

The tribe I affiliate to is _____

The sub-tribe I affiliate to is _____

The marae I affiliate to is _____

I am from _____

My parents are _____

and _____

My name is _____

HARATAU – PRACTICE

Rāhina – Monday

🕐 30-minute challenge

1. **Whakarongo ki te tauira pepeha e whakahuatia ana i runga ipurangi, kia rongo ai koe me pēhea.**

1. *Listen to the sample tribal aphorism or pepeha on the website so you can hear how to recite one correctly.*

2. **Ināianei, rangahaua ngā kōrero mōu anō kia pai ai tō whakakī i ngā whārua o tō pepeha.**

2. *Now, research the information you need to be able to fill the spaces in the following pepeha sample.*

Ko _____ te maunga

Ko _____ te awa / roto / moana

Ko _____ te iwi

Ko _____ te hapū

Ko _____ te marae

Nō _____ ahau

Ko _____ rāua ko _____ ōku mātua

Ko _____ tōku ingoa

Rātū – Tuesday

 30-minute challenge

1. **Kotahi te mahi, engari he mahi nui, arā, he ako ā-hinengaro i tō pepeha.**
1. *One big challenge today, my friend, and that is to learn your tribal aphorism or pepeha off by heart.*

 Once you have learnt your pepeha off by heart, recite it twice a day – once in the morning when you get out of bed, and once at night before you go to bed. Keep this up for a few weeks and you will never forget it!

Rāapa – Wednesday

Good time to introduce you to the whānau unit now! The terminology to describe relationships among family members can be complicated. Once again, you will need to work hard to gain a solid understanding of how they work. The main difficulty is that there are words that are gender specific. Let's start from the grandparents and work our way down to the grandchildren. There are many different words you could use in some cases. Here is one common term for each member of the family, so you don't get confused:

Koroua	*Grandfather*
Kuia	*Grandmother*
Pāpā	*Father*
Māmā	*Mother*

These next terms are gender specific, so read the explanations carefully:

Tuakana	*Older sibling of a male only* **or** *Older sibling of a female only*
Teina	*Younger sibling of a male only* **or** *Younger sibling of a female only*
Tungāne	*Brother of a female*
Tuahine	*Sister of a male*
Taokete	*Brother-in-law of a male only* **or** *Sister-in-law of a female only*
Autāne	*Brother-in-law of a female*
Auwahine	*Sister-in-law of a male*

Mātāmua	*Eldest sibling*
Mātāmuri / Pōtiki	*Youngest sibling*

And the rest are fairly standard:

Tama	*Son*
Tamāhine	*Daughter*
Tamariki	*Children*
Mokopuna, moko	*Grandchildren*
Hungarei / Hungawai	*Mother-in-law / Father-in-law (interchangeable)*
Hunaonga	*Daughter-in-law / Son-in-law (interchangeable)*
Karangatahi	*First cousin*
Karangarua	*Second cousin*
Whanaunga	*Relation*

Study the table and the phrases below to help you comprehend the terminology you will use when talking about your family members.

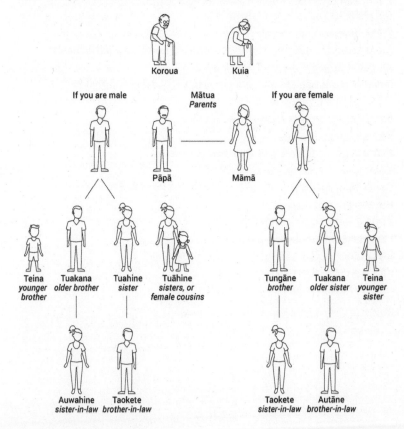

123

I want you to take note of a couple of things as you read through the next lot of examples. First, take note of the **ā** and **ō** category words selected to illustrate the relationship and status between each family member. Second, observe what happens when **tuakana** and **tuahine** are used in plural form. A macron appears on the first **a** of each term to indicate that more than one person is being spoken about.

Ko Tanira te ingoa o tōku kuia
Tanira is my grandmother's name

Ko Riki te tuakana o Bruce
Riki is Bruce's older brother

Ko Andrea te tuakana o Moana
Andrea is Moana's older sister

Ko Mark rāua ko Terry ōku tuākana
Mark and Terry are my older brothers (speaker is male)

Ko George te teina o Barry
George is Barry's younger brother

Ko Rīpeka te teina o Karyn
Rīpeka is Karyn's younger sister

Ko Mike ahau, tokowhā aku tēina
I'm Mike and I have four younger brothers (because Mike is male)

Ko Juliet rāua ko Jessica aku tēina
Juliet and Jessica are my younger sisters (speaker is female)

Ko Scotty tōku tungāne
Scotty is my brother (speaker is female)

Ko Pāora tāku taokete
Pāora is my brother-in-law (speaker is male)

Ko Ashley rāua ko Nicole āku taokete
Ashley and Nicole are my sisters-in-law (speaker is female)

Ko Angela tāku auwahine
Angela is my sister-in-law (speaker is male)

He whakaputa mōhio tāku hungarei!
My mother-in-law / father-in-law is a know-it-all!

Kāore au i te rata ki tāku hunaonga
I don't like my daughter-in-law / son-in-law

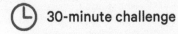

30-minute challenge

1. **Makenutia tō whakapapa, tae atu ki ō koroua me ō kuia, heke iho ki ō tamariki. Hangaia tō rākau whakapapa.**
1. *Trace your genealogy right back to your grandparents and down to your children. Draw up your own family tree in the space provided.*

2. **Ināianei, me tuhi i ngā kōrero mō tō whakapapa.**
2. *Now, write the correct sentences to describe your family tree.*

1. Ko _____ tōku koroua
2. Ko _____ tōku kuia
3. Ko _____
4. Ko _____
5. Ko _____
6. Ko _____
7. Ko _____
8. Ko _____
9. Ko _____
10. Ko _____
11. Ko _____
12. Ko _____
13. Ko _____
14. Ko _____
15. Ko _____

Rāpare – Thursday

 30-minute challenge

1. **Whakamāoritia ēnei rerenga kōrero.**
1. *Translate the following sentences into Māori.*
   1. Toni is my sister (speaker is male)
      Ko Toni tōku tuahine
   2. Mere is my sister-in-law (speaker is female)

      _____

   3. Morewhati is my grandfather

      _____

   4. Hori is my younger brother (speaker is male)

      _____

   5. Anahera and Kiri are my sisters-in-law (speaker is male)

      _____

   6. Hēmi is the brother of Rachael and Edwina

      _____

   7. Maiana is the youngest in the family

      _____

   8. James is my father-in-law

      _____

   9. Pere, Mariana, Hānia and Arana are my first cousins

      _____

   10. Hēnare is Carol's brother-in-law

       _____

   11. Whiti is the mother of Ānaru

       _____

   12. Ānaru is the son of Whiti

       _____

   13. Te Kani is the oldest in the family

       _____

   14. Rēweti is my older brother (said by a male)

       _____

   15. Hare, Tame and Tieri are my children

       _____

Rāmere – Friday

 30-minute challenge

1. Akohia ēnei kīwaha e toru.
1. Learn these three colloquialisms.

Meinga! Meinga!	*Is that so!*
Tō ihu!	*Butt out!*
Nā whai anō	*Well that explains it*

2. Whakamāoritia tā Māka rāua ko Mere kōrero.
2. Translate the sample dialogue between Māka and Mere.

Mere: Kia ora, e Māka.

Māka: Kia ora, e Mere.

Mere: Kei te pēhea ō mātua?

Māka: Kei te pai. Kei te pēhea tō tuakana? Kei te māuiui tonu?

Mere: Kei te piki tōna ora. Kei te tiaki taku tungāne i a ia.

Māka: Waimarie! Kei te māuiui hoki taku tamāhine i tēnei wā.

Mere: He aha tōna mate?

Māka: He maremare.

Mere: Auē! Ka aroha kē hoki!

Māka: Kei te pai. Kei te whare o tōku māmā ia.

Mere: Kei te tiaki tōna kuia i a ia?

Māka: Āe.

He Pangakupu

Complete the crossword below

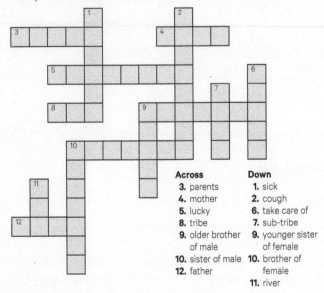

Across
3. parents
4. mother
5. lucky
8. tribe
9. older brother of male
10. sister of male
12. father

Down
1. sick
2. cough
6. take care of
7. sub-tribe
9. younger sister of female
10. brother of female
11. river

Weekend Word List

Pāki	Burger
Tiakarete wera	Hot chocolate
Whai	Follow
Huaki	Open
Hari	Take
Manaaki	Generosity / Hospitality
Tuhi	Write
Hanga	Build
Taunga waka	Car park
Moenga	Bed
Karere	Message
Whātui	Fold clothes
Whana	Kick
Kohi	Gather

WEEK TWELVE
Asking and saying who will do something

Whakataukī o te wiki
Proverb of the week
Ehara au i te rangatira engari he ata nō te tangata
I am not a chiefly person but rather the reflection of one
(An expression of humility)

He Tauira Kōrero
Kei te whare o Makitānara a Mere rāua ko Māka e kai ana.
Mere: He aha māu, e Māka?
Māka: He pāki māku . . . me te inu
Mere: Inu aha?
Māka: Tiakarete wera.
Mere: Māku tā tāua kai e hoko, māu ō tāua tūru e kimi.
Māka: Ka pai. Kāore āku moni! Māku a Rewi rāua ko Ānaru
e waea, nē?
Mere: Kei te haere mai rāua ki te kai?
Māka: Kāore rāua i te haere mai ki te kai, kei te haere
mai ki te kōrero.
Mere: Ka rawe. Mā tāua rāua e whakahoki ki te kāinga.
He waka tō tāua.
Māka: Ka pai. Māku rāua e whakamōhio.

Mā and **e** combine to form a sentence which describes what or who
will do something in the present or future tense. The structure of the
sentence looks like this:

Agent indicated by *mā* + Object or person affected by action + *e*
+ Verb

Mā Mere	te kurī	e	patu
Māku	koe	e	āwhina
Māu	rāua	e	tiaki
Mā te ngeru	te manu	e	whai
Mā te kuia	te whare	e	hoko

Study the following chart and examples carefully:

	Includes the speaker and listener(s)	Excludes the listener(s)	Excludes the speaker	Neither the speaker nor listener(s)
One person		māku (I will)	māu (you will)	māna (he / she will)
Two people	mā tāua (we will, you and I will)	mā māua (we will, he / she and I will)	mā kōrua (you two will)	mā rāua (they will)
Three or more people	mā tātou (we all will)	mā mātou (we will, they and I will)	mā koutou (you will)	mā rātou (they will)

(Moorfield, John C., *Te Kākano*, Longman Paul, 1988)

Mā wai ngā kūtai e huaki?	*Who will shell the mussels?*
Māku ngā kūtai e huaki	*I will shell the mussels*
Mā wai ahau e whakahoki ki Rotorua?	*Who will take me back to Rotorua?*
Mā Mere ahau e whakahoki ki Rotorua	*Mere will take me back to Rotorua*
Mā wai tēnei mahi e mahi?	*Who will do this job?*
Mā rātou tēnā mahi e mahi	*They (4) will do that job*

HARATAU – PRACTICE

Rāhina – Monday

 30-minute challenge

1. Tuhia kia tekau ngā rerenga kōrero i te tūtohi i raro iho nei.

1. *Use the table below to construct 10 sentences.*

Māku	a Hēmi	e	manaaki
Mā te tāne	rātou		whakaoti
Mā te rōpū	te whare		hoko
Māu	ngā kurī		whakapai
Māna	au		āwhina
	koe		whakahoki
	te mahi		kai
	te āporo		pōwhiri
	tātou		whāngai

1. _____
2. _____
3. _____
4. _____
5. _____
6. _____
7. _____
8. _____
9. _____
10. _____

2. Ināianei, whakapākehātia ō rerenga kōrero tekau.
2. Now translate your 10 sentences into English.

1. _____
2. _____
3. _____
4. _____
5. _____
6. _____
7. _____
8. _____
9. _____
10. _____

Rātū – Tuesday

An important thing to remember when using the structure **mā . . . e . . .** is to not place the particle **i** after the verb:

Māku e tuhi i ngā kupu   (incorrect)

Māku e tuhi ngā kupu   (correct)

🕐 **30-minute challenge**

1. Whakatikahia ngā hapa.
1. Correct the errors in these sentences.

1. Mā koutou e hōmai i te pouaka whakaata

_____

2. Mā tāua e mahi i te mahi

_____

3. Mā tātou e whakatū i te whare āpōpō

4. Mā mātou e hanga i te taunga waka

5. Māu e whakapai i te moenga

6. Māna e tuku i te karere ki te iwi

7. Māku e āwhina i te ngeru

8. Māna e whakahoki i te pōro

9. Mā te kurī e kai i te wheua

10. Mā te manu e hanga i te kōhanga

2. **Ināianei, whakapākehātia ngā rerenga kōrero tekau, kātahi anō ka whakatikahia e koe.**

2. Now translate the 10 sentences you have just corrected into English.

1. _____
2. _____
3. _____
4. _____
5. _____
6. _____
7. _____
8. _____
9. _____
10. _____

Rāapa – Wednesday

 30-minute challenge

1. Whakamahia anō ēnei whakaahua ki te tuhi rerenga e kī ana, *mā . . . e . . .*

1. *Use these pictures again to construct sentences using* mā . . . e . . .

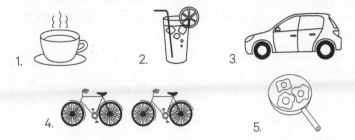

1. (Māna) Māna te kapu tī e inu / Māna e inu te kapu tī
2. (rāua) Mā rāua te wairenga e hoko / Mā rāua e hoko te waireka
3. (Māu) _____
4. (rātou) _____
5. (kōrua) _____

2. Ināianei, whakapākehātia ō rerenga kōrero.

2. *Now translate your sentences into English.*

1. He / She will drink the cup of tea
2. They (2) will purchase the fruit juice
3. _____
4. _____
5. _____

Rāpare – Thursday

So far we have been concentrating on the affirmative form of **mā . . . e . . .** Negating the **mā . . . e . . .** sentence structure is exactly the same as negating the **mā**, **mō** structure. Again, it's a one-step process.

Step 1: Place the negative phrase **ehara i te mea** at the beginning. So from this . . .

Agent indicated by *mā* + Object or person affected by action + *e* + Verb

Mā Mere   te kurī   e   patu

. . . to this:

Negative phrase + Agent indicated by *mā* + Object or person affected by action + *e* + Verb

Ehara i te mea   mā Mere   te kurī   e   patu

Another way to negate a **mā ... e ...** sentence is to use the negative word **kaua**. Again, this is a simple process because all that is required is to place the negative word **kaua** at the beginning of the sentence.

Step 1: Place the negative word **kaua** at the beginning. So from this ...

Agent indicated by *mā* + Object or person affected by action + *e* + Verb

Mā Mere   te kurī   e   patu

... to this:

Negative phrase + Agent indicated by *mā* + Object or person affected by action + *e* + Verb

Kaua   mā Mere   te kurī   e   patu

 30-minute challenge

1. Whakakāhoretia ēnei rerenga kōrero – whakamahia ngā tikanga whakakāhore e rua.

1. Negate the following sentences – use both methods.

 1. Mā ngā tamariki ngā kākahu e whātui

    Ehara i te mea mā ngā tamariki ngā kākahu e whātui

    Kaua mā ngā tamariki ngā kākahu e whātui

 2. Mā te koroua te whare e peita

    _____

    _____

 3. Mā Mere ngā pene rākau e hoko

    _____

    _____

 4. Mā te whānau te waka e hoe

    _____

    _____

 5. Mā ngā kōtiro ngā rare e kai

    _____

    _____

 6. Mā rātou te kōauau e whakatangitangi

    _____

    _____

7. Māna te kākahu kaukau e whakahoki ki tōna hoa

_____

_____

8. Māna te pōro e whana

_____

_____

9. Māku te pouaka āporo e hiki

_____

_____

10. Mā rāua ngā tuna e hopu

_____

_____

11. Mā te iwi te raruraru e whakatau

_____

_____

12. Māna te rau mamao e kimi

_____

_____

13. Mā ngā whare wānanga e hoko ngā pukapuka

_____

_____

14. Mā te whānau e waruwaru ngā rīwai

_____

_____

15. Mā ngā iwi te whenua e tiaki

_____

_____

2. Whakamāoritia ngā rerenga kōrero nei.
2. _Translate the following sentences into Māori._
  1. Mere will gather the children
     Mā Mere ngā tamariki e kohi
  2. They (2) will catch the fish

_____

  3. She will take them (3) to school

_____

  4. Who will cook the food?

_____

5. Who will support you?
_____

6. Who will fold the cloaks?
_____

7. The cat will kill the mouse
_____

8. I will help him
_____

9. I will lift the apple box
_____

10. The tribe will settle the problem
_____

Rāmere – Friday

🕐 30-minute challenge

1. Akohia ēnei kīwaha e toru.
1. *Learn these three colloquialisms.*

Kāore e nama te kōrero	*Has an answer for everything*
Te weriweri rā	*That creep!*
Tuhia ki tō rae	*Never ever forget it*

2. Whakamāoritia tā Māka rāua ko Mere kōrero.
2. *Translate the sample dialogue between Māka and Mere.*

Kei te whare o Makitānara a Mere rāua ko Māka e kai ana.
_____

Mere: He aha māu, e Māka?
_____

Māka: He pāki māku . . . me te inu.
_____

Mere: Inu aha?
_____

Māka: Tiakarete wera.
_____

Mere: Māku tā tāua kai e hoko, māu ō tāua tūru e kimi.
_____

Māka: Ka pai. Kāore āku moni! Māku a Rewi rāua ko Ānaru
e waea, nē?

Mere: Kei te haere mai rāua ki te kai?

Māka: Kāore rāua i te haere mai ki te kai,
kei te haere mai ki te kōrero.

Mere: Ka rawe. Mā tāua rāua e whakahoki ki te kāinga.
He waka tō tāua.

Māka: Ka pai. Māku rāua e whakamōhio.

He Pangakupu

Complete the crossword below

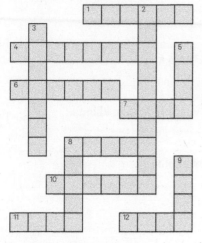

Across
1. fold clothes
4. peel
6. news
7. take
8. build
10. mountain
11. collect / gather
12. pursue

Down
2. carpark
3. generosity
5. burger
8. open
9. write

Weekend Word List

Mārena	Marry / Wedding
Aroha	Love
Rongo	Hear / Feel
Whakatipu	Grow / Develop
Kūtai	Mussel
Rutu	Tackle
Kiore	Rat
Whakakaha	Strengthen
Kohete	Scold
Hōmai	Give to me
Māra	Garden
Karakia	Prayer / Incantation
Wheua	Bone (animal)
Taiepa	Fence
Maka	Throw / Pass
Hopu	Catch

WEEK THIRTEEN
Asking and saying who did something

Whakataukī o te wiki
Proverb of the week
He kōpara kai rērere
A flitting bellbird
(She looks good, sounds good but she flits about everywhere)

He Tauiri Kōrero:
Kei te whawhewhawhe a Mere rāua ko Māka.
Mere: Kua rongo koe? Kei te mārena a Anahera rāua ko Pāora.
Māka: Auē! Nā wai koe i whakamōhio?
Mere: Nā Hēmi.
Māka: Nā Hēmi rāua i āwhina i ngā wā o mua, nē?
Mere: Āe. Nāna rāua i ārahi kia aroha anō rāua ki a rāua.
Māka: Koia kei a Hēmi! He tangata pai ia!
Mere: Nā tōna kuia ia i whakatipu.
Māka: Nā wai ia i hari ki te kura? Kāore tāna kuia e mōhio ana ki te hautū waka!
Mere: Nā mātou! Nā tōku whānau. Koirā taku mōhio ki a ia. Nā mātou ia i hari ki te kura, nā mātou ia i whakahoki ki te kāinga.
Māka: Ai! Kua mārama!

Nā and **i** combine to form a sentence which describes *what* or *who* did something in the past tense. The structure of the sentence is exactly like the **mā . . . e . . .** but the crucial difference is that this sentence features the **nā . . . i . . .** to indicate past tense. The structure looks like this:

Agent indicated by *nā* + Object or person affected by action + *i* + Verb

Nā Mere	te kurī	i	patu
Nāku	koe	i	āwhina
Nāu	rāua	i	tiaki
Nā te ngeru	te manu	i	whai
Nā te kuia	te whare	i	hoko

Study the following chart and examples carefully:

	Includes the speaker and listener(s)	Excludes the listener(s)	Excludes the speaker	Neither the speaker nor listener(s)
One person		nāku (I did)	nāu (you did)	nāna (he / she did)
Two people	nā tāua (we did, you and I did)	nā māua (we did, he / she and I did)	nā kōrua (you two did)	nā rāua (they did)
Three or more people	nā tātou (we all did)	nā mātou (we did, they and I did)	nā koutou (you did)	nā rātou (they did)

(Moorfield, John C., *Te Kākano*, Longman Paul, 1988)

Nā wai ngā kūtai i huaki?	*Who shelled the mussels?*
Nāku ngā kūtai i huaki	*I shelled the mussels*
Nā wai ahau i whakahoki ki Rotorua?	*Who took me back to Rotorua?*
Nā Mere ahau i whakahoki ki Rotorua	*Mere took me back to Rotorua*
Nā wai tēnei mahi i mahi?	*Who did this job?*
Nā rātou tēnā mahi i mahi	*They (4) did that job*

HARATAU – PRACTICE

Rāhina – Monday

 30-minute challenge

1. Tuhia kia tekau ngā rerenga kōrero i te tūtohi i raro iho nei.

1. Use the table below to construct 10 sentences.

Nāku	a Reweti	i	tiaki
Nā te wahine	rātou		whakakaha
Nā te hapū	te kura		hari
Nāu	ngā kiore		whakapai
Nāna	au		āwhina
	koe		whakahoki
	te mahi		whāngai
	te kai		rutu
	koutou		kohete

1. _____
2. _____
3. _____
4. _____
5. _____
6. _____
7. _____
8. _____
9. _____
10. _____

2. Ināianei, whakapākehātia i ō rerenga kōrero tekau.
2. Now translate your 10 sentences into English.

1. _____
2. _____
3. _____
4. _____
5. _____
6. _____
7. _____
8. _____
9. _____
10. _____

Rātū – Tuesday

Just like the present or future tense form **mā . . . e . . .** it's important to remember that when using the structure **nā . . . i . . .**, do not place the particle **i** after the verb:

Nāku i tuhi i ngā kupu   (incorrect)

Nāku i tuhi ngā kupu   (correct)

🕐 **30-minute challenge**

1. Whakatikahia ngā hapa.
1. Correct the errors in these sentences.

1. Nā koutou i hōmai i te pukapuka

_____

2. Nā tāua i mahi i te māra

_____

3. Nā rātou i whakatū i te hui

_____

4. Nā māua i hanga i te whare kurī

_____

5. Nāu i whakapai i tōna moenga

_____

6. Nāna i tuku i te karakia

_____

7. Nāku i āwhina i te ngeru

_____

8. Nāna i whakahoki i te manu ki tōna kōhanga

_____

9. Nā te kurī i kai i te wheua

_____

10. Nā te manu i kapo ake i te pōro

_____

2. Ināianei, whakapākehātia ngā rerenga kōrero tekau kātahi anō ka whakatikahia e koe.

2. _Now, translate the 10 sentences you have just corrected into English._

1. _____
2. _____
3. _____
4. _____
5. _____
6. _____
7. _____
8. _____
9. _____
10. _____

Rāapa – Wednesday

🕐 **30-minute challenge**

1. Whakamahia anō ēnei whakaahua ki te tuhi rerenga e kī ana, nā ... i ...

1. *Use these pictures again to construct sentences using* nā ... i ...

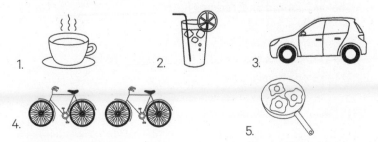

1.   2.   3.

4.   5.

1. (Nāna) Nāna te kapu tī i mahi / Nāna i mahi te kapu tī
2. (rāua) Nā rāua te wairekai hoko / Nā rāua i hoko te waireka
3. (Nāu) _____
4. (rātou) _____
5. (kōrua) _____

2. Ināianei, whakapākehātia ō rerenga kōrero.

2. *Now, translate your sentences into English.*

1. He / She made the cup of tea
2. They (2) purchased the fruit juice
3. _____
4. _____
5. _____

Rāpare – Thursday

To this point, we have been concentrating on the affirmative form of **nā ... i ...** Negating the **nā ... i ...** sentence structure is exactly the same as negating the **mā ... e ...** structure.

Step 1: Place the negative phrase **ehara i te mea** at the beginning. So from this ...

Agent indicated by *nā* + Object or person affected by action + *i* + Verb

Nā Mere   te kurī   i   patu

... to this:

Negative phrase + Agent indicated by *nā* + Object or person affected by action + *i* + Verb

Ehara i te mea   nā Mere   te kurī   i   patu

Do not use the negative word **kaua** to negate the **nā . . . i . . .** sentence.

 30-minute challenge

1. Whakakāhoretia ēnei rerenga kōrero.
1. Negate the following sentences.

1. Nā ngā tamariki ngā kākahu i whātui
   Ehara i te mea nā ngā tamariki ngā kākahu i whātui

2. Nā te koroua te taiepa i peita
   _____

3. Nā Mere ngā pene rākau i whakakoi
   _____

4. Nā te whānau te waka i whakatere
   _____

5. Nā ngā kōtiro ngā hua rākau i kai
   _____

6. Nā rātou te kōauau i whakairo
   _____

7. Nāna te kākahu kaukau i whakahoki ki tōna hoa
   _____

8. Nāna te pōro i maka
   _____

9. Nāku te putiputi i whakatō
   _____

10. Nā rāua ngā tuna i hopu
    _____

11. Nā te iwi te raruraru i whakatau
    _____

12. Nāna te rau mamao i whiu
    _____

13. Nā ngā whare wānanga i hoko ngā pukapuka
    _____

14. Nā te whānau ngā tamariki i āwhina
    _____

15. Nā ngā iwi te whenua i tiaki
    _____

2. Whakamāoritia ngā rerenga kōrero nei.
2. *Translate the following sentences into Māori.*

1. Mere put the children to sleep
   Nā Mere ngā tamariki i whakamoe
2. They (2) caught the fish
   _____
3. She took them to school
   _____
4. Who cooked the food?
   _____
5. Who supported you?
   _____
6. Who folded the clothes?
   _____
7. The baby woke the children
   _____
8. I helped her
   _____
9. I lifted the tractor
   _____
10. The teachers supported the school
    _____

Rāmere – Friday

 30-minute challenge

1. Akohia ēnei kīwaha e toru.
1. *Learn these three colloquialisms.*

Hika mā!	*For crying out loud!*
Tōna tikanga	*Supposedly*
Whakaputa mōhio!	*Know it all!*

2. Whakamāoritia tā Māka rāua ko Mere kōrero.
2. *Translate the sample dialogue between Māka and Mere.*
   Kei te whawhewhawhe a Mere rāua ko Māka.
   _____

   Mere: Kua rongo koe? Kei te mārena a Anahera rāua ko Pāora.
   _____

Māka: Auē! Nā wai koe i whakamōhio?

Mere: Nā Hēmi.

Māka: Nā Hēmi rāua i āwhina i ngā wā o mua, nē?

Mere: Āe. Nāna rāua i ārahi kia aroha anō rāua ki a rāua.

Māka: Koia kei a Hēmi! He tangata pai ia!

Mere: Nā tōna kuia ia i whakatipu.

Māka: Nā wai ia i hari ki te kura? Kāore tōna kuia e mōhio ana ki te hautū waka!

Mere: Nā mātou! Nā tōku whānau. Koirā tāku mōhio ki a ia. Nā mātou ia i hari ki te kura, nā mātou ia i whakahoki ki te kāinga.

Māka: Ai! Kua mārama!

Weekend Word List

Taitai niho	Toothbrush
Wai pāhukahuka	Shampoo
Hautō	Draw
Pē niho	Toothpaste
Tiki	Fetch
Ihu	Nose
Ngahere	Forest / Bush
Matawā	Clock / Live broadcast
Akomanga	Classroom
Kaiako	Teacher
Uku	Soap
Toka	Rock
Tūru	Chair
Tuanui	Roof
Rākau	Tree
Pari	Bank

WEEK FOURTEEN
Locatives

Whakataukī o te wiki
Proverb of the week
Ehara taku toa i te toa takitahi, engari he toa takitini
My strength is not mine alone, it comes from the collective /
from the group

He Tauira Kōrero:
Kei roto a Mere rāua ko Māka i te taiwhanga horoi.
Mere: Kei hea taku taitai niho?
Māka: Kei roto i te hautō.
Mere: Kei hea?! Kāore au i te kite!
Māka: Kei raro i te wai pāhukahuka.
Mere: I hea koe inapō?
Māka: I roto au i taku moenga.
Mere: Kei te rūkahu koe! I haere koe ki hea?
Māka: I haere māua ko Tama ki te hoko aihikirīmi. Nāna au i tiki.
Mere: Kāore kōrua i pōwhiri i a au. Kei hea te pē niho?
Māka: Kei raro i tō ihu, e hika e!

Today I am going to introduce you to locatives or words that introduce
the location of an object, person or people. During your second week
of study, you learnt how to ask where someone is from, **nō hea koe?**, so
you are already familiar with the question word **hea** which means *where*.
To ask someone where they are, or where they are located right now,
place the present tense marker **kei** in front of **hea**. To ask someone
where they have been, place the past tense marker **i** in front of the **hea**:

Kei hea koe?	*Where are you?*
I hea koe?	*Where were you?*

The locatives for you to learn at this stage are:

runga	*on or above*
raro	*under or below*
roto	*in or inside*
waho	*outside*

Let's take a look at some examples:

Kei hea tāku ine?	*Where is my ruler?*
Kei hea tō tāua hoa?	*Where is our friend?*
Kei hea koe?	*Where are you?*

Kei hea te ngahere?	*Where is the forest / bush?*
Kei hea te moana?	*Where is the sea?*
I hea tāu wahine inapō?	*Where was your girlfriend last night?*
I hea koe?	*Where were you?*
I hea tā tātou pouaka whakaata?	*Where was our television?*
Look at the following examples:	
Kei hea te kurī?	*Where is the dog?*
Kei roto te kurī i te whare	*The dog is in the house*

HARATAU – PRACTICE

Rāhina – Monday

 30-minute challenge

1. **Tirohia te whakaahua kei raro nei, honoa ngā wāhanga tahi / rua / toru o ngā tauira rerenga kōrero hei tohu i te wāhi kei reira tēnā mea, tēnā tangata. Tuhia ō rerenga ki ngā whārua. Kua oti kē tētahi hei tauira māu.**

1. *Look at the picture below, then join parts 1 / 2 / 3 to form a locative phrase based on what's in the picture. Write the sentences you have created in the spaces provided. An example has been completed for you.*

1	2	3
Kei runga	te kōtiro	i te tēpu
Kei raro	te kurī	i te tēpu kaiako
Kei roto	ngā pukapuka	i te akomanga
Kei waho	te matawā	i te kāpata
	te tama	
	ngā pene	
	te pēke	

1. Kei waho te kōtiro i te akomanga
2. _____
3. _____
4. _____
5. _____
6. _____
7. _____
8. _____

2. Tirohia te whakaahua, whakautua te pātai.

2. *Look at the picture and answer the question.*

1. Kei hea te mōkai?

Kei runga te mōkai i te tūru

2. Kei hea te kaiako o Mere?

_____

3. Kei hea ngā ngeru?

_____

4. Kei hea ngā manu?

_____

5. Kei hea te kiore?

Rātū – Tuesday

 30-minute challenge

1. **Tuhia he whakaahua ki ia pouaka e pā ana ki ēnei rerenga kōrero.**
1. *Draw a picture in each box to show you understand the meaning of these sentences.*

1. Kei runga te pouaka i te tēpu
2. Kei waho te kōtiro i te whare
3. Kei runga ngā ngeru i te tūru
4. Kei raro te kurī i te tūru
5. Kei runga te waka i te moana
6. Kei roto te tamaiti i te moenga
7. Kei roto te whānau i te waka
8. Kei raro te kōtiro i te rākau
9. Kei waho a Mere i te whare karakia
10. Kei roto te taitai niho i te hautō
11. Kei waho te kuia i te wharenui
12. Kei roto te pōro i ōna ringaringa

1	2	3
4	5	6

(Continued over page)

7	8	9
10	11	12

The next group of locatives for you to learn is:

mua	in front
muri	behind
waenganui	in between / in the middle

2. Tirohia te whakaahua, whakautua te pātai.

2. *Look at the picture and answer the question.*

1. Kei hea te mōkai?

Kei mua te mōkai i te whare

2. Kei hea te ngeru?

_____

3. Kei hea te kōtiro?

_____

4. Kei hea ngā wāhine?

_____

5. Kei hea te manu?

Rāapa – Wednesday

 30-minute challenge

1. Whakamāoritia / Whakapākehātia rānei ēnei kōrero.
1. *Translate these sentences into Māori / English.*

1. Their (2) hats were on the roof
   I runga ō rāua pōtae i te tuanui

2. The cat was in the car

   _____

3. Our (yours and mine) book was in the library

   _____

4. Her computer was on the table

   _____

5. The dog was in between the sea and the bank

   _____

6. I waho tō rāua kuia i te whare karakia

   _____

7. I muri te pōro i te taiepa

   _____

8. I runga a Hēmi i te pahikara

   _____

9. I roto ngā putiputi i te māra

   _____

10. I waenganui te whānau i a Rotorua me Tauranga

   _____

Time to learn how to negate locatives e hoa mā! To say something isn't in a particular location, **kāore ... i ...** is used for both past and present tense sentences. Take a look at these two examples:

Kei runga te manu i te tuanui o te whare
The bird is on the roof of the house

Kāore te manu i runga i te tuanui o te whare
The bird is not on the roof of the house
I runga te manu i te tuanui o te whare
The bird was on the roof of the house
Kāore te manu i runga i te tuanui o te whare
The bird was not on the roof of the house

OK, formula time! To negate a location sentence and say something or someone is not in a particular place, follow these steps:

Step 1: Adjust the sentence from its original form . . .
Kei runga te manu i te tuanui o te whare
. . . to this (you are swapping the **manu** and **kei runga**)
. . . te manu kei runga i te tuanui o te whare

Step 2: Place your negative word (**kāore**) at the very start of the sentence so you end up with this:
Kāore te manu kei runga i te tuanui o te whare

Step 3: The sentence in Step 2 is still grammatically wrong, so the last thing you need to do is to change the **kei** to **i**:
Kāore te manu i runga i te tuanui o te whare
The bird was not (or is not) on the roof of the house

2. Whakakāhoretia ēnei rerenga kōrero.
2. Negate the following sentences.

1. Kei runga te pouaka i te tēpu

_____

2. Kei waho te kōtiro i te whare

_____

3. Kei runga ngā ngeru i te tūru

_____

4. Kei raro te kurī i te tūru

_____

5. Kei runga te waka i te moana

_____

6. Kei roto te tamaiti i te moenga

_____

7. Kei waenganui te whānau i a Tāmaki me Ahuriri

_____

8. Kei mua te kōtiro i te rākau

_____

9. Kei muri a Mere i te whare karakia

_____

10. Kei waenganui te kuia i te wharenui me te wharekai

_____

Rāpare – Thursday

We can use two question phrases with our locative sentences to ask what or who is at (or was at) a particular location. These two question phrases are **he aha**, or _what_, and **ko wai**, or _who_. Study these examples:

He aha kei runga i te tēpu?	_What is on the table?_
He pene kei runga i te tēpu	_There is a pen on the table_
He aha kei runga i te tūru?	_What is on the chair?_
He ngeru kei runga i te tūru	_There is a cat on the chair_
He aha i runga i te moana?	_What was on the ocean?_
He kaipuke i runga i te moana	_A ship was on the ocean_
He aha i roto i tō moenga?	_What was in your bed?_
He pūngāwerewere i roto i tōku moenga	_A spider was in my bed_
Ko wai kei roto i te waka?	_Who is in the car?_
Ko Hēmi kei roto i te waka	_Hēmi is in the car_
Ko wai kei raro i te rākau?	_Who is under the tree?_
Ko Mere kei raro i te rākau	_Mere is under the tree_
Ko wai i waho i te wharenui?	_Who was outside the meeting house?_
Ko te kuia i waho i te wharenui	_The old woman was outside the meeting house_

 30-minute challenge

1. **Tirohia te whakaahua, whakautua te pātai.**
1. _Look at the picture and answer the question._

1. He aha kei runga i te tūru?

He kurī kei runga i te tūru

2. Ko wai kei waho i te kura?

_____

3. He aha kei raro i te tēpu?

_____

4. He aha kei runga i te tuanui?

_____

5. He aha kei raro i te tūru?

_____

2. Whakamāoritia ēnei rerenga kōrero.
2. _Translate the following sentences into Māori._

1. The box was on the table

_____

2. The girl was not outside the house

_____

3. What is on the chair?

_____

4. Who was in the car?

_____

5. The ship was on the ocean

_____

6. The ship is on the ocean

_____

7. Mere is between Hamilton and Auckland

_____

8. The girl is in front of the tree

_____

9. Mere is not behind the church

_____

10. The man was between the table and the chair

_____

Rāmere – Friday

 30-minute challenge

1. Akohia ēnei kīwaha e toru.
1. *Learn these three colloquialisms.*

Kua pakaru te pūkoro!	*Broke (no money)!*
Tarau makere!	*Promiscuous woman!*
Ure paratī!	*Promiscuous man!*

2. Whakamāoritia tā Māka rāua ko Mere kōrero.
2. *Translate the sample dialogue between Māka and Mere.*

Kei roto a Mere rāua ko Māka i te taiwhanga horoi.

_____

Mere: Kei hea taku taitai niho?

_____

Māka: Kei roto i te hautō.

_____

Mere: Kei hea?! Kāore au i te kite!

_____

Māka: Kei raro i te wai pāhukahuka.

_____

Mere: I hea koe inapō?

_____

Māka: I roto au i tāku moenga.

_____

Mere: Kei te rūkahu koe! I haere koe ki hea?

_____

Māka: I haere māua ko Tama ki te hoko aihikirīmi. Nāna au i tiki.

_____

Mere: Kāore kōrua i pōwhiri i a au. Kei hea te pē niho?

_____

Māka: Kei raro i tō ihu, e hika e!

_____

He Pangakupu

Complete the crossword below

Across
- **4.** toothbrush
- **6.** roof
- **7.** chair
- **8.** soap
- **12.** tree
- **13.** classroom
- **14.** rock
- **15.** drawer

Down
- **1.** forest / bush
- **2.** shampoo
- **3.** nose
- **5.** toothpaste
- **9.** teacher
- **10.** clock

Weekend Word List

Mōkai	Pet
Kāuta	Kitchen
Takoto	Lie down
Tarutaru	Weed
Mōunu	Bait
Moheni	Magazine
Honae	Wallet
Mōhiti	Glasses
Pūkenga	Skills
Mātauranga	Knowledge

WEEK FIFTEEN
Saying where someone is doing something / Using 'kei' to show possession

Whakataukī o te wiki
Proverb of the week
E haunui ana i raro, e hari ana i runga
It's blustery below but the sky above is clear
(The difficult times are over and the way ahead is now easier)

He Tauiria Kōrero:
Kei te marae a Mere rāua ko Māka.
Mere: Kei hea tō whānau, e Māka?
Māka: Kei roto rātou i te wharekai e mahi kai ana.
Mere: Kei korā hoki a Rewi?
Māka: Kāo. Kei Rotorua ia e noho ana ināianei.
Mere: Ka hia tana roa ki reira?
Māka: Ka tekau tau ināianei . . . wā roa, nē?
Mere: Tino! He ātaahua ērā rākau kei mua i te marae e tipu ana.
Māka: Nā Rewi ērā i whakatō.
Mere: E kī! Koia kei a ia! He ātaahua!
Māka: Kei a koe tō kawe reo? Māku a Rewi e waea atu.
Mere: Āe. Kei a au hoki tō pukapuka.
Māka: Kei a koe tāku pukapuka! I te kimi au i tēnā pukapuka!

Today we are going to extend our locative sentence to include and describe the action that is happening at that location. This is simply a matter of combining two sentence structures. Firstly, we begin with the locative structure and then add on the action phrase we learnt earlier on using the **e . . . ana** combination. Study the following examples closely:

Locative Phrase +	Action phrase
Kei runga ngā manu i te whare	e waiata ana
The birds are on top of the house	*singing*

Locative Phrase +	Action phrase
Kei te huarahi tō tāua hoa	e haere ana
Our friend is on the road	*travelling*

Locative Phrase +	Action phrase
Kei roto rātou i te ngahere	e hīkoi ana
They are in the forest / bush	*walking*

Locative Phrase +	**Action phrase**
Kei Tauranga te whānau	e hī ika ana
The family is in Tauranga	*fishing*

Locative Phrase +	**Action phrase**
Kei roto te kurī i tōna whare kurī	e moe ana
The dog is in his kennel	*sleeping*

The only thing that changes if we are talking past tense is the tense marker at the beginning of the locative phrase. So we change **kei** to **i** like this:

Locative Phrase +	**Action phrase**
I runga ngā manu i te whare	e waiata ana
The birds were on top of the house	*singing*

Locative Phrase +	**Action phrase**
I te huarahi tō tāua hoa	e haere ana
Our friend was on the road	*travelling*

Locative Phrase +	**Action phrase**
I roto rātou i te ngahere	e hīkoi ana
They were in the bush	*walking*

Locative Phrase +	**Action phrase**
I Tauranga te whānau	e hī ika ana
The family was in Tauranga	*fishing*

Locative Phrase +	**Action phrase**
I roto te kurī i tōna whare kurī	e moe ana
The dog was in his kennel	*sleeping*

Many learners of te reo Māori will say and write these types of sentences in this way: 'Kei te tākaro ia kei waho.' This follows an English language structure, i.e., action before location, 'He is playing outside.' Make sure you master the structure demonstrated above, *Kei waho ia e tākaro ana*!

HARATAU – PRACTICE

Rāhina – Monday

 30-minute challenge

1. **Tirohia te whakaahua, whakautua te pātai me te tāpiri i te rerenga mahi.**
1. *Look at the picture and answer the question, adding in an action phrase.*

  1. Kei hea te mōkai?

Kei runga te mōkai i te tūru e noho ana

  2. Kei hea te kaiako o Mere?

_____

  3. Kei hea ngā ngeru?

_____

  4. Kei hea ngā manu?

_____

  5. Kei hea te kiore?

_____

2. **Tuhia he whakaahua ki ia pouaka e pā ana ki ēnei rerenga kōrero.**

2. *Draw a picture in each box to show you understand the meaning of these sentences.*

1. Kei runga a Tama i te tūru e noho ana
2. Kei waho te waka i te taiepa e tū ana
3. Kei roto ngā kōtiro i te kāuta e mahi ana
4. Kei raro a Rewi i te rākau e takoto ana
5. Kei raro te kurī i te tūru e moe ana
6. Kei runga ngā manu i te rākau e tangi ana
7. Kei roto te whānau i te waka e waiata ana
8. Kei raro te kōtiro i te rākau e pānui pukapuka ana
9. Kei waho a Mere i te whare karakia e kanikani ana
10. Kei waenganui ngā tama i ngā whare e oma ana
11. Kei waenganui te kuia i te rākau me te whare e tū ana
12. Kei runga ngā kākahu i te whata pouhēni (clothes rack) e iri ana

1	2	3
4	5	6
7	8	9
10	11	12

Rātū – Tuesday

You will be pleased to know that negating our combo sentence is pretty straightforward. You already know how to do it! You may recall the formula we used to negate locative sentences.

Step 1: Adjust the sentence from its original form . . .

Kei runga te manu i te whare

. . . to this (you are swapping the **manu** and **kei runga**):

. . . te manu kei runga i te whare

Step 2: Place your negative word (**kāore**) at the very start of the sentence so you end up with this:

Kāore te manu kei runga i te whare

Step 3: The sentence in Step 2 is still grammatically wrong, so the last thing you need to do is to change the **kei** to **i**:

Kāore te manu i runga i te whare   *The bird was not (or is not) on the house (roof)*

The same formula applies, even though we have added an action phrase to our locative phrase. Simply leave the action phrase determined by the **e . . . ana** at the end of the sentence, don't touch it or move it somewhere else!

Step 1: Adjust the sentence from its original form . . .

Kei runga te manu i te whare e waiata ana

. . . to this (you are swapping the **manu** and **kei runga**):

. . . te manu kei runga i te whare e waiata ana

Step 2: Place your negative word (**kāore**) at the very start of the sentence so you end up with this:

Kāore te manu kei runga i te whare e waiata ana

Step 3: The sentence in Step 2 is still grammatically wrong, so the last thing you need to do is to change the **kei** to **i**:

Kāore te manu i runga i te whare e waiata ana
The bird was not (or is not) on the house (roof) singing

 30-minute challenge

1. Whakakāhoretia ēnei rerenga kōrero.
1. *Negate the following sentences.*
   1. Kei runga a Tama i te tūru e noho ana
      Kāore a Tama i runga i te tūru e noho ana

2. Kei waho te waka i te taiepa e tū ana

___

3. I roto ngā kōtiro i te kāuta e mahi ana

___

4. Kei raro a Rewi i te rākau e takoto ana

___

5. I raro te kurī i te tūru e moe ana

___

6. Kei runga ngā manu i te rākau e tangi ana

___

7. I roto te whānau i te waka e waiata ana

___

8. I raro te kōtiro i te rākau e pānui pukapuka ana

___

9. Kei waho a Mere i te whare karakia e kanikani ana

___

10. I waenganui ngā tama i ngā whare e oma ana

___

11. Kei waenganui te kuia i te rākau me te whare e tū ana

___

12. I runga ngā kākahu i te whata pouhēni (clothes rack) e iri ana

___

2. Whakamāoritia / Whakapākehātia rānei ēnei kōrero.
2. Translate these sentences into Māori / English.

1. Their (2) cats were playing on the roof
   I runga ā rāua ngeru i te tuanui e tākaro ana

2. The dog was sleeping in the car

___

3. Our (yours and mine) friend is studying in the library

___

4. She was at the shop buying a computer

___

5. The dog is running between the sea and the bank

___

6. Their grandmother was reading outside the church

___

7. Kei waho i te whare pukapuka ngā tamariki e kai ana

___

8. Kei runga a Hēmi i tōna pahikara e whakangungu (training) ana

_____

9. I roto a Hemara i tana māra e ngaki tarutaru ana

_____

10. Kei waenganui te whānau i a Rotorua me Tauranga e noho ana

_____

Rāapa – Wednesday

Now, another way of using **kei** is to show who is currently in possession of something. However, it does not necessarily mean that they own what they are in possession of. Have a look at these examples:

Kei a wai ōku kākahu?	*Who has got my clothes?*
Kei a Mere ō kākahu	*Mere has got your clothes*
Kei a wai ōku hū omaoma?	*Who has got my running shoes?*
Kei āu tamariki ōu hū omaoma	*Your children have got them*
Kei a wai ngā tukutuku mō te whare	*Who has got the decorative panels for the house?*
Kei a rātou	*They have got them*

I can be used in the same way to ask who was in possession of something:

I a wai āku āporo?	*Who had my apples?*
I a Piri āu āporo	*Piri had your apples*
I a koe ōku kākahu hākinakina?	*Did you have my sports apparel?*
Kāo, i a Rāpata mā ōu kākahu hākinakina!	*No, Robert and the others had your sports apparel*
I a wai ō rātou tarau poto?	*Who had their shorts?*
I te kaiako	*The coach did*

Don't forget to put the **a** in front of the name of a person, so the listener knows it is a proper name and not a noun! You will also need to place the **a** in front of personal pronouns:

Kei a rāua tō pukapuka	*Those two have your book*
Kei a mātou ngā kōrero	*We have the information*
I a ia te pōro	*He / She had the ball*
I a rātou te waka o Mere	*They had Mere's car*

30-minute challenge

1. Tirohia te tūtohi, ka waihanga ai kia tekau ngā rerenga kōrero, kia rima ngā *Kei*, kia rima ngā *I*:

1. *Look at the table below and construct 10 sentences using the three parts – five beginning with Kei, five with I:*

Kei	te kurī	ō hū
I	te kaiako	te mōunu
	a Mere	te pukapuka
	te whānau	ō kākahu
	te kuia	tō waka
	a Māka	tāna mōkai
	ngā tamariki	ngā tamariki a Hera
	ngā ika	te kai
	a Rāhera	ngā pōro
	a Hēmi rāua ko Tama	tā tātou mahere

1. _____
2. _____
3. _____
4. _____
5. _____
6. _____
7. _____
8. _____
9. _____
10. _____

2. Ināianei, whakapākehātia ō rerenga.

2. *Now, translate your sentences into English.*

1. _____
2. _____
3. _____
4. _____
5. _____
6. _____
7. _____
8. _____
9. _____
10. _____

Rāpare – Thursday

Let's take a look at the negative version of the sentences we studied and learnt yesterday, which of course were using **kei** to show who is currently in possession of something:

Kei a koe tā tātou moheni?	*Have you got our magazine?*
Kāore tā tātou moheni i a koe?	*Haven't you got our magazine?*
I a koe tāku honae, nē?	*You had my wallet, didn't you?*
Kāore tāku honae i a koe, nē?	*You didn't have my wallet, did you?*
Kei a Billy ōku mōhiti	*Billy has my glasses*
Kāore ōku mōhiti i a Billy	*Billy does not have my glasses*

And just in case you require a formula for these:

Step 1: Adjust the sentence from its original form . . .
Kei a koe tā tātou moheni?
. . . to this (you are swapping the **tā tātou moheni** and **kei a koe**):
. . . tā tātou moheni kei a koe?

Step 2: Place your negative word **kāore** at the very start of the sentence so you end up with this:
Kāore tā tātou moheni kei a koe?

Step 3: The sentence in Step 2 is still grammatically wrong, so the last thing you need to do is to change the **kei** to **i**:

Kāore tā tātou moheni i a koe?   *Haven't you got our magazine?*

 30-minute challenge

1. Whakakāhoretia ēnei rerenga kōrero.
1. Negate the following sentences.

1. Kei te kurī ōu hū
   Kāore ōu hū i te kurī

2. I a Mere tāku honae
   Kāore tāku honae i a Mere

3. I ngā kōtiro tō rorohiko

   _____

4. Kei a Rewi tāku tokotoko

   _____

5. I te kurī te kai a te whānau

   _____

6. Kei ngā manu te parāoa

   _____

7. I te whānau te waka o Mere

_____

8. I te tama te pōro

_____

9. Kei a ia ngā pūkenga

_____

10. I a ia te mātauranga o te iwi

_____

11. Kei te kuia tā tāua kawe reo (cellphone)

_____

12. I a Ware ngā taiaha

_____

2. Ināianei, whakapākehātia ō rerenga.
2. *Now, translate your negative sentences into English.*

1. _____
2. _____
3. _____
4. _____
5. _____
6. _____
7. _____
8. _____
9. _____
10. _____
11. _____
12. _____

Rāmere – Friday

🕐 **30-minute challenge**

1. Akohia ēnei kīwaha e toru.
1. *Learn these three colloquialisms.*

Kua kino kē ngā piropiro	*In a foul mood*
Hanepī tonu atu	*Dumbfounded*
Hau pirau!	*Exaggerating / Laying it on thick!*

2. Whakamāoritia tā Māka rāua ko Mere kōrero.

2. Translate the sample dialogue between Māka and Mere.

Kei te marae a Mere rāua ko Māka.

Mere: Kei hea tō whānau, e Māka?

Māka: Kei roto rātou i te wharekai e mahi kai ana.

Mere: Kei korā hoki a Rewi?

Māka: Kāo. Kei Rotorua ia e noho ana ināianei.

Mere: Ka hia tana roa ki reira?

Māka: Ka tekau tau ināianei . . . wā roa, nē?

Mere: Tino! He ātaahua ērā rākau kei mua i te marae e tipu ana.

Māka: Nā Rewi ērā i whakatō.

Mere: E kī! Koia kei a ia! He ātaahua!

Māka: Kei a koe tō kawe reo? Māku a Rewi e waea atu.

Mere: Āe. Kei a au hoki tō pukapuka.

Māka: Kei a koe tāku pukapuka! I te kimi au i tēnā pukapuka!

He Pangakupu

Complete the crossword below

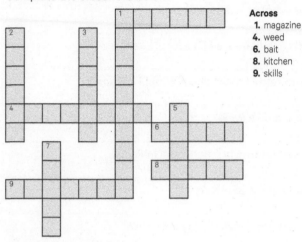

Across
1. magazine
4. weed
6. bait
8. kitchen
9. skills

Down
1. knowledge
2. lie down
3. glasses
5. wallet
7. pet

Weekend Word List

Ranginamu	Handsome
Ī-papa	iPad
Whakaahua	Picture / Photo
Korimako	Bellbird
Mōhio	Know
Kererū	Native pigeon
Makimaki	Monkey
Kumi	Crocodile
Tāwāhi	Overseas
Kararehe	Animal
Taika	Tiger
Pokokōhua	Egghead
Kapua	Cloud
Kākano	Seed
Pukukino	Grumpy
Koretake	Useless
Puna hohunu	Deep pool
Puna pāpaku	Shallow pool
Morearea	Dangerous
Teitei	Tall (object)
Kekeno	Seal

WEEK SIXTEEN
Descriptive sentences

Whakataukī o te wiki
Proverb of the week
He hākuwai te manu e karanga tonu ana i tōna ingoa
The hākuwai is the bird that calls its own name
(A comment about a person who is always boasting of his or her achievements)

He Tauira Kōrero:
Kei te whare inu kawhe a Mere rāua ko Māka.
Mere: He rangi ātaahua tēnei, nē?
Māka: Āe! He rangi mokopuna!
Mere: Kei te haere koe ki te mārena o Tame rāua ko Mereana?
Māka: Āe mārika! He wahine ātaahua a Mereana.
Mere: He tāne ranginamu a Tame.
Māka: Kāti, e tika ana kia mārena rāua!
Ka tango a Māka i tana ī-papa.
Mere: He aha tēnā?
Māka: He ī-papa tēnei.
Mere: He aha tēnā whakaahua i tō ī-papa?
Māka: He whakaahua tēnei o mātou ko taku whānau i Rotorua.
Kātahi rāua ka rongo i te reo o te korimako i roto i te whare ihu kawhe.
Mere: He aha tērā manu?
Māka: He korimako! E mōhio pai ana au ki tērā reo.

To begin this week's study, let me introduce you to three words that can also indicate the location of an object or a person. The words are **tēnei**, **tēnā** and **tērā** and they are quite often linked with the question: **He aha?** or **What is it?**

Tēnei – means *that which is by the speaker*

Tēnā – means *that which is by the listener*

Tērā – means *that which is away from both the speaker and the listener*

Here's a tip to help you to answer **he aha?** questions: If **tēnei** is in the question, **tēnā** is in the answer. If **tēnā** is in the question, **tēnei** is in the answer. And if **tērā** is in the question, **tērā** is in the answer.

He aha tēnei?	*What is this (by me)?*
He makimaki tēnā	*That (by you) is a monkey*
He aha tēnā?	*What is that (by you)?*

He tāmure tēnei	*This (by me) is a snapper*
He aha tērā?	*What is that (over there)?*
He kererū tērā	*That (over there) is a pigeon*

When you drop the **t** off these three words, you have the plural form:

He aha ēnei?	*What are these things (by me)?*
He kumi ēnā	*Those things (by you) are crocodiles*
He aha ēnā momo inu?	*What are those (by you) types of drinks?*
He pia nō tāwāhi ēnei momo inu	*These drinks (by me) are types of foreign beer*
He aha ērā kararehe?	*What are those animals (over there)?*
He taika ērā kararehe	*Those animals (over there) are tigers*

The words **tēnei**, **tēnā** and **tērā** and their plural brothers are also good friends with the particle **ko**. You will notice in the following examples that the singular form of these words can be split in half to sit on either side of the noun. The macron on the **tē** drops off during this usage:

Ko Herewini tēnei	*This is Herewini*
Ko wai tērā?	*Who is that over there?*
Ko te wahine tērā a Richard	*That's Richard's wife*
Ko Helen tēnei kōtiro	*This young girl is Helen*
Ko Helen te kōtiro nei	*This young girl is Helen*
Ko te tama a Karl tēnā?	*Is that Karl's son (by you)?*
Āe, ko te tama a Karl tēnei	*Yes, this is Karl's son (by me)*
Ko tōku hoa tēnei	*This is my friend*
Ko tōu waka hōu tērā?	*Is that (over there) your new car?*

HARATAU – PRACTICE

Rāhina – Monday

 30-minute challenge

1. **Tirohia te whakaahua, whakautua te pātai. Kaua e wareware ki ēnei ture.**

1. *Look at the picture and answer the question. Don't forget the rule of thumb.*

Question	Answer
Tēnei	Tēnā
Tēnā	Tēnei
Tērā	Tērā

1. He aha tērā?

He kurī tērā.

2. He aha tēnei?

_____

3. He aha tēnā?

_____

4. He aha ērā?

_____

5. He aha ēnā?

_____

2. Kimihia te whakautu tika.

2. Choose the correct answer.

Ko ngā whakautu / Answers

He kapua ērā	He pēke tēnei
He kākano ēnā	He kura tērā
He ipu ēnā	He pouaka tēnā

1. Mere: He aha ēnei?

   Te māmā: _____

2. Hēmi: He aha tēnei?

   Māka: _____

3. Te tama: He aha ērā?

   Te pāpā: _____

4. Taiwere: He aha tēnā?
   Andrea: _____

5. Mereana: He aha ēnei?
   Hōne: _____

6. Kara: He aha tērā?
   Tere: _____

Rātū – Tuesday

The Māori sentence structure for describing things is again quite different to English. Probably the major difference to point out at this time is that te reo Māori follows a *noun + adjective* structure, while English follows an *adjective + noun* structure. So if the noun was **tāne** or *man* and the adjective was **nui** or *big*, the Māori sentence would be **tāne nui**, but the English structure would be *big man*. Descriptive sentences are introduced by the particle **he** and usually end with the subject or a possessive.

He wahine ātaahua ia	She is a beautiful woman
He whare teitei tērā	That house (over there) is very tall
He waka pango tōna	He has a black car
He kōtiro tūpore tāna tamāhine	Her daughter is a very caring girl
He tāne pukukino ia	He is a grumpy man
He huarahi kōpikopiko tēnei	This is a windy road
He tama haututū rātou	They are mischievous boys
He kai hīmoemoe ērā	That food is quite sour

🕐 **30-minute challenge**

1. Whakamāoritia ēnei rerenga kōrero.
1. *Translate the following sentences into Māori.*

 1. This is a beautiful day
    He rangi ātaahua tēnei

 2. You are a good person

    _____

 3. That (over there) is a deep pool

    _____

 4. This is a shallow pool

    _____

5. He is a strong man

_____

6. They (6) are grumpy people

_____

7. You (2) are clever women

_____

8. That (by you) is a tall tree

_____

9. That (over there) is a dangerous river

_____

10. Those children are cheeky

_____

11. This is a big house

_____

12. This is a nice car

_____

Rāapa – Wednesday

Today we are going to take a look at the negative versions of the descriptive sentences we have been studying over the past two days. The first negative form we are going to learn is to be used if the descriptive sentence ends with **tēnei**, **tēnā**, **tērā**; the plural forms **ēnei**, **ēnā**, **ērā**; personal pronouns such as **ia**, **koe**, **tāua**, **rātou** etc.; and nouns preceded by **te** or **ngā**. Here are some examples that we will then negate:

He tangata whai mana ia	*He / She is an influential person*
He taonga ātaahua tēnei	*This is a beautiful treasure*
He koha nui ērā	*Those are magnanimous gifts*
He tāngata haututū rāua	*Those two are mischievous*
He whānau kotahi tātou	*We are all one big family*

To negate these types of sentences, use the negative word **ehara.** Here is the formula:

Step 1: Adjust the sentence from its original form . . .

He tangata whai mana ia

. . . to this (you are swapping the **ia** or subject and **He tangata whai mana** or the descriptive phrase):

. . . ia he tangata whai mana

Step 2: Place your negative word (**ehara**) at the very start of the sentence so you end up with this:

Ehara ia he tangata whai mana

Step 3: The sentence in Step 2 is still grammatically wrong, so the last thing you need to do is to change the **he** to **i te**:

Ehara ia i te tangata whai mana   *He / She is not an influential person*

Our next example has a **tēnei** in it. Use the same formula to negate this.

Step 1: Adjust the sentence from its original form . . .

He taonga ātaahua tēnei

. . . to this (you are swapping the **tēnei** and **He taonga ātaahua**):

. . . tēnei he taonga ātaahua

Step 2: Place your negative word (**ehara**) at the very start of the sentence so you end up with this:

Ehara tēnei he taonga ātaahua

Step 3: The sentence in Step 2 is still grammatically wrong, so again the last thing you need to do is to change the **he** to **i te**:

Ehara tēnei i te taonga ātaahua   *This is not a beautiful treasure*

Our other examples will look like this:

He koha nui ērā   *Ehara ērā i te koha nui*

He tāngata haututū rāua   *Ehara rāua i te tāngata haututū*

He whānau kotahi tātou   *Ehara tātou i te whānau kotahi*

 30-minute challenge

1. Whakakāhoretia ēnei rerenga kōrero.

1. Negate the following sentences.

  1. He rangi ātaahua tēnei
     Ehara tēnei i te rangi ātaahua

  2. He tāne ranginamu koe

     _____

  3. He puna mōrearea tērā

     _____

  4. He maunga teitei a Ngongotahā

     _____

  5. He tāne kaha a Wiremu

     _____

  6. He iwi koretake rātou

     _____

7. He wahine atamai tērā

_____

8. He rākau poto tēnei

_____

9. He tamaiti kōroiroi ia

_____

10. He kōtiro māhaki a Hēni

_____

11. He tamariki tūpore a Māka rāua ko Mere

_____

12. He rangi makariri tēnei

_____

Rāpare – Thursday

Yesterday we studied and practised the negative form for descriptive sentences ending with **tēnei**, **tēnā**, **tērā**; the plural forms **ēnei**, **ēnā**, **ērā**; personal pronouns such as **ia**, **koe**, **tāua**, **rātou** etc.; and nouns preceded by **te** or **ngā**. But what about descriptive sentences that end with a possessive, such as **ōna** or **āna**, **ō rāua** or **tō mātou**? Let's look at some examples:

He waka pango tōna	_He has a black car_
He kōtiro tūpore āna	_She has caring daughters_
He pererua nui tōna	_He has a huge yacht_
He waewae tere ōna	_She has got fast legs_
He puku mōmona tōu	_You have a fat stomach_
He whare ātaahua tō rātou	_They have a beautiful house_

These sentences are a little different than the ones we encountered yesterday. To negate these types of sentences, you will use the negative word **kāore**, you will dispense with the **he**, and you will always use the plural possessive – never the singular! These are the major differences when using the negative form for a descriptive possession sentence. Sound complicated? Don't worry, I'm here to make it easy for you, after all, the book is called _Māori Made Easy_! So, here's our formula:

Step 1: Adjust the sentence from its original form . . .

He waka pango tōna

. . . to this (you are swapping the **tōna** or the possessive and **He waka pango** or the descriptive phrase):

. . . tōna he waka pango

Step 2: Change the **tōna** to its plural form (in other words, drop the **t** off).

. . . ōna he waka pango

Step 3: Place your negative word (**kāore**) at the very start of the sentence so you end up with this:

Kāore ōna he waka pango

Step 4: Obliterate that **he**:

Kāore ōna waka pango

Let's try another example.

Step 1: Adjust the sentence from its original form . . .

He kōtiro tūpore āna

. . . to this:

. . . āna he kōtiro tūpore

Step 2: The **āna** is already a plural form so no need to change it. Go straight to Step 3.

. . . āna he kōtiro tūpore

Step 3: Place your negative word (**kāore**) at the very start of the sentence so you end up with this:

Kāore āna he kōtiro tūpore

Step 4: Obliterate that **he**:

Kāore āna kōtiro tūpore

Our other examples will look like this:

He pererua nui tōna	*Kāore ōna pererua nui*
He waewae tere ōna	*Kāore ōna waewae tere*
He whare ātaahua tō rātou	*Kāore ō rātou whare ātaahua*

 30-minute challenge

1. Whakakāhoretia ēnei rerenga kōrero.

1. Negate the following sentences.

1. He tokotoko ātaahua tāna
   Kāore āna tokotoko ātaahua

2. He tamariki pīwari ā rāua

   _____

3. He puna mōrearea tā rātou

   _____

4. He inu reka āna

   _____

5. He āporo waitī tāna

_____

6. He pūkenga koretake ōku

_____

7. He wahine ātaahua tāu

_____

8. He rākau poto tā te koroua

_____

9. He tamaiti atamai ā rāua

_____

10. He kōtiro māhaki tō tērā whānau

_____

11. He tamariki kakama tō tērā kura

_____

12. He pātaka mātao tā māua

_____

Rāmere – Friday

🕐 **30-minute challenge**

1. Akohia ēnei kīwaha e toru.
1. Learn these three colloquialisms.

Taku matakawa atu	*I hated it / hate it*
Pakaru ana te tangi	*Cried his / her eyes out*
Tē mōhio hoki	*No idea whatsoever*

2. Whakamāoritia tā Māka rāua ko Mere kōrero.
2. Translate the sample dialogue between Māka and Mere.
Kei te whare inu kawhe a Mere rāua ko Māka.

Mere: He rangi ātaahua tēnei, nē?

_____

Māka: Āe! He rangi mokopuna!

_____

Mere: Kei te haere koe ki te mārena o Tame rāua ko Mereana?

_____

Māka: Āe mārika! He wahine ātaahua a Mereana.

_____

Mere: He tāne ranginamu a Tame.

Māka: Kāti, e tika ana kia mārena rāua!

Ka tango a Māka i tana ī-papa.

Mere: He aha tēnā?

Māka: He ī-papa tēnei.

Mere: He aha tēnā whakaahua i tō ī-papa?

Māka: He whakaahua tēnei o mātou ko taku whānau i Rotorua.

Kātahi rāua ka rongo i te reo o te korimako i waho i te whare inu kawhe.

Mere: He aha tērā manu?

Māka: He korimako! E mōhio pai ana au ki tērā reo.

He Pangakupu

Complete the crossword below

Across
2. happy
3. iPad
7. egghead
10. bellbird
11. tiger
12. picture
13. pigeon
14. seal

Down
1. monkey
4. useless
5. handsome
6. know
8. animal
9. overseas
13. crocodile

Weekend Word List

Pōturi	Slow
Whutupōro	Rugby
Ngata	Snail
Pūtaiao	Science
Pāngarau	Maths
Whaikōrero	Oratory
Mekemeke	Boxing
Kino	Bad / Evil
Teitei	Lofty / Tall
Poto	Short
Mahana	Warm
Makariri	Cold
Atamai	Clever
Pukumahi	Industrious
Upoko mārō	Stubborn
Mamae	Pain

WEEK SEVENTEEN
More sentences using 'he' / Intensifiers

Whakataukī o te wiki
Proverb of the week
Kei whawhati noa mai te rau o te rātā
Don't pluck the blossoms of the rātā tree
(Some things are perfect just the way they are)

He Tauira Kōrero:
Kei te mātakitaki whutupōro a Mere rāua ko Māka.
Mere: He pai a Hēnare ki te tākaro whutupōro, nē?
Māka: Āe mārika! He toa ia ki te rutu!
Mere: He pēhea ō whakaaro ki a Tūtere?
Māka: He pōturi ki te oma, engari he pai ake ia i a Rewi ki te tākaro.
Mere: He tika tāu. He tino koretake rawa atu a Rewi!
Māka: He tere ake te ngata i a Rewi!
Ka kata a Mere rāua ko Māka.
Mere: Engari he tino toa a Rewi ki te tunu kai!
Māka: He tika tāu, e Mere! He tino toa rawa atu!
Ka kata anō rāua.

He can also be used with an adjective to describe what a person is like at performing a particular activity.

He pai ia ki te tākaro whutupōro	*He is a good rugby player*
He toa ia ki te tunu kai	*He is a magnificent cook*
He tau rāua ki te kanikani	*Those two are awesome dancers*
He tohunga mātou ki te hanga waka	*We are expert canoe builders*
He pōturi a Para ki te oma	*Para is a slow runner*
He ninipa tō kapa ki te hopu pōro	*Your team has no ball-catching skills*
He tere ia ki te oma	*He is a fast runner*

HARATAU – PRACTICE

Rāhina – Monday

 30-minute challenge

1. Waihangatia kla tekau ngā rerenga kōrero i te tūtohi i raro nei.
1. Construct 10 sentences using the table below.

He	pai	koe	ki te	tunu kai
	kaha	rāua		oma
	koretake	tāna tama		pāngarau
	pōturi	a Hine		whakapai whare
	toa	tōna pāpā		tiaki manuhiri
	mōhio	ia		tākaro whutupōro
	kakama	a Mere		hanga whare
	tau	au		whaikōrero

1. _____
2. _____
3. _____
4. _____
5. _____
6. _____
7. _____
8. _____
9. _____
10. _____

2. Ināianei, whakapākehātia ō rerenga.
2. Now translate your sentences into English.

1. _____
2. _____
3. _____
4. _____
5. _____
6. _____
7. _____
8. _____
9. _____
10. _____

3. Tuhia he rārangi mai i te ingoa i te taha mauī ki te whakaahua i te taha matau.

3. Draw a line from the name on the left of your page, to the correct picture on the right.

Rangi

Anahera

Hereana

1. He pai a Hereana ki te waiata
2. He pai a Anahera ki te hī ika
3. He mātau a Rangi ki te pānui

Rātū – Tuesday

Today we are going to learn how to compare two things. To do this, we use the words **atu** or **ake**. The sentence starts with **He**. We place the **atu** or **ake** after the adjective or describing word, while the **i** separates the two things being compared. Let's take a look at some examples. Take special note of where the **atu** or **ake** sits in the sentence, and where the **i** is placed.

He pai ake a Māka i a Mere ki te tuhituhi	*Māka is better than Mere at writing*
He reka ake te ārani i te āporo	*An orange is sweeter than an apple*
He ngāwari atu tēnei mahi i tērā	*This job is easier than that*
He kaha ake ō rutu i āna	*Your tackles are more ferocious than his*
He nui ake tō mātou whare i tō koutou	*Our house is bigger than yours*
He pai atu a Rewi i a Matiu	*Rewi is better than Matiu*
He tere ake a Kurawaka i ērā tamariki	*Kurawaka is faster than those kids*

30-minute challenge

1. Waihangatia kia tekau ngā rerenga kōrero i te tūtohi i raro nei.

1. Construct 10 sentences using the table below.

He	pai	ake	tēnei mahi	i	a tāua
	ātaahua		te kerepe		a au
	tau		rāua		te āporo
	koretake		a Tame		tō wahine
	reka		koe		tō tama
	kaha		tāna kōtiro		tērā mahi
	mōhio		au		a ia
	kino		tērā wahine		a rāua

1. _____
2. _____
3. _____
4. _____
5. _____
6. _____
7. _____
8. _____
9. _____
10. _____

2. Ināianei, whakapākehātia ō rerenga.

2. Now translate your sentences into English.

1. _____
2. _____
3. _____
4. _____
5. _____
6. _____
7. _____
8. _____
9. _____
10. _____

3. Tuhia he rārangi mai i te ingoa i te taha mauī ki te whakaahua i te taha matau.

3. *Draw a line from the name on the left of your page, to the correct picture on the right.*

Orewa

Tamehana

Rangi

1. He pai ake a Rangi i a koe ki te hī ika
2. He pai ake a Orewa i a koe ki te waiata
3. He pai ake a Tamehana i a koe ki te pānui

Rāapa – Wednesday

🕐 **30-minute challenge**

1. Whakapākehātia ēnei rerenga kōrero.

1. *Translate the following sentences into English.*

1. He ātaahua ake tēnei whāriki i tēnā
   This mat is more attractive than that one

2. He mahana ake tēnei whare i tērā

   _____

3. He makariri ake te wai o te awa i te wai o te moana

   _____

4. He teitei ake a Aoraki i a Ruawāhia

   _____

5. He kaha ake a Wiremu i a Hēmi ki te whakangungu

   _____

6. He koretake ake rātou i a tātou

   _____

7. He atamai ake au i a koe

_____

8. He poto ake ia i a koe

_____

9. He ngenge ake te hōiho i te kurī

_____

10. He pai ake a Hēni i te katoa o rātou ki te tiaki manuhiri

_____

11. He tere ake a Māka rāua ko Mere i a Tūranga rāua ko Tapa ki te oma

_____

12. He mōhio ake a Hawaiki i a Tāne ki te mahi pūtaiao

_____

2. Tuhia he rerenga kōrero whakataurite mō ia whakaahua.
2. Write a comparison sentence for each picture.

    1.   2.   3.

   ✓   ✗   ✓   ✗   ✓   ✗

1. He pai ake te oma i te eke pahikara
2. _____
3. _____

Rāpare – Thursday

🕐 **30-minute challenge**

1. Whakamāoritia ēnei rerenga kōrero.
1. Translate the following sentences into Māori.

1. Mere is better than you
   He pai ake a Mere i a koe
2. Mark's car is faster than yours

_____

3. You are more industrious than Rei

_____

4. Ānaru is stronger than me

_____

5. You know more than me

_____

6. He is better than her at reading

_____

7. They (3) are grumpier than Koro

_____

8. You are more stubborn than a mule (hiho)

_____

9. You are sweeter than chocolate

_____

10. She is more courageous than them (2)

_____

2. **Whakapākehātia ēnei rerenga kōrero.**
2. _Translate the following sentences into English._
  1. He pai ake a Hēmi i a Rīhari ki te tuhi pakiwaitara
     Hēmi is better than Rīhari at writing stories
  2. He pai ake te haere mā runga i tōku waka i tōu

     _____

  3. He makariri atu a Te Waipounamu i a Rotorua

     _____

  4. He nui atu tōku aroha ki a koe i tōna

     _____

  5. He mākū ake ōku kākahu i ōu

     _____

  6. He pai ake te mahere a Reweti i te mahere a Rōmana

     _____

  7. He nui ake te mamae e rongo ana au i te mamae e rongo ana koe

     _____

  8. He reka ake te kūmara i te harore

     _____

  9. He ātaahua ake taku wahine i tāu

     _____

  10. He pai ake ia i a Herewini ki te whakaako

     _____

Rāmere – Friday

Today we are going to break from our normal practice of learning kīwaha and doing a pangakupu to study two intensifiers, **tino** and **rawa atu**. If you place the intensifier **tino** before an adjective, it magnifies the meaning of that adjective. Another intensifier, **rawa atu**, can be positioned after the adjective to perform the same function. Placing both intensifiers on either side of the adjective accentuates its meaning to the supreme level!

He nui!	*It's big!*
He tino nui!	*It's very big!*
He tino nui rawa atu!	*It's absolutely huge!*
He ātaahua koe!	*You are beautiful!*
He tino ātaahua koe!	*You are very beautiful!*
He tino ātaahua rawa atu koe!	*You are absolutely stunning!*
Kei te pai ahau!	*I am good!*
Kei te tino pai ahau!	*I am really good!*
Kei te tino pai rawa atu ahau!	*I am absolutely fantastic!*
I rawe te rōpū waiata!	*The band was excellent!*
I tino rawe te rōpū waiata!	*The band was really excellent!*
I tino rawe rawa atu te rōpū waiata!	*The band was out of this world!*
Kua toa rātou!	*They have won!*
Kua tino toa rātou!	*They have won well!*
Kua tino toa rawa atu rātou!	*They have won convincingly!*

 30-minute challenge

1. **Whakaurua te *tino* me te *rawa atu* ki ēnei rerenga kōrero.**

1. Put the tino *and the* rawa atu *intensifiers into these sentences.*

  1. He pai a Rangi ki te waiata

    He tino pai a Rangi ki te waiata

    He tino pai rawa atu a Rangi ki te waiata

  2. He tau a Wiremu ki te kanikani

    _____

    _____

  3. He kaha a Te Rūranga ki te mekemeke

    _____

    _____

4. He pai a Anahera ki te hī ika

_____

_____

5. He toa a Maru ki te tākaro whutupōro

_____

_____

6. He pai a Tamehana ki te tunu kai

_____

_____

7. He pai a Orewa ki te tāhoe

_____

_____

8. He mātau a Hereana ki te pānui

_____

_____

9. He koretake tō rātou pāpā ki te mahi māra

_____

_____

10. He māngere te tamaiti nei ki te āwhina i tana whānau

_____

_____

2. Whakamāoritia tā Māka rāua ko Mere kōrero.
2. *Translate the sample dialogue between Māka and Mere.*
   Kei te mātakitaki whutupōro a Mere rāua ko Māka.

_____

Mere: He pai a Hēnare ki te tākaro whutupōro, nē?

_____

Māka: Āe mārika! He toa ia ki te rutu!

_____

Mere: He pēhea ō whakaaro ki a Tūtere?

_____

Māka: He pōturi ki te oma, engari he pai ake ia i a Rewi ki te tākaro.

_____

Mere: He tika tāu. He tino koretake rawa atu a Rewi!

_____

Māka: He tere ake te ngata i a ia!

_____

Ka kata a Mere rāua ko Māka.

Mere: Engari he tino toa a Rewi ki te tunu kai!

Māka: He tika tāu e Mere! He tino toa rawa atu!

Ka kata anō rāua.

Weekend Word List

Mokemoke	Lonely
Wānanga	Study / Analyse
Karo	Dodge
Riri	Angry
Ngaro	Lost / Missing
Harikoa	Happy
Haumaruru	Moody
Pōuri	Sad
Whakarere	Leave behind
Mākū	Damp / Wet
Perehana	Present
Pupuhi	Shoot / Blow
Tahuri	Capsize
Tīmata	Start
Maringi	Spill
Haere mā raro	To walk

WEEK EIGHTEEN
Saying if something happens, this is the consequence

Whakataukī o te wiki
Proverb of the week
E kore koe e ngaro, he kākano nō Rangiātea
You shall never be lost for you are a sacred seed sown in the heavens

He Tauira Kōrero:
Kei te kōrero ahiahi noa a Mere rāua ko Māka.

Mere: Kei te haere koe ki te wānanga reo a tō iwi?

Māka: E whakaaro ana au ki te karo.

Mere: Ki te kore koe e haere, ka riri tō iwi.

Māka: Engari, ki te haere au, ka mokemoke taku wahine ki a au.

Mere: E rua rā noa iho te roa o te wānanga.

Māka: E mōhio ana au, engari ki te ngaro au mō ngā rā e rua, ka tangi taku wahine.

Mere: Ki te hoatu putiputi me te tiakarete ki a ia, ka harikoa tōna ngākau?

Māka: Tērā pea.

Mere: E hoa, e hōhā ana au ki tō wahine, he haumaruru rawa.

Māka: He tika tāu.

Mere: Ki te piri tonu kōrua, ka pōuri koe.

Māka: Engari ki te whakarere au i a ia, ka aha rā au?

Mere: Tāne rau ā-hine, e Māka!

This week we are going to focus on a sentence structure that is set in the future tense and says, 'if something happens, then this will follow'. We are going to learn how to say *if* in future tense but, first and foremost, let's take a look at the other words that mean *if*. These words for *if* can be used for past tense, present tense and future tense situations and contexts. Here are the Māori words for *if*: **mehemea**, **mēnā** and **pēnā**. Here are some examples on how to use these words:

Mehemea i haere koe	*If you went*
Mehemea kei te haere koe	*If you are going*
Mehemea ka haere koe	*If you go*
Mēnā i rutu koe i a ia kua toa tātou	*If you had tackled him we would have won*
Mēnā kei te rutu koe i a ia ka toa tātou	*If you are tackling him we will win*

Mēnā ka rutu koe i a ia ka toa tātou	*If you are going to tackle him we will win*
Pēnā i piki koe i te maunga	*If you had climbed the mountain*
Pēnā kei te piki koe i te maunga	*If you are climbing the mountain*
Pēnā ka piki koe i te maunga	*If you are going to climb the mountain*

Another common way of saying *if* for future tense situations and contexts is to use **ki te** at the beginning of the sentence:

Ki te haere koutou mā te waka o Mere, ka tōmuri koutou	*If you go in Mere's car, you'll be late*
Ki te ua, ka noho tātou ki te kāinga	*If it rains, we'll stay home*
Ki te titiro koe, ka kite koe	*If you look, you will see*
Ki te tae mai a Pita, ka haere tātou ki te whare pukapuka	*If Pita arrives, we'll go to the library*

HARATAU
Rāhina – Monday

 30-minute challenge

1. **Whakaurua ngā kupu kei te ngaro kia oti ai te rerenga. Whakamahia te 'ki te' ki te timatanga o ia rerenga.**
1. *Put the missing words in to complete the sentences. Use 'ki te' to begin each sentence.*

 1. whiti / rā / āpōpō / ka / haere / tātou / kaukau
    Ki te whiti te rā āpōpō, ka haere tātou ki te kaukau

 2. tū / koe / kōrero / ka / tū / tātou / waiata
    _____

 3. āwhina / koe / tō whaea / ka / haere / tātou / wharekai
    _____

 4. māuiui / ia / āpōpō / ka / noho / kāinga
    _____

 5. heke / te / ua / ka / waipuke / te / awa
    _____

 6. patu / koe / i / a / ia / ka / tangi / ia
    _____

 7. pai / tō / whanonga / ka / haere / koe / whare / o / tō / hoa
    _____

8. tangi / koe / ka / haere / koe / moe

_____

9. whakatō / i / te / kākano / ka / tipu / he / putiputi

_____

10. pakari / tō / hauora / ka / toa / koe

_____

Rātū – Tuesday

🕐 **30-minute challenge**

1. Whakapākehātia ēnei rerenga kōrero.
1. _Translate the following sentences into English._

1. Ki te haere koutou, ka noho au ki te kāinga
   If you guys go, I'll stay at home
2. Ki te moe taku wahine, ka haere au ki te tāone

_____

3. Ki te ua, ka haere tāua ki te whare o Mere

_____

4. Ki te whiti te rā, ka noho tātou ki roto

_____

5. Ki te tae mai rātou, ka tīmata tā tātou mahi

_____

6. Ki te hoki mai a Hēmi mā, ka pai tātou

_____

7. Ki te āwhina mai koe, ka hoatu te rima tekau tāra ki a koe

_____

8. Ki te tuhi koe i ngā kōrero, ka maumahara koe

_____

9. Ki te haere mā raro, ka kotiti koutou

_____

10. Ki te pupuhi koe i tērā manu, ka tino kohete au i a koe

_____

2. Pānuitia te kōrero nei ka whakautu ai i ngā pātai.
2. _Read the following dialogue and answer the questions._
   Mere: Kei te haere koe ki te wānanga reo a tō iwi?
   Māka: E whakaaro ana au ki te karo.
   Mere: Ki te kore koe e haere, ka riri tō iwi.

Māka: Engari, ki te haere au, ka mokemoke taku wahine ki a au.

Mere: E rua rā noa iho te roa o te wānanga.

Māka: E mōhio ana au, engari ki te ngaro au mō ngā rā e rua, ka tangi taku wahine.

Mere: Ki te hoatu putiputi me te tiakarete ki a ia, ka harikoa tōna ngākau?

Māka: Tērā pea.

Mere: E hoa, e hōhā ana au ki tō wahine, he haumaruru rawa.

Māka: He tika tāu.

Mere: Ki te piri tonu kōrua, ka pōuri koe.

Māka: Engari, ki te whakarere au i a ia, ka aha rā au?

Mere: Tāne rau-ā-hine, e Māka!

1. Ki te haere a Māka ki te wānanga, ka pēhea tana wahine?

   _____

2. E hia te roa o te wānanga?

   _____

3. Ki te ngaro a Māka mō ngā rā e rua, ka aha tana wahine?

   _____

4. He aha te kōrero a Mere ki a Māka kia harikoa ai tana wahine?

   _____

5. Hei tā Mere, ki te piri tonu a Māka rāua ko tāna wahine, ka aha a Māka?

   _____

Rāapa – Wednesday

Today we are going to take a look at the negative version of our future-tense *if* structure using **ki te** at the beginning of the sentence. This is probably the most simple negative pattern or structure you will learn. That's good news, isn't it? The negative sentence pattern is made by adding the word **kore** after the **ki te**, and moving the agent of the action to the position after the **kore**, and that's it!

Step 1: Adjust the sentence from its original form . . .

Ki te haere koe, ka tangi au   *If you go, I will cry*

. . . to this (you are placing the **kore** after the **ki te**):

Ki te kore haere koe, ka tangi au

Step 2: Swap the agent of the action (**koe**) and the verb (**haere**):

Ki te kore koe haere, ka tangi au

Step 3: Split the agent and the verb with an **e**:

Ki te kore koe e haere, ka tangi au   *If you don't go, I will cry*

You can also negate the second half of the sentence by placing the **kore** after the **ka**, and then following steps 2 and 3:

Ki te kore koe e haere, ka kore au e tangi
If you don't go, I will not cry

Let's go back to our initial examples:

Ki te haere koutou mā te waka o Mere, ka tōmuri koutou	*If you go in Mere's car, you'll be late*
Ki te kore koutou e haere mā te waka o Mere, ka kore koutou e tōmuri	*If you don't go in Mere's car, you won't be late*
Ki te ua, ka noho tātou ki te kāinga	*If it rains, we'll stay home*
Ki te kore e ua, ka kore tātou e noho ki te kāinga	*If it doesn't rain, we won't stay home*
Ki te ua, ka mākū koe	*If it rains, you'll get wet*
Ki te kore e ua, ka kore koe e mākū	*If it doesn't rain, you won't get wet*

 30-minute challenge

1. **Whakakāhoretia ēnei rerenga kōrero.**
1. *Negate the following sentences.*

   1. Ki te haere koutou, ka noho au ki te kāinga
      Ki te kore koutou e haere, ka kore au e noho ki te kāinga

   2. Ki te moe taku wahine, ka haere au ki te tāone

      _____

   3. Ki te tīmata te ua, ka haere tāua ki te whare o Mere

      _____

   4. Ki te whiti te rā, ka noho tātou ki roto

      _____

   5. Ki te tae mai rātou, ka tīmata tā tātou mahi

      _____

   6. Ki te hoki mai a Hēmi mā, ka pai tātou

      _____

   7. Ki te āwhina mai koe, ka hoatu te rima tekau tāra ki a koe

      _____

   8. Ki te tuhi koe i ngā kōrero, ka maumahara koe

      _____

   9. Ki te haere mā raro, ka kotiti koutou

      _____

   10. Ki te pupuhi koe i tērā manu, ka tino kohete au i a koe

      _____

Rāpare – Thursday

1. Whakapākehātia ēnei rerenga kōrero.

1. Translate the following sentences into English.

1. Ki te kore koe e kakama, ka hopu ia i a koe

2. Ki te kore koe e ako ki te tāhoe, ka toromi koe

3. Ki te whakapai koe i tō taiwhanga moe, ka hoko aihikīrimi au māu

4. Ki te āwhina koe i a Māmā, ka haere tāua ki te papa tākaro

5. Ki te kore koe e āka niho, ka pirau ō niho

6. Ki te kore ia e horoi i tōna tinana, ka haunga

7. Ki te oma koe, ka tae wawe koe

8. Ki te kore tērā koroua, ka raru te iwi

9. Ki te tautoko ngā tamariki, ka tino pai rawa atu

10. Ki te kore ngā tamariki e tautoko, ka tino koretake rawa atu

11. Ki te whawhai ngā kurī, ka maringi te toto

12. Ki te whakatū whare tērā whānau, ka kore rātou e makariri

Rāmere – Friday

 30-minute challenge

1. Akohia ēnei kīwaha e toru.

1. Learn these three colloquialisms.

Engari tonu	*You bet, for sure*
Tāne rau ā-hine	*There's plenty of fish in the sea (said to a male)*
Hine rau ā-tāne	*There's plenty of fish in the sea (said to a female)*

2. Whakamāoritia tā Māka rāua ko Mere kōrero.

2. Translate the sample dialogue between Māka and Mere.

Kei te kōrero ahiahi noa a Mere rāua ko Māka.

Mere: Kei te haere koe ki te wānanga reo a tō iwi?

Māka: E whakaaro ana au ki te karo.

Mere: Ki te kore koe e haere, ka riri tō iwi.

Māka: Engari, ki te haere au, ka mokemoke taku wahine ki a au.

Mere: E rua rā noa iho te roa o te wānanga.

Māka: E mōhio ana au, engari ki te ngaro au mō ngā rā e rua, ka tangi taku wahine.

Mere: Ki te hoatu putiputi me te tiakarete ki a ia, ka harikoa tōna ngākau?

Māka: Tērā pea.

Mere: E hoa, e hōhā ana au ki tō wahine, he haumaruru rawa.

Māka: He tika tāu.

Mere: Ki te piri tonu kōrua, ka pōuri koe.

Māka: Engari, ki te whakarere au i a ia, ka aha rā au?

Mere: Tāne rau ā-hine, e Māka!

He Pangakupu

Complete the crossword below

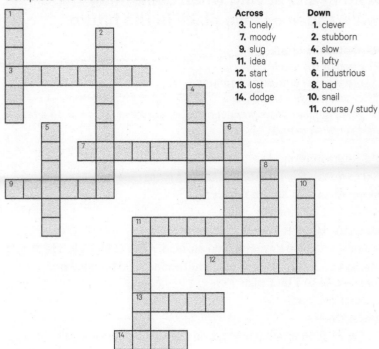

Across
3. lonely
7. moody
9. slug
11. idea
12. start
13. lost
14. dodge

Down
1. clever
2. stubborn
4. slow
5. lofty
6. industrious
8. bad
10. snail
11. course / study

Weekend Word List

Whakakore	Annul / Eliminate
Hōhā	Bored / Wearied / Lost patience
Kapa Ōpango	All Blacks
Whakamātautau	Test
Maoa	Cooked / Ripe
Whakangungu	Training / Upskill
Rata	To like
Mutu	Finish
Tau	To land

WEEK NINETEEN
Asking and saying when something will happen or take place in the future

Whakataukī o te wiki
Proverb of the week
E kore e horo i a rātou te hauhunga
They will not dispel the frost
(A small number of workers cannot be expected to complete a task that requires many)

He Tauira Kōrero:
Kei te mātakitaki pouaka whakaata a Mere rāua ko Māka.

Mere: Āhea a *Te Karere* tīmata ai?

Māka: Ā te whā karaka.

Mere: Ka mātakitaki koe?

Māka: Āe mārika! Ka mātakitaki au, ia rā! Āhea tā kōrua ko Hēmi hui?

Mere: Ā tērā wiki. Nāna tā māua hui o tēnei wiki i whakakore, ināianei, ka tū ā tērā wiki.

Māka: Hōhā tērā!

Mere: Tino!

Māka: Āhea tō whānau hoki mai ai i te hararei i Rarotonga?

Mere: Ā te Rātapu.

Māka: Kei te mokemoke koe ki a rātou?

Mere: Āe. Ki te kore e tere tā rātou hoki mai, ka tino mokemoke rawa atu au!

Māka: Kei te pai, ka haere tāua ki Rarotonga i tēnei tau?

Mere: Hurō! Āhea, e Māka?

Māka: Ā te marama o Hakihea, pēhea tērā?

Mere: Tau kē!

There are two different combinations we can use to ask when something will happen. Firstly, there is the **Āhea . . . ai** combination. Look at these examples:

Āhea te whānau tae mai ai?	*When will the family arrive?*
Ā te pō nei	*Tonight*
Āhea a Hēmi whai wahine ai?	*When will Hēmi get a girlfriend?*
Ā kore noa pea	*Probably never*
Āhea a Willie hoki mai ai?	*When will Willie be returning?*

Ā tērā marama	*Next month*
Āhea ā koutou amuamu mutu ai?	*When will your moaning cease?*
Ākuanei	*Soon*

As you can see, the question word **āhea**, or *when*, begins the sentence, and the **ai** sits after the verb or action phrase:

Āhea koutou ako ai?	When will you guys learn?
Āhea tēnei hui mutu ai?	When does this meeting finish?
Āhea te iwi whakarongo mai ai?	When will the people listen (to me)?

So let's summarise! To ask when an action is going to take place, simply begin your sentence with the question word **āhea**. This word can only be used at the beginning of the sentence, so don't say something like, 'Ka tākaro koe āhea?'

The correct way to use **āhea** is at the beginning of the sentence like this:

| Āhea ka tākaro koe? | *When do you play?* |

Or like this:

| Āhea koe tākaro ai? | *When do you play?* |

There is no English equivalent for the particle **ai** in the second example. The second example is more likely to be used by an expert speaker of Māori. We will cover the various uses of the particle **ai** in the future weeks. OK, let's practise the expert version first, **āhea ... ai**! Challenge ourselves! Tomorrow, we'll study the **āhea ... ka** combination.

HARATAU – PRACTICE
Rāhina – Monday

 30-minute challenge

1. **Whakamāoritia ēnei rerenga kōrero.**
1. *Translate the following sentences into Māori.*
   1. When will Hēmi get a girlfriend?
      Āhea a Hēmi whai wahine ai?
   2. When does the game start?

   _____

   3. When do they (2) get back?

   _____

   4. When will you (2) clean the house?

   _____

5. When will you (8) be arriving?

_____

6. When will he get married?

_____

7. When is the All Blacks test?

_____

8. When do we have a refreshment break (paramanawa)?

_____

9. When will the food be cooked?

_____

10. When are you going to the meeting?

_____

2. Akohia ēnei kupu wā heke.
2. *Learn these future-tense words.*

Āhea?	*When?*
Ākuanei	*Soon*
Ā tōna wā	*At some stage (not specific)*
Ā te ahiahi nei	*This afternoon*
Āpōpō	*Tomorrow*
A tērā wiki	*Next week*
Ā tērā marama	*Next month*
Ā tērā tau	*Next year*

If you look carefully at these future-tense words, you will notice they all begin with ā. Ā at the beginning of the sentence is another way of articulating a future-tense phrase. It is a future-tense marker. We'll practise this tomorrow!

Rātū – Tuesday

At the end of yesterday's haratau or practice session, you learnt these future-tense words:

Āhea?	*When?*
Ā tōna wā	*At some stage (not specific)*
Ākuanei	*Soon*
Ā te ahiahi nei	*This afternoon*
Āpōpō	*Tomorrow*
Ā tērā wiki	*Next week*

| Ā tērā marama | *Next month* |
| Ā tērā tau | *Next year* |

These words go hand in hand with the other future-tense marker you have been learning, **ka**. **Ā** at the beginning of the sentence is another way of articulating a future-tense phrase. It is a future-tense marker just like **ka**! To expand on the above **ā** words and describe an action that will happen in the future, simply add your **ka** action phrase to the **ā** tense marker, like this:

Āpōpō ka waiata ngā manu	*Tomorrow, the birds will sing*
Ā tērā wiki ka hoki mai ia	*Next week, he will return*
Ākuanei ka riri au	*Soon, I will get angry*

You can also still use the **ai** we learnt yesterday. However, you will need to take careful note of structure. It is quite different than the **āhea . . . ka** combination:

Āpōpō ngā manu waiata ai	*Tomorrow, the birds will sing*
Ā tērā wiki ia hoki mai ai	*Next week, he will return*
Ākuanei au riri ai	*Soon, I will get angry*

You can also place these future-tense words beginning with **ā** at the end of your sentence, like this:

Ka ako ngā tamariki ā tērā tau	*The children will learn next year*
Ka kōrero au ā te ahiahi nei	*I will speak this afternoon*
Ka pai koe ākuanei	*You will be OK soon*

The **āhea . . . ai** combination would look like this:

Ako ai ngā tamariki ā tērā tau	*The children will learn next year*
Kōrero ai au ā te ahiahi nei	*I will speak this afternoon*
Pai ai koe ākuanei	*You will be OK soon*

 30-minute challenge

1. **E nanu ana te takoto o ēnei kupu, māu e whakaraupapa. He rerenga whakakāhore ētahi.**

1. *The words in these sentences are jumbled. Put them in correct order. Some are in negative form.*

   1. ngā mahi tamariki ka ā tērā wiki
      Ka mahi ngā tamariki ā tērā wiki

   2. au ākuanei ka haere
      Ākuanei ka haere au

   3. ia e kāore ā te ahiahi nei kōrero
      Ā te ahiahi nei kāore ia e kōrero

4. rā te whiti ka ā tērā wiki

_____

5. ua ā tērā marama e kāore

_____

6. ā tērā tau whakangungu ka au

_____

7. āpōpō kaukau e kāore ia

_____

8. rata au ā tōna wā ka

_____

9. kohete ākuanei te kuia ka

_____

10. pai āpōpō koe ka

_____

2. Waihangatia kia tekau ngā rerenga kōrero i te tūtohi nei.
2. _Construct 10 sentences from the table below._

Ā				ai
	-hea	tāua	tae mai	
	te Rāhina	a Māka	haere	
	te rima karaka	ngā tamariki	kai	
	te pō nei	tō pāpā	tākaro	
	te ahiahi nei	ia	hoki mai	
	tōna wā	te whānau	rere ai	
	tērā wiki	te kurī	whakatā	
	-kuanei	a Mere	moe	

1. _____
2. _____
3. _____
4. _____
5. _____
6. _____
7. _____
8. _____
9. _____
10. _____

Rāapa – Wednesday

 30-minute challenge

1. Whakakāhoretia ēnei rerenga kōrero. Ā ta tirohia te tauira.

1. Negate the following sentences. Look carefully at the example.

  1. Ka tūtaki a Rangi ki a Mereana āpōpō
     Kāore a Rangi e tūtaki ki a Mereana āpōpō

  2. Ka hopu ika koe ā te ahiahi nei

  _____

  3. Ka ua ākuanei

  _____

  4. Ka mahi a Rīhari ā tērā wiki

  _____

  5. Ka mekemeke tāua ā tērā wiki

  _____

2. Whakamāoritia ēnei pātai. Tīpakohia ō kupu mahi i tēnei rārangi kupu:

2. Translate the following questions into Māori. Select your verbs (action words) from the following word list:

tīmata	kai	whakangungu
oho	haere	
mutu	wehe	
ako	makariri	

  1. When do you train?
     Āhea ka whakangungu koe / Āhea koe whakangungu ai?

  2. When do you go?

  _____

  3. When does she start?

  _____

  4. When does the cat eat?

  _____

  5. When do you wake up?

  _____

  6. When does the meeting start?

  _____

  7. When does school finish?

  _____

8. When is the family leaving?

_____

9. When will you learn?

_____

10. When will the water be cold?

_____

3. Tuhia te kupu Pākehā mō ēnei kupu hōu.
3. *Write the English word for these new words you have learnt.*

tīmata	=	_____
oho	=	_____
mutu	=	_____
ako	=	_____
makariri	=	_____
kai	=	_____
haere	=	_____
wehe	=	_____

Rāpare – Thursday

Another way of saying **when** in the future is to use the **kia . . . ka** combination. Study the following examples:

Kia mutu te mahi, ka haere tātou ki waho
When the work is done, we will go outside

Kia hoki mai a Pāpā, ka kai tātou
When Dad returns, we will eat

Kia tau mai te waka rererangi, ka kite koe i a Mere
When the plane lands, you will see Mere

🕐 **30-minute challenge**

1. Whakamāoritia ēnei rerenga – whakamahia te *kia . . . ka.*
1. *Translate the following sentences, using the* kia . . . ka *combination.*

1. When the wind blows, we will fly the kite
   Kia pupuhi te hau, ka whakarere tāua i te manu aute

2. When the family leaves, you will be going to bed

_____

3. When the food is cooked, the people will eat

_____

4. When her cat dies, she will be very upset

_____

5. When the game finishes, they (2) will go home

_____

6. When the meeting finishes, there will be a feast

_____

7. When the movie starts, we (you and I) will stop talking

_____

8. When the rain stops, the kids will go outside to play

_____

9. When you speak, the people will listen

_____

10. When he runs, the lightning flashes (ka hikohiko te uira)

_____

Let's do a quick introduction to asking and telling the time.
To ask what the time is, we say **He aha te wā?** or **Ko te aha te wā?**
What is the time? Possible answers look like this:

Tahi karaka	*1 o'clock*
Rua karaka	*2 o'clock*
Toru karaka	*3 o'clock*
Whā karaka	*4 o'clock*
Rima karaka	*5 o'clock*
Ono karaka	*6 o'clock*
Whitu karaka	*7 o'clock*
Waru karaka	*8 o'clock*
Iwa karaka	*9 o'clock*
Tekau karaka	*10 o'clock*
Tekau mā tahi karaka	*11 o'clock*
Tekau mā rua karaka	*12 o'clock*

Karaka is the word for *o'clock* and also *clock*.

Hauwhā ki	*Quarter to*
Hauwhā i	*Quarter past*
Haurua i	*Half past*
Ata	*Morning*
Ahiahi	*Afternoon*
Pō	*Night*

Let's take a look at some examples:

Haurua i te tekau karaka i te ata   *10:30 a.m.*

Hauwhā i te whitu karaka i te pō   *7:15 p.m.*

Hauwhā ki te rima karaka i te ahiahi   *4:45 p.m.*

2. Tuhia mai, he aha te wā.

2. Write down the time.

  1. 5 p.m.

      Rima karaka i te ahiahi

  2. 6 a.m.

     _____

  3. 1:15 p.m.

     _____

  4. 11:15 a.m.

     _____

  5. 10 p.m.

     _____

  6. 8:45 a.m.

     _____

  7. 3:30 a.m.

     _____

  8. 6 p.m.

     _____

  9. 8:30 p.m.

     _____

10. 2:30 p.m.

     _____

Rāmere – Friday

 30-minute challenge

1. Akohia ēnei kīwaha e toru.

1. Learn these three colloquialisms.

Tau kē!   *Excellent!*

Autaia!   *Pretty good!*

Tino!   *Absolutely!*

2. Whakamāoritia tā Māka rāua ko Mere kōrero.

2. *Translate the sample dialogue between Māka and Mere.*

Kei te mātakitaki pouaka whakaata a Mere rāua ko Māka.

Mere: Āhea a *Te Karere* tīmata ai?

Māka: Ā te whā karaka.

Mere: Ka mātakitaki koe?

Māka: Āe mārika! Ka mātakitaki au, ia rā! Āhea tā kōrua
ko Hēmi hui?

Mere: Ā tērā wiki. Nāna tā māua hui o tēnei wiki i whakakore,
ināianei, ka tū ā tērā wiki.

Māka: Hōhā tērā!

Mere: Tino!

Māka: Āhea tō whānau hoki mai ai i te hararei i Rarotonga?

Mere: Ā te Rātapu.

Māka: Kei te mokemoke koe ki a rātou?

Mere: Āe. Ki te kore e tere tā rātou hoki mai, ka tino mokemoke
rawa atu au!

Māka: Kei te pai, ka haere tāua ki Rarotonga i tēnei tau.

Mere: Hurō! Āhea, e Māka?

Māka: Ā te marama o Hakihea, pēhea tērā?

Mere: Tau kē!

He Pangakupu

Complete the crossword below

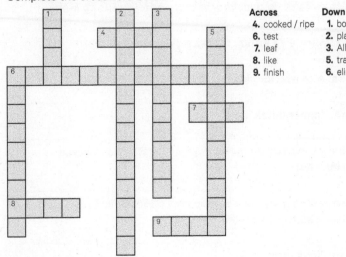

Across
4. cooked / ripe
6. test
7. leaf
8. like
9. finish

Down
1. bored
2. plane
3. All Blacks
5. train
6. eliminate

Weekend Word List

Kaupapa	Basis / Element / Plan / Reason
Whakairo	Carve / Carving
Whakarongo	Listen
Poiwhana	Football
Angitu	Success / Luck
Tauwehe	Split
Tuangi	Cockle
Paki	Fine / Sunny
Whakautu	Answer
Onepū	Sand / Beach
Angiangi	Thin (clothes etc.)

WEEK TWENTY
Asking and saying when something happened or took place in the past

Whakataukī o te wiki
Proverb of the week
Me ara te mata hī tauā
A warrior must always be alert
(In today's society, it could refer to a sportsperson)

He Tauiri Kōrero:
Kei te mātakitaki pouaka whakaata a Mere rāua ko Māka.
Mere: Inahea a *Te Karere* i tīmata ai?
Māka: I te whā karaka.
Mere: I mātakitaki koe?
Māka: Āe mārika! Inahea kōrua ko Hēmi i hui ai?
Mere: I tērā wiki. Nāna tā māua hui i karanga. I pai.
Māka: He aha te kaupapa?
Mere: Ko tā māua kohi pūtea mā te rōpū hauā.
Māka: Nōnahea tō whānau i hoki atu ai ki Rarotonga noho ai?
Mere: Nō tērā tau.
Māka: Kei te mokemoke koe ki a rātou?
Mere: Āe, engari inanahi i tae mai ai he reta i a rātou.
Māka: Ka pai tēnā.
Mere: Tino!
Māka: Inahea tō haerenga whakamutunga ki Rarotonga?
Mere: I te tau rua mano!

Just like **Āhea . . . ai** combine to say when an event or action will take place in the future, **nō / i** indicate when an event took place in the past tense:

Nōnahea / Inahea?	*When?*
Nō / I te ata nei	*This morning*
Nōnanahi / Inanahi	*Yesterday*
Nōnapō / Inapō	*Last night*
Nō / I tēnei wiki	*This week*
Nō / I tērā wiki	*Last week*
Nō / I tērā marama	*Last month*
Nō / I tērā tau	*Last year*

Study these examples:

Nōnahea te whānau i tae mai ai?	*When did the family arrive?*
Nōnapō	*Last night*
Inahea a Hēmi i whai wahine ai?	*When did Hēmi get a girlfriend?*
I tērā wiki	*Last week*
Nōnahea a Willie i hoki mai ai?	*When did Willie return?*
Nō tērā marama	*Last month*
Inahea ā koutou amuamu i mutu ai?	*When did your whinging cease?*
Inakuanei	*A short time ago*

As you can see, the question word **nōnahea** or **inahea** begins the sentence and the verb or action phrase sits in between the **i . . . ai**:

Inahea koutou i ako ai?	*When did you guys learn?*
Nōnahea te hui i mutu ai?	*When did the meeting finish?*
Nōnahea te iwi i whakarongo mai ai?	*When did the people listen (to me)?*
Nōnahea a Hēni i hoko ai i tōna waka hōu?	*When did Hēmi buy his new car?*
Inahea rāua i whakairo ai i tērā?	*When did they (2) carve that?*

Let's summarise! To ask when an action took place, simply begin your sentence with the question word **nōnahea** or **inahea**. This question word can only be used at the beginning of the sentence, so don't say something like, 'I tākaro koe nōnahea?'

The correct way to use **nōnahea** or **inahea** is at the beginning of the sentence like this:

Nōnahea koe i tākaro ai?	*When did you play?*

Once again, there is no English equivalent for the particle **ai** in our examples.

HARATAU – PRACTICE

Rāhina – Monday

 30-minute challenge

1. **Whakamāoritia ēnei rerenga kōrero.**
1. *Translate the following sentences into Māori.*
   1. When did they (2) eat?

      Nōnahea rāua i kai ai?

2. When did she die?

_____

3. When did you arrive?

_____

4. When did she carve that?

_____

5. When did Hēmi buy his new car?

_____

6. When did you two get married?

_____

7. When did the dog eat?

_____

8. When did you start learning Māori?

_____

9. When did it stop raining?

_____

10. When did the children go to sleep?

_____

2. Akohia ēnei kupu wā hipa.
2. *Learn these past-tense words.*

Nōnahea / Inahea?	*When?*
Nōnakuanei / Inakuanei	*A short time ago*
Nō / I te ahiahi nei	*In the afternoon (past)*
Nōnanahi / Inanahi	*Yesterday*
Nō / I tērā wiki	*Last week*
Nō / I tērā marama	*Last month*
Nō / I tērā tau	*Last year*

 If you look carefully at these past-tense words, you will notice they all begin with *I* or *Nō*. *I* or *Nō* at the beginning of the sentence is another way of articulating a past-tense phrase. It is a past-tense marker!

Rātū – Tuesday

At the end of yesterday's haratau or practice session, you learnt these past-tense words:

Nōnahea / Inahea?	*When?*
Nōnakuanei / Inakuanei	*Soon*

Nō / I te ahiahi nei	*In the afternoon (past)*
Nōnanahi / Inanahi	*Yesterday*
Nō / I tērā wiki	*Last week*
Nō / I tērā marama	*Last month*
Nō / I tērā tau	*Last year*

These words go hand in hand with the **i . . . ai** combination to articulate when something occurred or happened. You can also place the past-tense words beginning with **i** at the end of your sentence, but it generally does not occur with the **nō**. Use the **i** like this:

I ako ngā tamariki i tērā tau	*The children learnt last year*
I kōrero au i te ahiahi nei	*I spoke this afternoon*
I pai koe inakuanei	*You were OK a short time ago*

 30-minute challenge

1. E nanu ana te takoto o ēnei kupu, māu e whakaraupapa.

1. *The words in these sentences are jumbled. Put them in correct order.*

 1. inapō / noho / rāua / kāinga / i / ki / te / ai
 Inapō rāua i noho ai ki te kāinga

 2. i / ata / i / te / oho / ai / whānau / te
 I te ata i oho ai te whānau

 3. i / ai / a / Mere / inakuanei / wehe / i / Kirikiriroa

 _____

 4. te / hui / nōnahea / mutu / i / ai

 _____

 5. i / te / karaka / whitu / i / ai / moe / whānau / te

 _____

 6. i / tērā / tau / i / whakangungu / au / ai

 _____

 7. inapō / ia / tāhoe / i / ai

 _____

 8. nei / ata / nō / Māka / a / i / ai / whakapai / te / whare / i / te

 _____

 9. kohete / inakuanei / te / kuia / i / ai / i / āna / mokopuna

 _____

 10. nō / te / pai / au / karaka / waru / i / ai

 _____

2. Waihangatia kia tekau ngā rerenga kōrero i te tūtohi nei.

2. Construct 10 sentences from the table below.

Nō / I	-nahea	rāua	i	tae mai	ai
	te ata nei	a Mere		moe	
	te whā karaka	ngā mokopuna		kai	
	-napō	tō māmā		wehe	
	tērā wiki	koe		rere	
	-nakuanei	taku autāne		mahi	
	tērā tau	te ngeru		tāhoe	
	tērā marama	tō taokete		inu	

1. _____
2. _____
3. _____
4. _____
5. _____
6. _____
7. _____
8. _____
9. _____
10. _____

Rāapa – Wednesday

🕐 **30-minute challenge**

1. Whakakāhoretia ēnei rerenga kōrero.

1. Negate the following sentences.

1. I mārena a Rangi i a Mereana i tērā wiki

   Kāore a Rangi i mārena i a Mereana i tērā wiki

2. I haere au ki te mahi inanahi

   _____

3. I haere rāua ki te toa inakuanei

   _____

4. I mahi a Kereama i tērā wiki

   _____

5. I tākaro poiwhana ngā tamariki i tērā tau

   _____

2. Whakamāoritia ēnei pātai – tīpakohia ō kupu mahi i tēnei rārangi kupu:

2. Translate the following questions into Māori. Select your verbs (action words) from the following word list:

tīmata	kai	tauwehe
oho	haere	
mutu	angitu	
ako	makariri	

1. When did you two divorce?

   Inahea kōrua i **tauwehe** ai?

   _____

2. When did you go?

   _____

3. When did she start?

   _____

4. When did the lion eat?

   _____

5. When did the kids wake up?

   _____

6. When did the meeting start?

   _____

7. When did school finish?

   _____

8. When did the family succeed?

   _____

9. When did you learn?

   _____

10. When did the water get cold?

   _____

Rāpare – Thursday

 30-minute challenge

1. Whakautua ēnei pātai.

1. Answer these questions.

1. Nōnahea koe i whānau ai?

   _____

2. Nōnahea koe i tīmata ai ki te kura?

_____

3. Nōnahea koe i wehe ai i te kura?

_____

4. Nōnahea koe i oho ai i te ata nei?

_____

5. Āhea tō mahi mutu ai i te rā nei?

_____

6. Āhea tō rā whānau?

_____

2. Pānuitia te kōrero paki, ka whakautu ai i ngā pātai.
2. Read the story and answer the questions.

I tētahi rangi paki, ka whakaaro ake a Māka ki te haere ki te kari tuangi.
Ka waea atu ia ki tana hoa, ki a Mere.
'Mere, haere tāua ki te kari tuangi,' te kī a Māka.
'Āhea tāua haere ai?' te pātai a Mere.
'Ākuanei,' te whakautu a Māka.
'Āhea tāua hoki mai ai?' te pātai a Mere.
'Ā te whitu karaka i te pō tāua hoki mai ai,' te whakautu a Māka.
Ka haere rāua ki te kari tuangi. E rua hāora rāua e kari ana i te onepū,
auare ake! Kotahi te tuangi kei roto i tā rāua kete. Ka hōhā a Mere.
'Nōnahea tāua i tae mai ai?' te amuamu a Mere.
'Nō te whā karaka,' te whakautu a Māka.
'Nōnahea tāua i kite ai i te tuangi tuatahi?' tā Mere.
'Nō te hauwhā i te whā karaka, engari kāore anō kia kite tuangi mai i tērā
wā!' te hāparangi a Māka.
'Koinā! Hōhā tēnei mahi! Kāore he tuangi i konei! Kei te makariri au!' te
kī a Mere.
'Koinā te utu mō te mau kākahu angiangi,' te kī a Māka, 'ā te kotahi
hāora tāua hoki ai ki te kāinga – e kari!'

1. I whakaaro ake a Māka ki te haere ki te aha?

_____

2. I waea atu a Māka ki a wai?

_____

3. He aha te whakautu a Māka ki te pātai tuatahi a Mere?

_____

4. Āhea rāua hoki mai ai i te kari tuangi?

_____

5. Nōnahea rāua i tīmata ai ki te kari tuangi?

_____

6. Nōnahea rāua i kite ai i te tuangi tuatahi?

_____

7. He aha te kupu e whakaatu ana i te āhua o ngā kākahu o Mere?
   He aha te kupu Pākehā mō taua kupu?

_____

8. Āhea a Māka rāua ko Mere hoki atu ai ki te kāinga?

_____

Rāmere – Friday

🕐 **30-minute challenge**

1. Akohia ēnei kīwaha e rua.
1. _Learn these two colloquialisms._

Koinā te utu!   _That's the price you pay!_
Auare ake!   _To no avail!_

2. Whakamāoritia tā Māka rāua ko Mere kōrero.
2. _Translate the sample dialogue between Māka and Mere._

Kei te mātakitaki pouaka whakaata a Mere rāua ko Māka.

_____

Mere: Inahea a _Te Karere_ i tīmata ai?

_____

Māka: I te whā karaka.

_____

Mere: I mātakitaki koe?

_____

Māka: Āe mārika! Inahea kōrua ko Hēmi i hui ai?

_____

Mere: I tērā wiki. Nāna tā māua hui i karanga. I pai.

_____

Māka: He aha te kaupapa?

_____

Mere: Ko tā māua kohi pūtea mā te rōpū hauā.

_____

Māka: Nōnahea tō whānau i hoki atu ai ki Rarotonga noho ai?

_____

Mere: Nō tērā tau.

Māka: Kei te mokemoke koe ki a rātou?

Mere: Āe, engari inanahi i tae mai ai he reta i a rātou.

Māka: Ka pai tēnā.

Mere: Tino!

Māka: Inahea tō haerenga whakamutunga ki Rarotonga?

Mere: I te tau rua mano!

He Pangakupu

Complete the crossword below

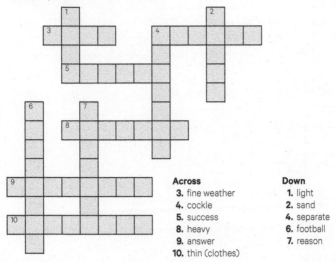

Across
3. fine weather
4. cockle
5. success
8. heavy
9. answer
10. thin (clothes)

Down
1. light
2. sand
4. separate
6. football
7. reason

Weekend Word List

Tāone	Town
Tāra	Dollars
Hēneti	Cents
Ukauka	Cash
Utu	Cost
Meneti	Minutes
Hāora	Hours
Karaka	Clock / O'clock
Huarere	Weather
Marangai	Heavy rain
Whatitiri / Whaititiri	Thunder
Uira	Lightning

WEEK TWENTY-ONE
More on time / Asking for the cost / Seasons / Weather / Months of the year

Whakataukī o te wiki
Proverb of the week
E patu te rau, e patu te arero
The tongue (slander or gossip) can injure many

He Tauira Kōrero:
Kei te haere a Mere rāua ko Māka ki te tāone.
Mere: Āhea te pahi tae mai ai?
Māka: Ā te toru karaka.
Mere: He aha te wā ināianei?
Māka: Hauwhā ki te toru, kua tata.
Mere: Kia tae ki te tāone, ka hoko aha koe?
Māka: Ka hoko koti hōu mōku.
Mere: He aha te utu mō tērā?
Māka: Whitu tekau ki te waru tekau tāra.
Mere: He utu nui tērā!
Māka: He rā utu māmā tēnei ki Hallensteins.
Mere: He wā pai tēnei mō te hoko koti. Kua tata te takurua.
Māka: Āe mārika! Kei te makariri haere te huarere.
Kua tīmata hoki te tau mai o te hukapapa
Mere: Āhea te takurua tīmata ai?
Māka: Ā te marama o Pipiri.
Mere: He pai ake te raumati i te takurua!

Today we are going to return our focus to telling the time. You may remember that you were briefly introduced to telling the time during your study of **āhea** and **nōnahea / inahea.** This was because the **āhea** and **nōnahea / inahea** sentences will quite often require you to answer with the time. So let's refresh!

He aha te wā? and **ko te aha te wā?** are the two common ways of asking what the time is. **Karaka** is the equivalent of *o'clock*, **hāora** is *hour(s)*, **meneti** is *minute(s)*. Māori follow the 12-hour clock system, so there are three general time zones, **ata** from midnight to midday, **ahiahi** from midday to dusk, and **pō** from dusk to midnight. Let's look at some examples:

He aha te wā?	*What's the time?*
Waru karaka	*8 o'clock*

Tekau mā tahi karaka i te ata	*11 a.m.*
Rima karaka i te ahiahi	*5 p.m.*
Iwa karaka i te pō	*9 p.m.*
Tekau meneti i te ono	*6:10*
Rua tekau mā whā meneti i te iwa i te pō	*9:24 p.m.*

It is important to know the following terms:

Hauwhā ki ...	*Quarter to ...*
Hauwhā i ...	*Quarter past ...*
Haurua i ...	*Half past ...*
Waenganui pō	*Midnight*
Poupoutanga o te rā	*Midday*
Atatū	*Dawn*

So you are able to say:

Ā te hauwhā ki te tekau tātou hui ai	*We will meet at quarter to ten*
Hauwhā i te iwa karaka i te ata te wā	*It's 9.15 a.m.*
He aha te wā tae mai o ngā tamariki?	*What time do the children arrive?*
Haurua i te rua i te ahiahi	*2:30 p.m.*
He aha te wā mutu o te ngahau nei?	*What time does this party finish?*
Waenganui pō	*Midnight*

HARATAU – PRACTICE

Rāhina – Monday

 30-minute challenge

1. Tuhia mai, he aha te wā.

1. *Write down the time.*

  1. 5:18 p.m.

     Tekau mā waru meneti i te rima karaka i te ahiahi

  2. 6:42 a.m.

     Tekau mā waru meneti ki te whitu karaka i te ata

  3. 9:15 p.m.

     _____

  4. 4:15 a.m.

     _____

5. 10:23 p.m.

_____

6. 12:00 a.m.

_____

7. 3:35 a.m.

_____

8. 9 p.m.

_____

9. 5:30 p.m.

_____

10. 2:45 p.m.

_____

11. Tekau mā waru meneti i te whā karaka i te ata
    4:18 a.m.

12. Tekau mā rua meneti ki te iwa karaka

_____

13. Waenganui pō

_____

14. Haurua i te whitu karaka i te ata

_____

15. Tekau karaka i te pō

_____

16. Toru meneti i te waenganui pō

_____

17. Tekau mā tahi meneti ki te waenganui pō

_____

18. Poupoutanga o te rā

_____

19. Hauwhā ki te ono karaka i te ahiahi

_____

20. Rua tekau meneti i te iwa karaka i te ata

_____

Rātū – Tuesday

 30-minute challenge

1. Kōwhirihia te rerenga kōrero tika mō ēnei rerenga Pākehā.

1. *Choose the correct sentence for these English phrases.*

It is daylight/daybreak	*It is night time*
Sunset	*The sun is shining*
Tomorrow afternoon	*Early in the morning*
It's too early	*Every day*
It's too late	*The bus departs every 30 minutes*
Oh no, hurry up!	*When does the tour begin?*
We all (three or more) are late!	*Hang on a minute!*
Every hour	*Tomorrow morning*
Food is served every 15 minutes	

1. Kua awatea

_____

2. Kua pō

_____

3. Kua tō te rā

_____

4. Kei te tōmuri tātou

_____

5. Ā te ata āpōpō

_____

6. Ā te atatū

_____

7. Ā te ahiahi āpōpō

_____

8. Moata rawa

_____

9. Āhea te haerenga ka tīmata?

_____

10. Tōmuri rawa

_____

11. Kei te whiti te rā!

_____

12. Auē, kia tere!
_____

13. Taihoa!
_____

14. Ia rā
_____

15. Ia hāora
_____

16. Ia haurua hāora, ka wehe te pahi
_____

17. Ia tekau mā rima meneti, ka rato kai
_____

E hia te utu mō ... and **he aha te utu mō ...** are acceptable ways of asking for the cost or price of an item. The words **tāra** for dollars and **hēneti** for cents are commonly used in the response.

E hia te utu mō tēnei waka?	_How much does this car cost?_
Tekau mano tāra te utu mō tēnei waka	_This car costs ten thousand dollars_
E hia te utu mō te parāoa	_How much for the bread?_
E rua tāra	_Two dollars_
He aha te utu mō taku inu?	_How much do I owe you for my drink?_
E whitu tāra, e rima tekau ma rima hēneti	_Seven dollars and fifty-five cents_

2. Tuhia te utu mō ēnei taputapu.
2. _Write the cost for each item._

1. Jacket $10
   Tekau tāra te utu mō te koti
2. Cars $5500
   E rima mano, e rima rau tāra te utu mō ngā waka
3. Book $2
_____

4. Pens $3
_____

5. Drink 50¢
_____

6. Carving $25.30

_____

7. Stereo $1500

_____

8. Bikes $4750

_____

9. Cheese $3.75

_____

10. Chickens $9

_____

11. Raw meat (mīti whakarae) 99¢

_____

12. Vegetable oil (hinu huawhenua) $4.29

_____

13. Tomato sauce (ranu tōmato) $1

_____

14. Peanut butter (pata pīnati) $2.30

_____

15. Salad dressing (ranu huamata) $6.05

_____

Rāapa – Wednesday

Learning the days of the week and the months of the year is pretty much a rote learning exercise. You should be reasonably familiar with the days of the week by now because you have been exposed to them during your daily reo exercises. Here are the days of the week again:

Rāhina	OR	Mane	*Monday*
Rātū	OR	Tūrei	*Tuesday*
Rāapa	OR	Wenerei	*Wednesday*
Rāpare	OR	Tāite	*Thursday*
Rāmere	OR	Paraire	*Friday*
Rāhoroi	*Saturday*		
Rātapu	*Sunday*		

There are two ways to ask what day it is: **He aha tēnei rā?** or **Ko te aha tēnei rā?**

He aha tēnei rā?	*What day is it?*
Rātū	*Tuesday*

Ko te Rāhina tēnei rā		*Today is Monday*
Ko te aha tēnei rā?		*What is the day / date today?*
Ko te Tūrei		*Tuesday*
Ka wehe atu ia ki tāwāhi a te Rāmere		*He / She goes overseas on Friday*
Āhea koe haere ai?		*When do you leave?*
Ā te Rātapu		*On Sunday*
Āhea koe hoki mai ai?		*When do you return?*
Aua, ā te Rāhoroi pea		*I don't know, maybe Saturday*

These are the months of the year:

Kohitātea	OR	Hānuere	*January*
Huitanguru	OR	Pēpuere	*February*
Poutūterangi	OR	Māehe	*March*
Paengawhāwhā	OR	Āperira	*April*
Haratua	OR	Mei	*May*
Pipiri	OR	Hune	*June*
Hōngongoi	OR	Hūrae	*July*
Hereturikōkā	OR	Ākuhata	*August*
Mahuru	OR	Hepetema	*September*
Whiringa-ā-nuku	OR	Oketopa	*October*
Whiringa-ā-rangi	OR	Noema	*November*
Hakihea	OR	Tīhema	*December*

Ko te tekau mā iwa o Whiringa-ā-rangi taku rā whānau
My birthday is on the 19th of November
Āhea tō rā whānau?
When is your birthday?
Ā te tuawhitu o Mahuru
On the 7th of September
Ko Poutūterangi te marama tuatoru o te tau
March is the third month of the year
Hei te marama o Pipiri, te tauhou Māori
The Māori new year is in June
Ka tū te whakataetae a te marama o Haratua
The competition is to be held in May

30-minute challenge

1. Tuhia te rā me te marama.
1. Write the date.

1. 19th November
   Te tekau mā iwa o Whiringa-ā-rangi

2. 8th August
   _____

3. 22nd August
   _____

4. 25th June
   _____

5. 18th February
   _____

6. 26th January
   _____

7. 3rd April
   _____

8. 18th December
   _____

9. 18th November
   _____

10. 21st October
    _____

11. 8th July
    _____

12. 11th March
    _____

13. 14th May
    _____

14. 16th June
    _____

15. 31st September
    _____

Rāpare – Thursday

Here are the seasons of the year:

Raumati	*Summer*
Ngahuru	*Autumn*
Hōtoke / Takurua	*Winter*
Kōanga	*Spring*

Here are some words and phrases about weather:

Huarere	*Weather*
Tohu huarere	*Weather forecast*
Marino	*Calm weather*
Puhoro	*Bad weather*
Hātai	*Mild weather*
Ua	*Rain*
Āwhā	*Storm*
Marangai	*Heavy rain*
Paki	*Fine weather*
Kapua	*Cloud*
Kōmaru	*Cloudy*
Hau	*Wind*
Hauraki	*North wind*
Hautonga	*South wind*
Hauāuru	*West wind*
Hauwaho	*East wind*
Wera	*Hot*
Makariri	*Cold*
Hukapapa	*Frost*
Puaheiri	*Snow*

Ko Tāwhirimātea te atua o te huarere	*Tāwhirimātea is the god of the elements*
He wera tēnei rā	*It's hot today*
I te raumati, ka marino ngā rā	*The weather is calm in summer*
Kei te whiti te rā	*The sun is shining*
Te āhua nei, ka paki	*It looks like it's going to be fine*
E pūkeri ana te hau	*It's extremely windy*
He makariri tēnei rā	*It's cold today*

30-minute challenge

1. Tuhia he kōrero huarere mō ia whakaahua.
1. *Write a sentence about the weather in each picture.*

1.	2.	3.

1. Kei te whiti te rā, kei te pupuhi te hau
2. _____
3. _____

2. Tuhia he pikitia mō ia kupu.
2. *Draw a picture to demonstrate the meaning of each word.*

1. Paki	2. Puhoro	3. Marangai
4. Makariri	5. Āwhā	6. Kōmaru
7. Hauāuru	8. Wera	9. Pūkeri

Rāmere – Friday

 30-minute challenge

1. Akohia ēnei kīwaha e rua.
1. Learn these two colloquialisms.

Ākene koe i a au!	*You watch it or else!*
Nā wai tāu?	*Says who?*

2. Whakamāoritia tā Māka rāua ko Mere kōrero.
2. Translate the sample dialogue between Māka and Mere.

Kei te haere a Mere rāua ko Māka ki te tāone.

Mere: Āhea te pahi tae mai ai?

Māka: Ā te toru karaka.

Mere: He aha te wā ināianei?

Māka: Hauwhā ki te toru, kua tata.

Mere: Kia tae ki te tāone, ka hoko aha koe?

Māka: Ka hoko koti hōu mōku.

Mere: He aha te utu mō tērā?

Māka: Whitu tekau ki te waru tekau tāra.

Mere: He utu nui tērā!

Māka: He rā utu māmā tēnei ki Hallensteins.

Mere: He wā pai tēnei mō te hoko koti. Kua tata te takurua.

**Māka: Āe mārika! Kei te makariri haere te huarere.
Kua tīmata hoki te tau mai o te hukapapa.**

Mere: Āhea te takurua tīmata ai?

Māka: Ā te marama o Pipiri.

Mere: He pai ake te raumati i te takurua!

Weekend Word List

Hēpapa	Zebra
Raiona	Lion
Ngunguru	Grumble / Shake
Hanawiti	Sandwich
Pōpokorua	Ant
Pūtoko	Slug
Whakaoho	To wake up
Keri	Dig
Kato	Pluck
Here	Tie / Bind
Karanga	Call
Kōhuru	Murder
Hauhake	Harvest

WEEK TWENTY-TWO
The passive sentence structure

Whakataukī o te wiki
Proverb of the week
Harahara aitu, harahara ā-tai
A complete disaster

He Tauira Kōrero:
Kei te whare kararehe a Mere rāua ko Māka.
Mere: Titiro! Kei te ngaua te hēpapa e te raiona!
Māka: Nā wai rāua i tuku kia noho tahi.
Mere: Aua, engari e tika ana kia panaia ia i tana mahi.
Māka: Mēnā ko au tana rangatira mahi, ka tino kohetengia ia e au.
Mere: Te āhua nei, i tāhaengia te kai a te raiona e te hēpapa.
Māka: Nā whai anō i ngaua te hēpapa e te raiona, kaitoa hoki!
Mere: Kei te ngunguru taku puku.
Māka: Kei te hiakai koe e Mere?
Mere: Āe! Ahakoa he aha te kai, ka kainga e au.
Māka: Te hanawiti pōpokorua?
Mere: Ka kainga.
Māka: Te pāki pūtoko?
Mere: Ka kainga.
Māka: Whoa, kei te tino hiakai koe!

Each ordinary verb has its own particular passive ending which will
usually be one of the following:

-tia	-na	-ina
-ria	-nga	-kina
-hia	-kia	-a
-ngia	-mia	

Sometimes dialect will determine which passive ending is attached to
the end of each verb.

Passive sentence structures are commonly heard in te reo Māori, so
much so that you could probably say it's the preferred style of a great
number of Māori language speakers. But what is a passive sentence,
and what does it do? First, take a look at these two sentences:

I patu te ngeru i te manu	*The cat killed the bird*
I patua te manu e te ngeru	*The bird was killed by the cat*

The first sentence is called an active sentence because the agent of the action in the sentence, **te ngeru** or *the cat* is the focus, i.e., the cat killed the bird. The second sentence is the passive one because the focus of the sentence shifts to **te manu** or the bird, which is not doing the action, but on the receiving end of it. This casts the bird into a passive role in the context of the sentence, which is why we call the sentence passive! The English translation of this sentence may help you analyse this concept: *the bird was killed by the cat*.

Study the following examples, they will help you to understand the passive sentence structures. They are translated in a passive style so you can see who or what is the subject, and who or what the agent of the action is (e.g. Rawiri is scolding Mere).

As I mentioned earlier, te reo Māori favours a passive sentence structure while English tends to favour an active sentence structure, so when translating a passive Māori sentence into English, I would generally recommend you use the active English structure.

OK, example time. Take a look at the following, and don't forget, I have translated them in a passive style. Also take note of the tense markers and the negative form for each example:

Kei te kohetengia a Mere e Rāwiri
Mere is being scolded by Rāwiri

Kāore a Mere i te kohetengia e Rāwiri
Mere is not being scolded by Rāwiri

Kei te whakaohoa ngā tamariki e te kuia
The children are being woken up by the elderly lady

Kāore ngā tamariki i te whakaohoa e te kuia
The children are not being woken up by the elderly lady

E inumia ana te miraka e te kōtiro
The milk is being drunk by the girl

Kāore te miraka e inumia ana e te kōtiro
The milk is not being drunk by the girl

E karangahia ana te manuhiri e te wahine
The visitors are being called by the woman

Kāore te manuhiri e karangahia ana e te wahine
The visitors are not being called by the woman

What steps do we need to take to turn an active sentence into a passive sentence? Always remember that the tense marker at the start of the sentence remains untouched. The **i** or **ki** drops out of the sentence and an **e** is placed in front of the agent of the action.

Step 1: Adjust the sentence from its original form . . .

I patu te ngeru i te manu

. . . to this (you are passivising the verb or action word):

I patua te ngeru i te manu

Step 2: Place an **e** in front of the agent of the action.

I patua e te ngeru i te manu

Step 3: Finally, get rid of that **i**:

I patua e te ngeru te manu

The two parts of this sentence are interchangeable, so you can either have **I patua e te ngeru te manu** or **I patua te manu e te ngeru**. The tense marker at the beginning of the sentence remains in its position!

HARATAU – PRACTICE

Rāhina – Monday

 30-minute challenge

1. **Hurihia ngā rerenga kōrero nei hei rerenga hāngū.**
1. *Change the following sentences into the passive form.*

  1. Kei te keri ia i te whenua

    Kei te keria te whenua e ia

  2. Kua horoi ia i ngā kākahu

    _____

  3. Kei te kato rāua i ngā putiputi

    _____

  4. Kei te here te whānau i ā rātou kurī

    _____

  5. Kua waiata rātou i tēnā waiata

    _____

  6. I whāngai ia i te pēpi

    _____

  7. I meke au i a ia

    _____

  8. Ka karanga te kuia i te manuhiri

    _____

  9. Ka mahi rātou i tērā mahi

    _____

10. E ngaki ana ngā tamariki i te māra

_____

Rātū – Tuesday

 30-minute challenge

1. Whakatikahia ngā hapa.
1. Correct the grammatical errors in these sentences.

1. Kei te takahia ia i te manuhiri
   Kei te takahia e ia te manuhiri
2. Kei te patua te ngeru e te manu

_____

3. Kua kainga ngā tamariki e ngā tuangi

_____

4. E keri ana te waikeri i ngā tāngata

_____

5. I kōhurutia te wahine i tana tāne

_____

6. I panaia e te tumuaki i a ia

_____

7. Ka kohetetia te koroua rā i a koe

_____

8. Ka herua ia i ō makawe

_____

9. Kua hari mai ngā harore e rātou

_____

10. Kua hauhaketia rātou e ngā kūmara

_____

2. Hurihia ngā rerenga kōrero nei hei rerenga hāngū.
2. Change the following sentences into the passive form.

1. Kei te pokepoke ia i te parāoa
   Kei te pokepokea e ia te parāoa
2. Kua tuhi ia i ngā kōrero

_____

3. I whakapai koe i tō taiwhanga moe?

_____

4. I kai koe i āu puarere (rice bubbles)?

_____

5. Kei te whakairi ia i ōna kākahu

_____

6. I kimi au i a koe

_____

7. Kei te tokitoki ia i ngā rākau

_____

8. Kei te hoko ia i te kāngarere (cornflakes)?

_____

9. Kua pātai ia i te pātai

_____

10. Ka tīhore ngā tamariki i ngā āporo

_____

Rāapa – Wednesday

The negative form of a passive sentence structure requires you to know which negative word to use for each of these action-phrase tense markers: **kei te**, **e . . . ana**, **i**, **kua** and **ka**.

Tense marker	Negative word
Kei te . . .	Kāore . . . i te
E . . . ana	Kāore . . . e . . . ana
I	Kāore . . . i . . .
Kua	Kāore anō . . . kia . . .
Ka	Kāore . . . e . . .

To negate a passive sentence, follow these steps:

Kei te

Step 1: Adjust the sentence from its passive form . . .

Kei te patua e te ngeru te manu

. . . to this (you are placing in the negative word):

Kāore kei te patua e te ngeru te manu

Step 2: Place the object on the receiving end of the action, after the negative word:

Kāore te manu kei te patua e te ngeru

Step 3: Finally, change the **kei te** to **i te**:

Kāore te manu i te patua e te ngeru

E . . . ana

Step 1: Adjust the sentence from its passive form . . .

E patua ana e te ngeru te manu

. . . to this (you are placing in the negative word):

Kāore e patua ana e te ngeru te manu

Step 2: Place the object on the receiving end of the action, after the negative word:

Kāore te manu e patua ana e te ngeru

I

Step 1: Adjust the sentence from its passive form . . .

I patua e te ngeru te manu

. . . to this (you are placing in the negative word):

Kāore I patua e te ngeru te manu

Step 2: Place the object on the receiving end of the action, after the negative word:

Kāore te manu i patua e te ngeru

Kua

Step 1: Adjust the sentence from its passive form . . .

Kua patua e te ngeru te manu

. . . to this (you are placing in the negative word):

Kāore anō kua patua e te ngeru te manu

Step 2: Place the object on the receiving end of the action, after the negative word:

Kāore anō te manu kua patua e te ngeru

Step 3: Finally, change the **kua** to **kia**:

Kāore anō te manu kia patua e te ngeru

Ka

Step 1: Adjust the sentence from its passive form . . .

Ka patua e te ngeru te manu

. . . to this (you are placing in the negative word):

Kāore ka patua e te ngeru te manu

Step 2: Place the object on the receiving end of the action, after the negative word:

Kāore te manu ka patua e te ngeru

Step 3: Finally, change the **ka** to **e**:

Kāore te manu e patua e te ngeru

30-minute challenge

1. Whakakāhoretia ngā rerenga kōrero hāngū nei.

1. Negate the following passive sentences.

1. Kei te arahina e ia te iwi

   _____

2. Kua whakatūria e ia te pou

   _____

3. Kua whakapaitia e te whānau te whare

   _____

4. I kainga e te kurī ngā toenga kai

   _____

5. Kei te whakairia e ia ōna kākahu

   _____

6. I kitea tō mahi e au

   _____

7. Kei te pērātia rātou e ia

   _____

8. Kei te hokona e ia te waka hōu

   _____

9. Kua āwhinatia te tamaiti e te kaiako

   _____

10. Ka tautokohia koe e mātou

   _____

Rāpare – Thursday

 30-minute challenge

1. Pānuitia te kōrero e whai ake nei, ka whakautu ai i ngā pātai.

1. Read the following story and answer the questions.

I tētahi pō rangimārie, ka arahina mātou e taku Pāpā ki te ngahere. Ka tahuna he kāpura e mātou, nā te mea, he makariri te ngahere i te pō. Ka kohikohia e taku Pāpā he pūpū wahie, ā, ka whiua e ia ki runga i te kāpura kia mumura ai. Ka noho mātou, ka mahana. Kātahi ka rongo mātou i tētahi tangi rerekē.

Ka kī mai taku Pāpā, 'Kei te pai, he ruru noa iho. He kaitiaki, haere tātou ki te ngau poaka.' Ka haere mātou.

Nāwai rā, ka kitea tētahi poaka matakana e mātou. Ka rere ngā kurī ki te hopu i te poaka. Ka hopukina te poaka e ngā kurī, ka ngaua ngā taringa o te poaka. Ka hīkina e taku Pāpā tana pū, ka tohua atu ki te poaka. Kātahi, ka pūhia te poaka.

Ka tangi mātou ngā tamariki, ka kī atu au ki taku Pāpā, me te tangi hotuhotu atu, 'He tangata kōhuru koe, Pāpā!'

Kāore taku Pāpā i kōrero. Ka huakina te poaka e ia, ka tangohia ngā whēkau. Ka tahuna, ā, ka whakahokia ki tō mātou puni hei kai mā mātou. Ka tunua ki runga i te kāpura, kātahi, ka kainga.

Ka mihi au ki taku Pāpā, 'He reka te poaka nei, Pāpā!'

Ka kī mai a Pāpā, 'I patua te poaka hei kai mā tātou e tama, kia kore ai tātou e hiakai. Ehara au i te tangata kōhuru.'

'E mōhio ana au ki tēnā ināianei, Pāpā, tēnā koe!'

1. Tuhia ngā kupu hāngū i roto i te kōrero nei.
   (Write down as many of the passive words in the story as you can).

   _____

2. Ka arahina ngā tamariki e wai ki te ngahere?

   _____

3. Ka tahuna he aha e rātou?

   _____

4. Ka rongo ngā tamariki i te aha?

   _____

5. He aha te 'ruru'?

   _____

6. Ka ngaua te aha e ngā kurī?

   _____

7. Ka pūhia te poaka e wai?

   _____

8. He aha te kōrero a te tamaiti ki tana pāpā, ka pūhia e tana pāpā te poaka?

   _____

9. I ahatia te poaka e te pāpā?

   _____

10. I patua te poaka e te pāpā hei aha?

    _____

Rāmere – Friday

 30-minute challenge

1. Akohia ēnei kīwaha e rua.
1. Learn these two colloquialisms.

Te āhua nei	*It looks that way / It looks like it*
Nā whai anō!	*No wonder!*

2. Whakamāoritia tā Māka rāua ko Mere kōrero.
2. Translate the sample dialogue between Māka and Mere.

Mere: Titiro! Kei te ngaua te hēpapa e te raiona!

_____

Māka: Nā wai rāua i tuku kia noho tahi.

_____

Mere: Aua, engari e tika ana kia panaia ia i tana mahi.

_____

Māka: Mēnā ko au tana rangatira mahi, ka tino kohetengia ia e au.

_____

Mere: Te āhua nei, i tāhaengia te kai a te raiona e te hēpapa.

_____

Māka: Nā whai anō i ngaua te hēpapa e te raiona, kaitoa hoki!

_____

Mere: Kei te ngunguru taku puku.

_____

Māka: Kei te hiakai koe e Mere?

_____

Mere: Āe! Ahakoa he aha te kai, ka kainga e au.

_____

Māka: Te hanawiti pōpokorua?

_____

Mere: Ka kainga.

_____

Māka: Te pāki pūtoko?

_____

Mere: Ka kainga.

_____

Māka: Whoa, kei te tino hiakai koe!

_____

He Pangakupu

Complete the crossword below

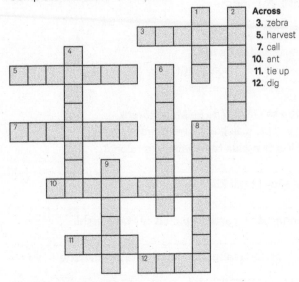

Across
3. zebra
5. harvest
7. call
10. ant
11. tie up
12. dig

Down
1. pluck
2. lion
4. to wake up
6. grumble
8. sandwich
9. murder

Weekend Word List

Whakarite	Arrange / Organise
Hoatu	Give to (away from speaker)
Kaimahi	Employee
Whakapāha	Apologise
Whakanui	Celebrate
Huritau	Birthday
Tārere	Swing
Whakahaere	Facilitate
Mako	Shark
Rangiwhata	Bragger
Harore	Mushroom
Ripi	Frisbee
Hoariri	Opponent
Hāpiapia	Sellotape

WEEK TWENTY-THREE
Using 'ka taea'

Whakataukī o te wiki
Proverb of the week
He hoe kōnukenuke
Like a crooked paddle, he cannot be relied on

He Tauira Kōrero:
Kei tō rāua wāhi mahi a Mere rāua ko Māka.
Mere: Ka taea e koe tēnei kai te whakarite.
Māka: Āe, hōmai.
Mere: Kia mutu tēnā, ka haere tāua ki te hui a ngā kaimahi katoa, nē?
Māka: Auē, kāore au i te haere ki taua hui, ka taea e koe taku whakapāha te kawe?
Mere: Kei te haere koe ki hea?
Māka: Kei te haere māua ko taku wahine ki te whakanui i te huritau tuarua ō tā māua whai.
Mere: Kāore e taea e koe tēnā kaupapa a kōrua te whakatārewa?
Māka: Kāore e taea.
Mere: Heoi anō. Māku tō whakapāha e kawe.
Māka: Kia ora koe, e Mere! Ka tino harikoa taku wahine.
Mere: Ki te kore koe e haere ki te hui e whai ake nei, ka raru koe.
Māka: Tika tāu! Kāore e taea e au tērā hui te karo.

Today we are going to continue on our current theme of using the passive sentence structure, but we are going to focus on a particular passive word, **taea**, which is frequently used but in many cases causes the speaker to fall into a number of grammatical errors. Using **taea** correctly indicates a good speaker of Māori who has been taught well, so we are going to dedicate the whole of this week's study to **taea**, so you become an expert at using it!

As I mentioned, **taea** is a passive word. It is the passive form of the word **tae**, and is used to say something can be achieved or accomplished; or, in its negative form, can't be achieved or accomplished. You have already been exposed to the passive sentence structure, so you are aware of the grammatical rules:

Always remember that the tense marker at the start of the sentence remains untouched. The **i** or **ki** drops out of the sentence, and **e** is placed in front of the agent of the action.

The majority of the time **ka** will be the tense marker that you will begin your **taea** sentence with. So let's see what the sentence looks like:

Passive phrase + Agent of action preceded by *e* + Object affected by action + Action phrase

Ka taea   e te ngeru   te manu   te patu

Notice that there is no **i** or **ki** in the sentence and the **e** precedes the agent of the action – both important points to remember when using **taea**! Remember also never to passivise any other verb in the sentence other than **taea**.

Here are some more examples:

Ka taea e au	*I can / am able to do it*
Ka taea e koe	*You can / are able to do it*
Ka taea e koe tērā mahi te mahi	*You can / are able to do that task*
Ka taea e koe tēnei pouaka te hiki	*You can / are able to lift this box*
Ka taea e rāua tērā maunga te piki	*They can / are able to climb that mountain*
Ka taea e ngā tamariki te tārere te whakatika	*The children can / are able to fix the swing*

And of course all of these sentences can be turned into questions by voice inflection and a question mark.

Ka taea e au?	*Can I / Am I able to do it?*
Ka taea e koe?	*Can you / Are you able to do it?*
Ka taea e koe tērā mahi te mahi?	*Can you / Are you able to do that task?*
Ka taea e koe tēnei pouaka te hiki?	*Can you / Are you able to lift this box?*
Ka taea e rāua tērā maunga te piki?	*Can they / Are they able to climb that mountain?*
Ka taea e ngā tamariki te tārere te whakatika?	*Can the children / Are the children able to fix the swing?*

Some speakers will overuse **taea**, and the next thing you know, every sentence is a **taea** sentence! This can be a natural thing to do for a learner of the language, but eventually you will find that it may be better to say **kei te wātea koe ki te haere?** or **e pai ana kia haere koe?** rather than **ka taea e koe te haere?** Another common one is **ka taea e koe te kōrero Māori?** when a better way to say it is **kei te mōhio koe ki te kōrero Māori?** or **he kōrero Māori koe?** Finally, be careful of this one: **ka taea e koe te parāoa te hoko?** Much better to use the **mā . . . e** structure, **māu te parāoa e hoko?**

HARATAU – PRACTICE

Rāhina – Monday

 30-minute challenge

1. Whakapākehātia ēnei rerenga kōrero.
1. *Translate the following sentences into English.*
 1. Ka taea e koe tēnei reta te tuku?
    Can you post this letter?
 2. Ka taea e rātou te pōwhiri te whakahaere?

    _____

 3. Ka taea e koe tēnā pātai te whakautu?

    _____

 4. Ka taea e te mako te kekeno te patu

    _____

 5. Ka taea e ia ō hū te whakapīataata

    _____

 6. Ka taea e wai tērā maunga te piki?

    _____

 7. Ka taea e koe āku tamariki te kohi i te kura i te ahiahi nei?

    _____

 8. Ka taea e māua tērā rangiwhata te whakawahangū

    _____

 9. Ka taea e koe tēnei mahi pāngarau te mahi?

    _____

 10. Ka taea e koe e hoa! He toa koe!

    _____

Rātū – Tuesday

 30-minute challenge

1. Whakatikahia ngā hapa.
1. *Correct the grammatical errors in these sentences.*
 1. Ka taea ia ki te tiaki i te manuhiri
    Ka taea e ia te manuhiri te tiaki
 2. Ka taea te ngeru te patu e te manu

    _____

3. Ka taea e ngā tamariki ki te kohi i ngā tuangi

4. Ka taea te whānau te manu te whakaora

5. Ka taea e te kōtiro ki te kawe i tērā mahi

6. Ka taea au te hanga i te whare ināianei

7. Ka taea te haere

8. Ka taea ia ki te kōrero Māori

9. Ka taea e rātou ngā harore te haria mai

10. Ka taea rātou te hauhaketia ngā kūmara

2. **Whakamāoritia ēnei rerenga kōrero.**
2. *Translate the following sentences into Māori.*
 1. I can do it

 2. They (2) can prepare the food

 3. I can take the photo

 4. The dog can catch the frisbee

 5. You can defeat your opponent

 6. The old man can buy a new tokotoko

 7. The children can fix the bikes

 8. Can you collect Mere from school?

 9. Can you carve our (us 5 but not you) meeting house?

10. Can you open the door?

Rāapa – Wednesday

You will be happy to know that the negative form of **taea** is fairly straightforward. To negate a **taea** sentence, follow these steps:

Step 1: Adjust the sentence from its affirmative form . . .

Ka taea e te ngeru te manu te patu

. . . to this (you are placing in the negative word **kāore** at the beginning of the sentence):

Kāore ka taea e te ngeru te manu te patu

Step 2: Change the **ka** to **e**:

Kāore e taea e te ngeru te manu te patu
The cat cannot / is not able to kill the bird

 30-minute challenge

1. Whakakāhoretia ngā rerenga kōrero nei.

1. *Negate the following* taea *sentences.*

  1. Ka taea e ia te manuhiri te tiaki
     Kāore e taea e ia te manuhiri te tiaki

  2. Ka taea e te ngeru te manu te patu

     _____

  3. Ka taea e ngā tamariki ngā tuangi te kohi

     _____

  4. Ka taea e te whānau te manu te whakaora

     _____

  5. Ka taea e te kōtiro tērā mahi te kawe

     _____

  6. Ka taea e au te whare te hanga ināianei

     _____

  7. Ka taea e te kōtiro te rākau te piki

     _____

  8. Ka taea e koe

     _____

  9. Ka taea e rātou ngā harore te hari mai

     _____

  10. Ka taea e rātou ngā kūmara te hauhake

     _____

2. Ināianei, whakapākehātia ngā rerenga kōrero whakakāhore.

2. The next task is to translate your negative sentences into English.

1. _____
2. _____
3. _____
4. _____
5. _____
6. _____
7. _____
8. _____
9. _____
10. _____

Rāpare – Thursday

🕐 30-minute challenge

1. Pānuitia te kōrero e whai ake nei, ka whakautu ai i ngā pātai.

1. Read the following story and answer the questions.

Kei te parakuihi te whānau Retimana. Kei te kai puarere a Mere. Kei te āka niho a Te Aro. Kei te heu te pāpā i tōna pāhau. Kei te mahi kai te māmā.

Te Aro: Māmā, ka taea e koe te pē niho hōu te tiki?

Māmā: Māu e tiki!

Te Aro: Kāore e taea! Kei roto i te whata teitei.

Māmā: Ka taea e koe te piki?

Te Aro: Kāore e taea, kāore ōku tūru!

Pāpā: Māku koe e āwhina. Kia mutu taku heu, ka āwhina au i a koe.

Mere: Māmā, ka taea e koe taku pukapuka te whakatika?

Māmā: He aha te mate o tō pukapuka?

Mere: I tīhaea e au.

Māmā: Anei te hāpiapia, ka taea e koe te whakatika?

Mere: Kāore e taea, e Māmā.

Māmā: Auē! Māku e whakatika. Ka taea e koe tō moenga te whakapai?

Mere: Āe!

Māmā: Hurō!

1. Kei te kai aha a Mere?

_____

2. Kei te aha te pāpā?

_____

3. Ka taea e Te Aro te pē niho hōu te tiki?

_____

4. Kāore ōna aha?

_____

5. He aha te mate o te pukapuka a Mere?

_____

6. Ka taea e ia te whakatika?

_____

7. He aha te kupu Pākehā mō te hāpiapia?

_____

8. Mā wai tāna pukapuka e whakatika?

_____

9. Ka taea e Mere tōna moenga te whakapai?

_____

10. He aha te kupu Pākehā mō te hurō?

_____

Rāmere – Friday

🕐 30-minute challenge

1. Akohia ēnei kīwaha e rua.
1. *Learn these two colloquialisms.*

Hurō!   *Hooray!*

Meinga! Meinga!   *Is that so!*

2. Whakamāoritia tā Māka rāua ko Mere kōrero.
2. *Translate the sample dialogue between Māka and Mere.*

Kei tō rāua wāhi mahi a Mere rāua ko Māka.

_____

Mere: Ka taea e koe tēnei kai te whakarite.

_____

Māka: Āe, hōmai.

_____

Mere: Kia mutu tēnā, ka haere tāua ki te hui a ngā kaimahi katoa, nē?

Māka: Auē, kāore au i te haere ki taua hui, ka taea e koe taku whakapāha te kawe?

Mere: Kei te haere koe ki hea?

Māka: Kei te haere māua ko taku wahine ki te whakanui i te huritau tuarua ō tā māua whai.

Mere: Kāore e taea e koe tēnā kaupapa a kōrua te whakatārewa?

Māka: Kāore e taea.

Mere: Hēoi anō. Māku tō whakapāha e kawe.

Māka: Kia ora koe, e Mere! Ka tino harikoa taku wahine.

Mere: Ki te kore koe e haere ki te hui e whai ake nei, ka raru koe.

Māka: Tika tāu! Kāore e taea e au tērā hui te karo.

Weekend Word List

Huaki	Open
Kūaha	Door
Pātōtō	Knock
Tari	Office
Kōwhiri	Choose
Matimati	Finger
Rango	Fly
Rīwai	Potato
Pātītī	Long grass
Merengi	Melon
Tauira	Student

WEEK TWENTY-FOUR
Giving orders

Whakataukī o te wiki
Proverb of the week
He iti tangata e tupu, he iti toki e iti tonu
People grow, adzes remain small
(People are more valuable than material possessions)

He Tauira Kōrero:
Kei te kura a Mere rāua ko Māka. Ka pātōtōhia te kuaha.
Kaiako: Māka, e tū! Huakina te kūaha.
Ka uru mai a Mere.
Kaiako: Ka pai Māka, e noho!
Mere: Kia ora Whaea Charlotte. Tēnā koa, waitohua tēnei.
Ka waitohua e te kaiako.
Kaiako: Haria tēnei ki te tari ināianei e Mere. Āhea koe hoki mai ai?
Mere: Ākuanei, Whaea.
Māka: Whāea, me waiata tātou.
Kaiako: Ka pai Māka, kōwhiria he waiata.
Māka: 'Purea nei'?
Kaiako: Ka pai! Waiatahia mai, tamariki mā.
Ka hoki mai a Mere i te tari.
Kaiako: Kuhu mai e Mere, e noho ki raro.
Māka: E Mere, kūmea taku matimati . . .

We all like to be bossy every now and then! The first technique we are
going to study for delivering a command or an order is to use a passive
ending (hopefully passives are still fresh in your mind after the last two
weeks of work!)

Unuhia ō hū!	*Take off your shoes!*
Katia te kūaha!	*Close the door!*
Huakina te matapihi!	*Open the window!*
Kainga ō tōhi!	*Eat your toast!*
Tīkina mai te māripi rā!	*Fetch me that knife over there!*
Inumia tō waireka!	*Drink your cordial!*
Tirohia ēnei whakaahua!	*Look at these photos!*
Tāria te wā!	*Bide your time, be patient!*

HARATAU – PRACTICE

Rāhina – Monday

🕐 **30-minute challenge**

1. **Honoa ngā kupu whakahau o te mauī ki ngā kupu o te matau kia oti ai i a koe he rerenga whakahau.**

1. *Join the commands on the left to the words on the right to make command phrases.*

Hokona	te whāriki
Whāngaihia	he rare
Warua	te pātītī
Whakamaroketia	ngā kākahu mākū
Whakapaitia	tō moenga
Pōkaia	ngā mokopuna
Tapahia	ngā rīwai
Horopuehutia	te papa

1. _____
2. _____
3. _____
4. _____
5. _____
6. _____
7. _____
8. _____

2. **Whakamāoritia ēnei rerenga kōrero.**

2. *Translate these sentences into Māori.*

1. Bring that melon to the table
   Mauria mai tērā merengi ki te tēpu

2. Fetch that fork
   _____

3. Take off your shoes
   _____

4. Shut the door
   _____

5. Help the new students
   _____

6. Catch the horse

_____

7. Lift it up

_____

8. Pursue the knowledge

_____

9. Learn this

_____

10. Sing the song

_____

Rātū – Tuesday

Here is a list of **kupu whakahau** and their passive endings for you to study:

ako **na**	learn	kuhu **na**	enter
aro **hia**	concentrate / pay attention	kōrero **tia**	speak
		mahi **a**	do it
aroha **ina**	nurture / take care of	mea **tia**	indicate / signify
		moe **a**	sleep / sleep with / marry
āwhina **tia**	assist / help		
hari **a**	take away	mātakitaki **tia**	watch
heke **a**	descend	ngaki **a**	to weed
hiahia **tia**	want / need	ngaro **mia**	lose
hoki **a**	repeat / return	noho **ia**	sit / stay
hoko **na**	purchase / buy	oho **a**	awaken
horoi **a**	wash	oma **kia**	run
horopuehu **tia**	vacuum	pakipaki **tia**	applaud
huri **hia**	turn	pātai **tia**	question
hīkoi **tia**	walk	pupuhi / **pūhia**	shoot
inu **mia**	drink	rapu **a**	seek
kai **nga**	eat	tae **a**	able
karanga **tia**	call	tahi **a**	sweep
kata **ina**	laugh	tahu **na**	ignite
kawe **a**	carry	tākaro **hia**	play
kimi **hia**	seek	tangi **hia**	mourn
kite **a**	see / find	tango **hia**	take off
kohete **tia**	scold	tao **na**	cook
kohi **a**	gather	tapahi **a**	cut

tatari / **tāria**	wait for	whai / **whāia**	pursue
tautoko **na**	support	whakaako **hia**	teach
tiki **na**	fetch	whakaaro **tia**	think
tīmata **ria**	begin	whakahaere **tia**	conduct
tīni **hia**	change	whakahoki **a**	return
titiro / **tirohia**	view / look	whakamaroke **tia**	dry out
tohutohu **ngia**	direct	whakapai **tia**	tidy
unu **hia**	take off	whakaoti **a**	complete
tuhi **a**	write	whakataetae **tia**	compete
utu **a**	payment	whakatika **ina**	fix
waiata **hia**	sing	whana **ia**	kick
waru **a**	peel	whāngai **hia**	feed
wehe **a**	depart	whātui **a**	fold
wete **kina**	analyse		

You may have noticed that some words, e.g., **pupuhi**, **tatari**, **titiro** and **whai** change quite a bit when they are passivised and used as commands. They become **pūhia**, **tāria**, **tirohia** and **whāia**. This generally happens when the word being passivised has repeat syllables at the beginning, i.e., **pupu** in the word **pupuhi** and **tata** in the word **tatari**. In these two examples, the first syllable drops off and a macron appears on the first vowel of the passive form, i.e., **pūhia** and **tāria**. **Titiro** becomes **tirohia** and **whai** becomes **whāia**. A unique and unexplained occurrence!

 ### 30-minute challenge

1. Honoa te hāngū tika ki ēnei kupu.

1. *Place the correct passive ending on these words.*

1. (Hoko) ēnā rare

_____

2. (Kōrero) te reo Māori

_____

3. (Tao) ngā rīwai me ngā kūmara

_____

4. (Mahi) te mahi

_____

5. (Ako) ngā kupu o te waiata

_____

6. (Tahi) te wharekai me te wharenui

_____

7. (Waiata) tā koutou waiata hōu

_____

8. (Unu) ō kākahu

_____

9. (Inu) tō inu

_____

10. (Whai) a Mere

_____

11. (Horoi) tō kanohi me ō ringaringa

_____

12. (Pupuhi) te paihamu rā

_____

13. (Tatari) te wā

_____

14. (Kuhu) te kāuta o te whare

_____

15. (Whakaako) a Māka ki te mau taiaha

_____

Rāapa – Wednesday

Here are some more examples of how to order someone around! The particle **e** is used when the command word has either one long or two short vowels:

E tū!	_Stand up!_
E noho!	_Sit down!_
E moe!	_Sleep!_
E oho!	_Wake up!_
E oma!	_Run!_
E karo!	_Dodge!_
E inu!	_Drink up!_
E kai!	_Eat up!_

So, what do we do if the command word has more than two vowels?! Pretty simple e hoa mā, drop the e:

Titiro mai!	_Look here!_
Titiro atu!	_Look over there!_
Titiro ki te karoro!	_Look at the seagull!_
Haere mai!	_Come here!_

Haere atu!	*Go away!*
Haere!	*Go!*
Maranga!	*Get up!*
Whakarongo!	*Listen!*
Hoihoi!	*Be quiet! It's noisy!*
Takoto!	*Lie down!*
Tīraha!	*Lie down on your back!*
Tāpapa!	*Lie face down!*
Taihoa!	*Wait on!*
Pātai ki a ia!	*Ask him/her!*
Whakarongo ki tēnei waiata!	*Listen to this song!*

 30-minute challenge

1. **E huri ki te ipurangi, whakarongo ki ngā whakahau.
Me mahi-ā-tinana koe i ngā whakahau e rongo ana koe!**
1. *Go to the website. You will hear some commands. Move your body and follow the commands!*

Rāpare – Thursday

If you are negating commands use the negative form **kaua e . . .**:

Kaua e titiro mai!	*Don't look here!*
Kaua e titiro atu!	*Don't look over there!*
Kaua e haere mai!	*Don't come here!*
Kaua e haere atu!	*Don't go away!*
Kaua e haere!	*Don't go!*
Kaua e whakarongo ki tēnei waiata!	*Don't listen to this song!*
Kaua e titiro ki te karoro!	*Don't look at the seagull!*

How was that? Pretty straightforward? You are merely placing the **kaua e . . .** in front of the command! Quite good to do something a bit easier after getting your brain bashed around trying to figure out **ā** and **ō** categories, pronouns, passives and possessives! If you think that last lot was easy, check these ones out:

Kaua e tū!	*Don't stand up!*
Kaua e noho!	*Don't sit down!*
Kaua e moe!	*Don't sleep!*
Kaua e oho!	*Don't wake up!*
Kaua e oma!	*Don't run!*
Kaua e karo!	*Don't dodge!*

Kaua e inu!	*Don't drink!*
Kaua e kai!	*Don't eat!*

OK, hang on a minute! It can't be this simple when negating the commands that use a passive ending, surely? E hoa, just carry on doing what you are doing, putting **kaua e . . .** in front will work the majority of the time. But again I need to remind you, it's not the only way to negate command sentences.

Kaua e unuhia ō hū!	*Don't take off your shoes!*
Kaua e katia te kūaha!	*Don't close the door!*
Kaua e huakina te matapihi!	*Don't open the window!*
Kaua e kainga ō tōhi!	*Don't eat your toast!*
Kaua e tīkina mai te māripi rā!	*Don't fetch me that knife over there!*
Kaua e inumia tō waireka!	*Don't drink your cordial!*
Kaua e tirohia ēnei whakaahua!	*Don't look at these photos!*
Kaua e whāia te mātauranga!	*Don't pursue knowledge!*
Kaua e puritia taku ringa!	*Don't hold my hand!*

That's so easy we're not even going to practise it! Now, another way to issue a command is to start your sentence with **me**. Some people will tell you that this is a mild form of command, issued in a very polite way, however, that all depends on the tone of the voice. When using **me** you are suggesting that something should be done or an action should happen:

Me noho koe ki tōku whare	*You should stay at my house*
Me haere koe	*You had better go*
Me whakapai koe i tō moenga	*You had better make your bed*
Me kai te kurī	*The dog should eat*

The question form of a **me** sentence will look like this:

Me aha tāua?	*What should we do?*
Me aha te whānau rā?	*What should that family do?*

A very important thing to remember when using **me** is to never ever passivise the verb that follows it, so **me kōrerotia** or **me tangohia** are grammatically incorrect and big mistakes!

30-minute challenge

1. Tuhia tō whakahau ki ēnei horopaki.

1. Write your command for each of these situations.

 1. Rewi is tired
    Me moe a Rewi

 2. The old man is hungry
    _____

 3. The children are thirsty
    _____

 4. The family have run out of food
    _____

 5. Tame's car has broken down
    _____

 6. Māka's hands are dirty
    _____

 7. The baby has wet its nappy
    _____

 8. Manawanui's hands are dirty
    _____

 9. The house is on fire
    _____

10. The baby is hungry
    _____

11. The clothes are wet
    _____

12. The grass is long
    _____

13. The boat is sinking
    _____

14. The children are getting sunburnt
    _____

15. The sun is up
    _____

Rāmere – Friday

 30-minute challenge

1. Akohia ēnei kīwaha e rua.
1. *Learn these two colloquialisms.*

Kāore i a au te tikanga   *My hands are tied*
Nāwai rā, nāwai rā   *Eventually*

2. Whakamāoritia tā Māka rāua ko Mere kōrero.
2. *Translate the sample dialogue between Māka and Mere.*

Kei te kura a Mere rāua ko Māka.

Ka pātōtōhia te kūaha.

Kaiako: Māka, e tū! Huakina te kūaha.

Ka uru mai a Mere.

Kaiako: Ka pai Māka, e noho!

Mere: Kia ora Whaea Charlotte. Tēnā koa, waitohua tēnei.

Ka waitohua e te kaiako.

Kaiako: Haria tēnei ki te tari ināianei e Mere. Āhea koe hoki mai ai?

Mere: Ākuanei, Whaea.

Māka: Whaea, me waiata tātou.

Kaiako: Ka pai Māka, kōwhiria he waiata.

Māka: 'Purea nei'?

Kaiako: Ka pai! Waiatahia mai, tamariki mā.

Ka hoki mai a Mere i te tari.

Kaiako: Kuhu mai e Mere, e noho ki raro.

Māka: E Mere, kūmea taku matimati . . .

He Pangakupu

Complete the crossword below

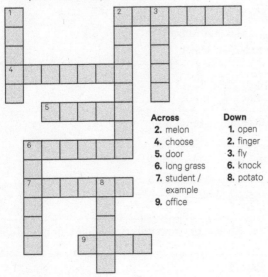

Across
2. melon
4. choose
5. door
6. long grass
7. student / example
9. office

Down
1. open
2. finger
3. fly
6. knock
8. potato

Weekend Word List

Tīemiemi	See-saw
Whakatū	Erect
Awhi	Hug
Rangi	Sky
Taka	Fall (from a height)
Pātū	Wall
Pahū	Blow up / Explode
Poaka	Pig

WEEK TWENTY-FIVE
Stative verbs

Whakataukī o te wiki
Proverb of the week
Tīkarohia te marama
Seek out that which is most important

He Tauira Kōrero:
Kei te tākaro a Mere rāua ko Māka.
Māka: E kore au e mau i a koe, e kore au e mau i a koe!
Mere: Kāore au i te hiahia ki te tauwhaiwhai i a koe, Māka. Kei te haere au ki te tiemiemi, piki ake, heke iho, piki ake, heke iho.
Māka: Tatari mai ki a au, Mere.
Mere: Kei te tārere tonu koe, heke iho! Kia tere!
Māka: Kia oti i a au tēnei mahi, ka hono ki a koe ki runga i te tīemiemi.
Mere: Hōhā noa iho koe. Me haere au ki te hoko kai.
Māka: He kai kei roto i tā tāua pēke. Nā Māmā i mahi.
Mere: I pau tērā kai i a au inakuanei.
Māka: Poaka!
Mere: Hei aha tāu!

Before we charge into statives, let's take a look at what linguists call direction indicators. There are four of them – **ake**, **iho**, **mai** and **atu**:

ake indicates an upwards direction
iho indicates a downwards direction
mai indicates a direction towards the speaker
atu indicates a direction away from the speaker

Noa when combined with **iho** means *only / just* = **noa iho**, **ko au noa iho** = *it's just me*, **hōhā noa iho koe** = *you're just a bloody pain in the butt!*

You have already been exposed to these direction indicators in previous pages, but here are some more examples to help you understand their use. Direction indicators always follow verbs and are always in relation to the speaker. The first four are commands. Note that when a direction indicator is used, the **e** is omitted from the front of the command:

Kuhu mai! (E kuhu!)	*Come in! Enter!*
Hoki mai! (E hoki!)	*Come back (to me)!*
Heke iho! (E heke!)	*Get down!*

Tū mai! (E tū!)	*Stand up (facing me)!*
Kei te piki ake ia i te rākau	*She is climbing up the tree*
Kua heke iho ia i tana tūranga	*He has stepped down from his position*
E haere mai ana rātou ki tōku whare	*They are coming to my house*
I wehe atu te whānau ki tāwāhi	*The family departed overseas*

HARATAU – PRACTICE

Rāhina – Monday

 30-minute challenge

1. **Whakamāoritia ēnei rerenga kōrero. Whakamahia ngā kupu anga e whā.**

1. *Translate the following sentences into Māori. Use one of the four direction indicators in each sentence.*

  1. They (2) are climbing up to the top of the mountain
     Kei te piki ake rāua ki te tihi o te maunga

  2. They (3) are coming down from the top of the mountain

     _____

  3. Go away

     _____

  4. Come here

     _____

  5. Talk to me

     _____

  6. Give me a hug

     _____

  7. It dropped down from the sky

     _____

  8. The TV fell off the wall

     _____

  9. The house blew up

     _____

  10. The rain fell from above

     _____

  11. Call to me

     _____

12. Call out to him

_____

13. Thank me

_____

14. Thank him

_____

15. Thank god

_____

The following commands contain words known as *statives*. We are going to get into statives in more depth tomorrow, but I'm going to give you a brief introduction to them to conclude today's mahi and because these particular forms of statives relate to our topic of giving commands. They encourage the person on the receiving end to achieve a particular state or condition, hence the term stative. Notice that **kia** is used in front of stative words to impart the command:

Kia kaha!	*Be strong!*
Kia toa!	*Be determined!*
Kia manawanui!	*Be steadfast!*
Kia tūpato!	*Be careful!*
Kia hakune!	*Be deliberate!*
Kia mataara!	*Be alert!*
Kia tere!	*Be quick!*
Kia tau!	*Be settled, settle down!*

If you want to mention the action, as well as the way in which it should be achieved, use a **te** or one of the possessives such as **tā**. Possessives will be discussed in more depth a little later on:

Kia kaha te kōrero!	*Speak with authority!*
Kia kaha te mahi!	*Work hard!*
Kia tere te hoki mai!	*Return immediately!*
Kia tere te oma!	*Run fast!*
Kia tūpato te haere!	*Go carefully!*
Kia tūpato te kawe	*Carry it carefully!*
Kia tika tā koutou whakapai moenga!	*Make your (3) beds properly!*
Kia tika tā kōrua tuhituhi!	*You (2) must write correctly!*

Rātū – Tuesday

There are two types of verbs in Māori: ordinary or universal verbs, which you are already familiar with, and stative verbs. These two types of verbs have different sentence structures and are used in a different manner. First and foremost, familiarise yourself with these stative verbs. They are the most common in te reo Māori:

mahue	abandoned / left behind	ngaro	be lost
māuiui	be sick	pakaru	be broken
mate	be sick, dead, in trouble	mutu	be ended
ora	be well, alive, safe	whara	be hurt
motu	be cut, severed	ea	be settled
mākona	be satisfied (appetite)	mānu	be floating
mau	be caught, fixed, held	oti	be completed
pau	be consumed	riro	be taken, gone
tū	be hit, wounded	wareware	be forgotten

These words indicate a state has been reached, hence the name stative verbs. As John Moorfield explains in his book *Te Kākano*, 'One should not assume that what is expressed as an active action in English will necessarily be so in Māori. For example, in English a person "dies". Dying is something one does, but in Māori dying happens to a person. It is a state one reaches.'

There are two major differences in structure. You cannot passivise a stative verb, so no 'matetia' or 'otitia' or 'pauria'. The only way you can passivise a stative is to add the prefix **whaka-** in front of it, therefore turning it back into an ordinary verb. Then you can passivise the ordinary verb, e.g., **whakamatea**, **whakaotia**, **whakapaua**. The second important aspect to remember is that an **i** indicates what or who is responsible for this state being reached. Example time:

Kua pakaru te matapihi	*The window has been broken*
Kua pakaru i a ia te matapihi	*The window has been broken by her (She has broken the window)*
Kua pau te kai	*The food has been consumed*
Kua pau te kai i te whānau	*The food has been consumed by the family (The family have consumed the food)*
Kua tutuki te mahi	*The job has been done*
Kua tutuki i ngā tamariki te mahi	*The job has been done by the kids (The kids have done the job)*

Notice that the agent(s) of the action and the action or verb phrase are interchangeable. Also note that when a personal pronoun or person's name follows the **i**, an **a** must precede the name or pronoun:

Kua pakaru i a Mere te matapihi *or* Kua pakaru te matapihi i a ia

 30-minute challenge

1. **Kei te tika, kei te hē rānei te takoto o ēnei rerenga?**
   Mēnā kei te hē, māu e whakatika.
1. *Is the structure of the following sentences correct? If incorrect, fix it.*
   1. Kua pakaru koe
      Kei te hē = Kua pakaru i a koe
   2. Kua oti ia i te mahi

   _____

   3. Kua ngaro a Mere i tana pēke

   _____

   4. Kua ngaro i a Hēmi tōna pōtae

   _____

   5. I ora au i a koe

   _____

   6. Kua pau ngā tamariki i te kai

   _____

   7. Kua mākona taku puku i te maha o ngā kōura

   _____

   8. E kore rātou e oti i taua whare i te ahiahi nei

   _____

   9. Āpōpō, ka ea i te iwi tā rātou whakataunga tiriti

   _____

   10. Kua mau a Rewi i te pōro

   _____

Rāapa – Wednesday

 30-minute challenge

1. **Whakapākehātia ēnei rerenga kōrero kupu mahi āhua.**
1. *Translate these stative-verb sentences.*
   1. Kua oti i a ia te mahi a ngā tamariki katoa
      He / She has completed all of the children's chores

2. Kua hinga rātou i a koe

_____

3. I pau ā māua pūtea i a ia

_____

4. Kua riro i a koe tōku whenua

_____

5. Ki te kore, ka mahue koe i a mātou

_____

6. Kua whati i a ia tōna raparapa

_____

7. Kua wareware i a au āu pukapuka

_____

8. Ki te kōrapa koe, ka mate koe i a ia

_____

9. Nō te whitu karaka i te pō i mate ai tō rātou pāpā i te mate pukupuku

_____

10. Kia tūpato, ka mau koe i te pirihimana

_____

2. Whakamāoritia ēnei rerenga kōrero kupu mahi āhua.
2. _Translate these stative-verb sentences._

1. He has lost my ball
   Kua ngaro i a ia taku pōro

2. The drinks have all been consumed

_____

3. I have completed my work

_____

4. We have all been replenished by your hospitality

_____

5. The bone in his leg broke

_____

6. He died of a heart attack

_____

7. You will forget about Mere soon

_____

8. They (2) caught the bird

_____

9. I got caught

_____

Rāpare – Thursday

Just like the negative form of a passive sentence structure, the negative form of a stative-verb sentence requires you to know which negative word to use for each of these action-phrase tense markers **kei te**, **e . . . ana**, **i**, **kua** and **ka**.

Tense marker	Negative word
Kei te . . .	Kāore . . . i te
E . . . ana	Kāore . . . e . . . ana
I	Kāore . . . i . . .
Kua	Kāore anō . . . kia . . .
Ka	Kāore . . . e . . .

To negate a stative-verb sentence, follow these steps:

Kei te

Step 1: Adjust the sentence from its original form . . .

Kei te mate te manu i te ngeru

. . . to this (you are placing in the negative word):

Kāore kei te mate te manu i te ngeru

Step 2: Place the object on the receiving end of the action, after the negative word:

Kāore te manu kei te mate i te ngeru

Step 3: Finally, change the **kei te** to **i te:**

Kāore te manu i te mate i te ngeru

E . . . ana

Step 1: Adjust the sentence from its original form . . .

E mate ana te manu i te ngeru

. . . to this (you are placing in the negative word):

Kāore e mate ana te manu i te ngeru

Step 2: Place the object on the receiving end of the action, after the negative word:

Kāore te manu e mate ana i te ngeru

Step 1: Adjust the sentence from its original form . . .

I mate te manu i te ngeru

. . . to this (you are placing in the negative word):

Kāore i mate te manu i te ngeru

Step 2: Place the object on the receiving end of the action, after the negative word:

Kāore te manu i mate i te ngeru

Kua

Step 1: Adjust the sentence from its passive form . . .

Kua mate te manu i te ngeru

. . . to this (you are placing in the negative word):

Kāore anō kua mate te manu i te ngeru

Step 2: Place the object on the receiving end of the action, after the negative word:

Kāore anō te manu kua mate i te ngeru

Step 3: Finally, change the **kua** to **kia**:

Kāore anō te manu kia mate i te ngeru

Ka

Step 1: Adjust the sentence from its passive form . . .

Ka mate te manu i te ngeru

. . . to this (you are placing in the negative word):

Kāore ka mate te manu i te ngeru

Step 2: Place the object on the receiving end of the action, after the negative word:

Kāore te manu ka mate i te ngeru

Step 3: Finally, change the **ka** to **e**:

Kāore te manu e mate i te ngeru

 30-minute challenge

1. Whakakāhoretia ēnei rerenga.
1. *Negate the following sentences.*
  1. Kua pakaru i ngā tamariki te ipu
     Kāore anō te ipu kia pakaru i ngā tamariki
  2. Kua oti i ngā mātua ngā kōrero te tuhi

3. Ka ngaro i a Mere tana pōtae

_____

4. Ka mate rāua i a Hēmi rāua ko Hēnare

_____

5. I ora mātou i tāu manaakitanga

_____

6. Kua pau i ngā tamariki te kai

_____

7. I mākona taku puku i te maha o ngā keke tiakarete

_____

8. E oti ana i taua whare ngā manuhiri te whakaruruhau

_____

9. Kei te mānu i te iwi tā rātou kaupapa

_____

10. Kei te riro tōku mana i a koe

_____

Rāmere – Friday

🕐 **30-minute challenge**

1. **Akohia ēnei kīwaha e rua.**
1. _Learn these two colloquialisms._

Kāore e kore	_Without a doubt_
Hei aha atu māku!	_Why should I care!_

2. **Whakamāoritia tā Māka rāua ko Mere kōrero.**
2. _Translate the sample dialogue between Māka and Mere._
   Kei te tākaro a Mere rāua ko Māka.

_____

Māka: E kore au e mau i a koe, e kore au e mau i a koe!

_____

Mere: Kāore au i te hiahia ki te tauwhaiwhai i a koe, Māka. Kei te haere au ki te tīemiemi, piki ake, heke iho, piki ake, heke iho.

_____

Māka: Tatari mai ki a au, Mere.

_____

Mere: Kei te tārere tonu koe, heke iho! Kia tere!

_____

Māka: Kia oti i a au tēnei mahi, ka hono ki a koe ki runga i te tīemiemi.

Mere: Hōhā noa iho koe. Me haere au ki te hoko kai.

Māka: He kai kei roto i tā tāua pēke. Nā Māmā i mahi.

Mere: I pau tērā kai i a au inakuanei.

Māka: Poaka!

Mere: Hei aha tāu!

Weekend Word List

Pīrangi	Want
Hongehongeā	Boring
Kaingākau	Passion / Like
Take	Reason / Cause / Origin
Whiu	Throw
Rawemākoi	Naughty
Tao	Cook
Whawhai	Fight
Tautoko	Support
Mihi	Acknowledge / Thank / Greet
Pirimia	Prime minister
Nāhinara	National
Reipa	Labour
Pōti	Vote
Haututū	Mischievous
Hē manawa	Heart Attack
Mate huka	Diabetes
Whakahiamo	Sexy

WEEK TWENTY-SIX
Asking and answering 'why' and 'why not' questions

Whakataukī o te wiki
Proverb of the week
Ko tāu rourou, ko tāku rourou, ka ora te manuhiri
With your contribution of food and mine the visitors will be sustained

He Tauira Kōrero:
Kei te kura a Mere rāua ko Māka.
Māka: I haere koe ki te pāngarau?
Mere: Kāore.
Māka: He aha i kore ai?
Mere: Nā te mea, kāore au i pīrangi. He aha koe i pātai mai ai?
Māka: He pīrangi nōku ki te mōhio i hea koe.
Mere: I haere koe?
Māka: Āe.
Mere: He aha ai? Ehara koe i te tangata pāngarau.
Māka: Nā te mea e hiahia ana au ki te ako i ngā kōrero mō te mahi taurangi (algebra).
Mere: Mahi taurangi?! He aha koe i pīrangi ai ki te ako i tērā take hongehongeā?
Māka: Kei te kaingākau au ki taua take.
Mere: He aha ai?
Māka: He rawe! Koinā!

The key to asking a *why* question is getting the **ai** in the correct position. Look carefully at these examples:

He aha ai?	*Why?*
He aha koe i tangi ai?	*Why did you cry?*
He aha koe i haere ai?	*Why did you go?*
He aha ngā tamariki i kai ai i ngā āporo?	*Why did the children eat the apples?*
He aha rātou i haere ai ki Rotorua?	*Why did they go to Rotorua?*
He aha ia i karanga atu ai ki te kaiako?	*Why did he / she call out to the teacher?*

As you can see, the **ai** is placed after the verb or action word.

HARATAU – PRACTICE

Rāhina – Monday

 30-minute challenge

1. Tirohia te whakaahua, ka whakaoti ai i te rerenga.

1. Look at the picture and complete the sentence.

1. He _____ te kurī _____
   kai _____ i te wheua?

2. He _____ te ngeru _____
   moe _____?

3. He aha _____ _____
   i _____ ai?

4. He aha _____ _____
   i _____ ai?

5. _____ aha _____
   _____ i _____ ai?

2. Whakamāoritia ēnei rerenga kōrero.

2. Translate the following sentences into Māori.

1. Why did Rereata throw the first snapper back in the ocean?
   He aha a Rereata i whiu ai i te tāmure tuatahi ki te moana?

2. Why did you tell him?

_____

3. Why did they (8) leave?

_____

4. Why did the tree die?

_____

5. Why did Mere hit Hēmi?

_____

6. Why did I go to the hui?

_____

7. Why did he want to eat Chinese?

_____

8. Why did you call him?

_____

9. Why were you naughty (rawemākoi)?

_____

10. Why did the chicken cross the road?

_____

Rātū – Tuesday

Yesterday we learnt how to ask a *why* question, using the sentence pattern **he aha . . . i . . . ai**? Today we are going to learn how to ask *why not*. If we place the word **kore** in between the **i** and the **ai**, we create a *why not* question. Right, example time:

He aha i kore ai?	*Why not?*
He aha koe i kore ai e tangi?	*Why didn't you cry?*
He aha koe i kore ai e haere?	*Why didn't you go?*
He aha ngā tamariki i kore ai e kai i ngā āporo?	*Why didn't the children eat the apples?*
He aha rātou i kore ai e haere ki Rotorua?	*Why didn't they go to Rotorua?*
He aha ia i kore ai e karanga atu ki te kaiako?	*Why didn't he / she call out to the teacher?*

Notice that the verb shifts out from between the **i** and the **ai** to after the **ai** and is preceded by an **e**.

30-minute challenge

1. Waihangatia kia tekau ngā rerenga kōrero i te tūtohi nei.

1. Construct 10 sentences from the table below.

He aha	koe	i kore ai	e	āwhina?
	tō pāpā			tautoko?
	au			kai?
	te kurī			mihi
	ngā mokopuna			tiaki i te pēpi?
	rāua			tangi
	te iwi			whawhai
	te Pirimia			tao i te kai?
	ngā koroua			kōrero ki a ia?

1. _____
2. _____
3. _____
4. _____
5. _____
6. _____
7. _____
8. _____
9. _____
10. _____

2. Whakamāoritia ēnei rerenga kōrero.

2. Translate the following sentences into Māori.

1. Why didn't you go?

    He aha koe i kore ai e haere?

2. Why didn't they (2) ask me?

    _____

3. Why didn't you think about him?

    _____

4. Why didn't he steal her cellphone?

    _____

5. Why didn't you call me?

    _____

6. Why didn't you look after them (3)?

    _____

7. Why didn't the tribe welcome those visitors?

_____

8. Why didn't the children do their homework?

_____

9. Why didn't the oven work?

_____

10. Why didn't I read the email?

_____

Rāapa – Wednesday

One of the most common ways to answer a *why* question is to use the phrase **nā te mea** or *because*, like this:

Nā te mea i tino hiainu rāua	*Because they were extremely thirsty*
Nā te mea e rata ana au	*Because I like it*
Nā te mea i te mokemoke au	*Because I was lonely*
Nā te mea ka kata au	*Because I will laugh*
Nā te mea kua kōrero kē au	*Because I have already spoken*

A more advanced way to answer a *why* question is to use the phrase **he . . . nō**, like this:

He tino hiainu nō rāua	*Because they were extremely thirsty*
He rata nōku	*Because I like it*
He mokemoke nōku	*Because I was lonely*

This phrase will only work on occasions when your answer is in the definite past tense. The last two examples above, **nā te mea ka kata au** and **nā te mea kua kōrero kē au**, have future and continuous past tense connotations, so the **nā te mea** phrase works better. Test yourself on **he . . . nōku**, but master the **nā te mea** phrase first!

 30-minute challenge

1. Whakaarohia he whakautu auaha ki ēnei pātai, tīmata ki te *nā te mea*.

1. *Think of some creative answers to these questions using* nā te mea.

   1. He aha koe i tae tōmuri ai ki te ngahau?

   _____

   2. He aha koe i haere ai ki te moutere o Waiheke?

   _____

   3. He aha koe i tono ai i tērā tūranga mahi?

   _____

4. He aha koe i riri ai ki a Mere?

_____

5. He aha te whānau i haere ai ki te marae?

_____

6. He aha kōrua ko tō hoa i huna ai i roto i te uru?

_____

7. He aha koutou i mātakitaki ai i tērā kiriata?

_____

8. He aha koe i pōti ai ki a Reipa?

_____

9. He aha koe i pōti ai ki a Nāhinara?

_____

10. He aha ia i wehe atu ai i te ngahau ki te kāinga?

_____

2. **Whakamāoritia / Whakapākehātia rānei ēnei rerenga kōrero.**
2. _Translate these sentences into Māori or English._

1. Nā te mea he kōtiro haututū ia
   Because she is a mischievous girl

2. Because I was tired
   Nā te mea i ngenge au

3. Because we (us 2 but not you) are scared

   _____

4. Nā te mea i tīmata ngā tama ki te tākaro

   _____

5. Nā te mea kei te mātakitaki au i _Te Karere_

   _____

6. Because he died of a heart attack

   _____

7. Because you will forget about Mere soon

   _____

8. Nā te mea i mau i a rāua te manu

   _____

9. Nā te mea i totohu te waka

   _____

10. Nā te mea he pai koe ki te waiata

   _____

Rāpare – Thursday

Another way of responding to a *why* or *why not* question is to use the phrase **kia . . . ai**. This phrase means *so that* or *in order to*. The verb sits in between the **kia** and the **ai**, like this:

Kia kite ai au i taku hoa	*So I could see my friend*
Kia rongo ai au i tana waiata	*So I could hear her song*
Kia pakari ai taku tinana	*So that my body would be strong*
Kia mōhio ai rātou me aha	*So they would know what to do*
Kia hinga ai rātou i a mātou	*So they would get beaten by us*
Kia piki ai tāua ki te kōtihi o te maunga	*So we could climb to the summit*

Once again we can place the negative word **kore** in between the **kia . . . ai** to say, *so that I could not* or *in order not to*. The verb again shifts to its position after the **ai** and the agent of the action, and is preceded by an **e**:

Kia kore ai au e kite i taku hoa	*So I could not see my friend*
Kia kore ai au e rongo i tana waiata	*So I could not hear her song*
Kia kore ai e pakari taku tinana	*So that my body would not be strong*
Kia kore ai rātou e mōhio me aha	*So they wouldn't know what to do*
Kia kore ai rātou e hinga i a mātou	*So they wouldn't get beaten by us*

 30-minute challenge

1. **Whakaarohia he whakautu auaha ki ēnei pātai, tīmata ki te kia . . . ai.**

1. *Think of some creative answers to these questions, using* kia . . . ai.

 1. He aha koe i haere ai ki te whare o tō whaiāipo?
 Kia rongo ai au i te reka o tōna whakahiamo

 2. He aha koe i karo ai i te hui?
 _____

 3. He aha koe i oma atu ai i tērā rōpū kōtiro?
 _____

 4. He aha koe i āwhina ai i a Mere?
 _____

 5. He aha te whānau i whakaweto ai i ngā rama o te whare?
 _____

6. He aha rātou i karakia ai?

_____

7. He aha koe i pīrangi ai ki te nama waea a Mere?

_____

8. He aha koe i hoko inu ai māna?

_____

9. He aha a Anahera i kihi ai i a koe?

_____

10. He aha ia i haere ai ki te whenua o Pāniora, hararei ai?

_____

2. Whakamāoritia / Whakapākehātia rānei ēnei rerenga kōrero, kia . . . ai.

2. Translate these kia . . . ai sentences into Māori or English.

1. Kia kore ai e mahue i a au te whutupōro
   So that I wouldn't miss the rugby

2. So that I could ask her to marry me
   Kia pātai atu ai au ki a ia kia mārena i a au

3. So that we (she and I) wouldn't get scared

_____

4. Kia mutu ai tā rāua whawhai

_____

5. Kia ako ai au i ngā kōrero o neherā

_____

6. So that he wouldn't die of diabetes

_____

7. So that I could see my sister (said by a male)

_____

8. Kia kohete ai au i taku teina (said by a female)

_____

9. Kia kore ai e tāhaengia e koe taku motopaika

_____

10. So that my cake wouldn't be eaten by the kids

_____

Rāmere – Friday

 30-minute challenge

1. Akohia ēnei kīwaha e rua.
1. *Learn these two colloquialisms.*

Kāti i konei!	*This ends here!*
Pakaru mai te haunga!	*How terribly offensive!*

2. Whakamāoritia tā Māka rāua ko Mere kōrero.
2. *Translate the sample dialogue between Māka and Mere.*

Kei te kura a Mere rāua ko Māka.

Māka: I haere koe ki te pāngarau?

Mere: Kāore.

Māka: He aha i kore ai?

Mere: Nā te mea kāore au i pīrangi. He aha koe i pātai mai ai?

Māka: He pīrangi nōku ki te mōhio i hea koe.

Mere: I haere koe?

Māka: Āe.

Mere: He aha ai? Ehara koe i te tangata pāngarau.

Māka: Nā te mea, e hiahia ana au ki te ako i ngā kōrero mō te mahi taurangi (algebra).

Mere: Mahi taurangi?! He aha koe i pīrangi ai ki te ako i tērā take hongehongeā?

Māka: Kei te kaingākau au ki taua take.

Mere: He aha ai?

Māka: He rawe! Koinā!

He Pangakupu

Complete the crossword below

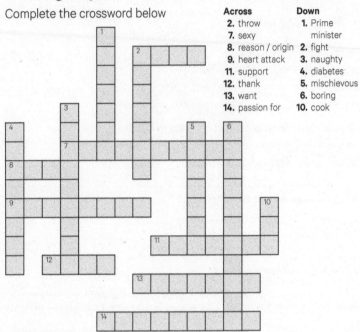

Across
- **2.** throw
- **7.** sexy
- **8.** reason / origin
- **9.** heart attack
- **11.** support
- **12.** thank
- **13.** want
- **14.** passion for

Down
- **1.** Prime minister
- **2.** fight
- **3.** naughty
- **4.** diabetes
- **5.** mischievous
- **6.** boring
- **10.** cook

Weekend Word List

Moutere	Island
Unu	Take off
Ngoikore	Weak / Listless
Tinana	Body
Wāwāhi	Break
Pōkai tueke	Pack bags
Poitarawhiti	Netball
Makitānara	McDonald's
Ruaki	Vomit
Tuki	Crash
Pūrere	Scatter
Hāparangi	Shout
Whakapehapeha	Show off
Ngāueue	Shake
Tapairu	Princess
Poroka	Frog

WEEK TWENTY-SEVEN
Using 'ka' to tell a story

Whakataukī o te wiki
Proverb of the week
He iti hau marangai e tū te pokahoka
Just like a rainbow after the storm, success follows failure

He Tauira Kōrero:
Kei raro a Mere rāua ko Māka i te rākau.
Māka: Kōrerotia mai anō tāu kōrero paki mō Hinemoa rāua ko Tūtānekai.
Mere: I ngā wā o mua, ka noho a Tūtānekai ki te moutere o Mokoia. I tētahi rā, ka haere ia ki te hui a te iwi o Hinemoa.
Ka kite ia i a Hinemoa, ka hinga i te aroha nui ki a ia.
Ka kī ia ki a Hinemoa, 'Ā te pō nei, me haere mai koe ki te moutere. Whāia te tangi a taku pūtōrino.'
Ka taka te pō, ka heke a Hinemoa ki te taha o te moana, engari kua tōia e tana pāpā ngā waka katoa ki uta! Ka unu a Hinemoa i ōna kākahu, ka tīmata ki te tāhoe ki te moutere. Ka ngenge, ka ngoikore, engari ka tāhoe tonu.
Nāwai rā, ka tae ki te moutere. Ka uru ia ki te waiariki kia mahana ai tōna tinana. Ka heke mai te taurekareka a Tūtānekai ki te tiki wai, ka wāhia e Hinemoa tana tahā. Ka heke mai a Tūtānekai, 'Nā wai i wāwāhi taku tahā?!' Ka puta mai a Hinemoa, ka harikoa a Tūtānekai, ka awhi rāua, ka hono mō ake tonu atu.
Māka: Ka rawe e Mere!

Telling a story or even recalling events from the previous night can be quite easy once you learn how to do it! Having read the opening dialogue between Māka and Mere, you would have identified that Māka asks Mere to retell the story of Hinemoa and Tūtānekai. You may have also noticed that in just about all her narrative sentences, Mere uses **ka** to introduce the next action. **Ka** is the key to telling a story! Its primary function is to introduce an action or a verb; it does not indicate a tense. The tense is usually set by other means or by the context in which the **ka** has been used. In the dialogue above, Mere sets the tense by using **i ngā wā o mua** or *in bygone days*. She can then proceed to introduce the actions contained in her narrative, under the context of **i ngā wā o mua**, by using **ka**. Here are some other examples:
I tērā wiki, ka wehe te whānau i Rotorua ki Tāmaki
Last week, the family left Rotorua for Auckland

Inanahi, ka haere a Mere ki te whare o tōna hoa
Yesterday, Mere went to her friend's house
Āpōpō, ka karanga te iwi i te manuhiri
Tomorrow the tribe will call the visitors

Other key phrases to use when telling a story are:

Nā wai rā	*Eventually*
Ao ake te ata	*The next day*
I tētahi rā	*One day*
Kāore i roa	*It wasn't long*
Mea rawa ake	*Next minute*
Kātahi ka	*And then*
Ā	*And*

HARATAU – PRACTICE
Rāhina – Monday

 30-minute challenge

1. **Whakaraupapahia ēnei rerenga kōrero kia tika ai te takoto o te kōrero paki.**

1. Put the following sentences in order so that the story makes sense.

Ka kuhu au i ōku kākahu mō te rā

Ka parakuihi

Ka karakia i taku kai

Ka āka au i aku niho

Ka oho au

Ka pōkai au i taku pēke kura

Ka whakapai au i taku moenga

Ka oma au ki te kura

I ngā ata o te wiki

Ka horoi au i taku kanohi

1. _____

2. _____

3. _____

4. _____

5. _____

6. _____

7. _____

8. _____
9. _____
10. _____

2. Whakapākehātia ēnei rerenga kōrero paki.

2. Translate these narrative sentences into English.

1. Tino pai tō mātou pō inapō e hoa!
   We had an awesome night last night, mate!

2. Tuatahi ka haere mātou ki te wharekai Thai ki te kai

   _____

3. Kātahi ka haere ki te pāparakāuta

   _____

4. Ka pau ngā inu e toru i a mātou

   _____

5. Kātahi ka haere ki te whare o Hēmi ki te mātakitaki i te poitarawhiti

   _____

6. Kāore i roa ka wehe atu mātou ki te tāone

   _____

7. Ka haere ki Boogie Wonderland

   _____

8. Tokomaha ngā tāngata i reira e kanikani ana

   _____

9. I te toru karaka i te ata, ka haere mātou ki Makitānara, ā, ka ruaki a Te Arahi

   _____

10. Kātahi mātou ka hoki mai ki te kāinga

    _____

Rātū – Tuesday

Another sentence pattern to learn and use during narrative storytelling, is the **i** combined with **e . . . ana**. This sentence pattern says that while something was happening, this occurred. The occurring action is introduced by our old friend **ka**:

I ā rātou e tākaro ana ka tīmata te ua
While they were playing, it began to rain

I a rātou e haere ana ki Rotorua, ka tuki ngā waka
While they were travelling to Rotorua, there was an accident

I a au e kai ana, ka tae mai a Mere
While I was eating, Mere arrived

I te ngeru e oma ana, ka pūrere ngā manu
While the cat was running, the birds scattered
I te whānau e eke pahikara ana, ka wera tō rātou whare i te ahi
While the family was out biking, their house burnt down

 30-minute challenge

1. Waihangatia kia tekau ngā rerenga kōrero i te tūtohi nei.
1. *Construct 10 sentences from the table below.*

I	a koe	e	tākaro	ana
	tō pāpā		kai	
	a au		moe	
	te kurī		haere	
	ngā tauira		oma	
	a tāua		kōrero	
	te iwi		ako	
	te rangatira		mahi	
	ngā kuia		tiaki manuhiri	
ka	tae mai		a Mere	
	hāparangi		te kōtiro	
	mate		te pēpi	
	riri		te kurī	
	kōrero		tōna pāpā	
	ngau		ngā tamariki	
	pakaru		te ope	
	mataku		ngā kuia	
	kata		ngā kaiako	

1. _____
2. _____
3. _____
4. _____
5. _____
6. _____
7. _____
8. _____
9. _____
10. _____

Rāapa – Wednesday

 30-minute challenge

1. Pānuitia te kōrero paki nei, ka whakautu ai i ngā pātai.
1. Read the story and answer the questions.

Te Tapairu, Te Toa me te Poroka

Kei te taha o te hōpua wai te tapairu e noho ana. I a ia e noho ana, ka moemoeā ia i tētahi tāne ranginamu māna. Nāwai rā, ka tarapeke mai tētahi poroka. 'He aha tō pōuri?' te pātai a te poroka. 'Kāore aku whaiāipo,' te whakautu a te tapairu.

I a ia e kōrero ana ki te poroka, ka ngāueue te whenua, ka tae mai he tāne ranginamu mā runga hōiho mā. He toa nō te iwi o Ngāti Kutekute. 'He aha tō tangi, e hine?' te pātai a te toa. 'Kāore aku whaiāipo,' te whakautu a te tapairu. 'Ko au hei whaiāipo māu,' te whakahau a te toa. 'Kāo, kāo!' te kī a te poroka. 'Ki te moe koe i tēnā tāne, ka pōuri koe! He pai ake au, tēnei poroka iti, i a ia!' 'Engari mō tēnā!' te haruru a te toa. 'Ki te whawhai tāua, ka patu au i a koe!'

I a ia e whakapehapeha ana, ka huri te poroka ki te tapairu, 'E te tapairu, ki te kihi koe i a au, ka huri au hei tāne ranginamu. Ki te kore koe e kihi i a au, ka poroka tonu au. Nā tētahi ruānuku au i poroka ai. He tāne ranginamu kē au, te tāne i ō moemoeā, engari ko te kupu whakamutunga a te ruānuku, mā te kihi a te tapairu anake, ka pūrere au i tana mākutu.'

Ka noho te tapairu ki te whakaaro. I a ia e whakaaro ana, ka whakapehapeha tonu te toa, 'Ko au te kīngi o te ao, te toa o ngā toa, te ranginamu o ngā ranginamu!' Kāore te tapairu i rata ki āna rangiwhata, ka kati i ōna karu, ka kihi i te poroka.

I ōna karu e kati ana, ka papā te whatitiri, ka hikohiko te uira. Ka huaki ia i ōna karu, ana, kei mua i a ia te tāne nō ōna moemoeā. Ka whakamātau te toa ki te patu i te tāne hōu nei, engari he kaha ake te tāne hōu i a ia, ka hinga te toa. Ka moe te tapairu me te tāne i poroka, ka uruhau rāua mō ake tonu atu.

1. Tīpakohia ngā rerenga kōrero *ki te . . . ka*. Tuhia, whakapākehātia.
   Identify all the ki te . . . ka *sentences. Write them down and translate them into English.*

   _____

   _____

   _____

   _____

2. Tīpakohia ngā rerenga kōrero *I . . . e . . . ana, ka*.
   Tuhia, whakapākehātia.
   Identify all the I . . . e . . . ana, ka sentences. Write them down and translate them into English:

   _____

   _____

   _____

   _____

3. Kei te taha o te aha te tapairu e noho ana?

   _____

4. He aha ia i pōuri ai?

   _____

5. Ko wai te iwi o te toa?

   _____

6. I te tapairu e noho ana i te taha o te hōpua wai, ka tarapeke mai he aha?

   _____

7. Ki te kihia te poroka e te tapairu, ka huri ia hei aha?

   _____

8. Nā wai te poroka i huri hei poroka?

   _____

9. I ngā karu o te tapairu e kati ana, ka aha te rangi?

   _____

10. Mā te aha, ka puta te poroka i te mākutu a te ruānuku?

    _____

Rāpare – Thursday

Another handy usage of **ka** is to send a warning. Sometimes this warning works in combination with our commands that begin with **kia**:

Kia tūpato! Ka taka koe I konā!	*Be careful! You will fall down from there!*
Kia hakune! Ka paheke koe!	*Be deliberate! You will slip over!*
Kia mataara! Ka tuki tō waka!	*Be alert! You will crash your car!*
Kia tere! Ka mahue koe i te pahi!	*Be quick! You will miss the bus!*
Kia tau! Ka whakataupuatia koe!	*Settle down! You will be put in time out!*
Kia tika! Ka panaia koe ki waho!	*Behave! You will get thrown outside!*

Other times, the command is not required:

Ka mātao tō kai!	*Your food will get cold!*

| Ka mate koe! | *You will perish!* |
| Ka rīria koe e au! | *I will get angry with you!* |

The other way to deliver a warning is to use **kei** instead of the **ka**, but **kei** is a lighter form of warning as demonstrated in the following examples and translations:

Kia tūpato! Kei taka koe i konā!	*Be careful! You may fall down from there!*
Kia hakune! Kei paheke koe!	*Be deliberate! You may slip over!*
Kia mataara! Kei tuki tō waka!	*Be alert! You may crash your car!*

As with the **ka**, there are instances when the command is not required:

Kei mātao tō kai!	*Your food may get cold!*
Kei mate koe!	*You may perish!*
Kei rīria koe e au!	*I may get angry with you!*

 30-minute challenge

1. **Tuhia te whakatūpato mō ēnei horopaki.**
1. *Write the appropriate warning for these situations.*
   1. Boy swimming in the ocean with shark behind him
      Kia tūpato, kei kai te mako i a koe!
   2. Girl up the top of a high tree
      _____
   3. Boy playing with matches
      _____
   4. Woman driving car at 160km
      _____
   5. Man sticking knife in live toaster
      _____
   6. Children walking on wet floor
      _____
   7. Men going out to sea with no lifejackets
      _____
   8. Man getting smart to Mike Tyson
      _____
   9. Man sticking hand into the tiger's cage
      _____
   10. Man about to jump 20 cars on a bike
      _____

Rāmere – Friday

 30-minute challenge

1. Akohia ēnei kīwaha e rua.
1. Learn these two colloquialisms.

Te tū mai hoki o te ihu   *What a snob*
Kua mau tō iro?   *Have you learnt your lesson?*

2. Whakamāoritia tā Māka rāua ko Mere kōrero.
2. Translate the sample dialogue between Māka and Mere.
Kei raro i te rākau a Mere rāua ko Māka.

Māka: Kōrerotia mai anō tāu kōrero paki mō Hinemoa rāua ko Tūtānekai.

Mere: I ngā wā o mua, ka noho a Tūtānekai ki te moutere o Mokoia.

I tētahi rā, ka haere ia ki te hui a te iwi o Hinemoa.

Ka kite ia i a Hinemoa, ka hinga i te aroha nui ki a ia.

Ka kī ia ki a Hinemoa, 'Ā te pō nei, me haere mai koe ki te moutere. Whāia te tangi a taku pūtōrino.'

Ka taka te pō, ka heke a Hinemoa ki te taha o te moana, engari kua tōia e tana pāpā ngā waka katoa ki uta!

Ka unu a Hinemoa i ōna kākahu, ka tīmata ki te tāhoe ki te moutere.

Ka ngenge, ka ngoikore, engari ka tāhoe tonu. Nāwai rā, ka tae ki te moutere.

Ka uru ia ki te waiariki kia mahana ai tōna tinana. Ka heke mai te taurekareka a Tūtānekai ki te tiki wai, ka wāhia e Hinemoa tana tahā.

Ka heke mai a Tūtānekai, 'Nā wai i wāwāhi taku tahā?!'

Ka puta mai a Hinemoa, ka harikoa a Tūtānekai, ka awhi rāua, ka hono mō ake tonu atu.

Māka: Ka rawe e Mere!

He Pangakupu

Complete the crossword below

Across
2. weak
5. princess
10. show off
12. break
13. scatter
14. body

Down
1. netball
3. vomit
4. island
6. pack bags
7. shout
8. McDonald's
9. face
11. take off

Weekend Word List

Tote	Salt
Pepa	Pepper
Moeroa	Sleepyhead
Mārau	Fork
Māripi	Knife
Tōhi	Toast
Ninipa	Clumsy / Unskilled
Haunga	Smelly
Māia	Brave
Kihi	Kiss
Māngeongeo	Itchy

WEEK TWENTY-EIGHT
Summing up

Whakataukī o te wiki
Proverb of the week
Ahakoa he iti, he iti nā te aroha
Although it is small, it is given with affection

He Tauira Kōrero:
Kei te tēpu kai a Mere rāua ko Māka.
Māka: Hōmai te pata, e Mere.
Mere: Anei. Hōmai te tote māku.
Māka: Kei hea a Te Rina?
Mere: Kei te moe tonu.
Māka: Te moeroa hoki o te kōtiro rā!
Mere: Taihoa, kei te rongo au i tōna reo.
Māka: Kātahi anō ia ka oho.
Mere: Hōmai he mārau me te māripi hei tapahi māku i aku tōhi.
Māka: Kia tūpato kei tapahi koe i tō ringa!
Mere: Ehara au i te ninipa pēnā i a koe! Ouch!

Two words that are crucial in te reo Māori are **hōmai** or *give to me* and
hoatu or *give to someone else*.

Hōmai te pukapuka ki a au	*Give me the book*
Hoatu te pukapuka ki a ia	*Give the book to him / her*
Hōmai taku pōro	*Give me my ball*
Hoatu tēnā kai ki a rātou	*Give that food to them*

HARATAU – PRACTICE
Rāhina – Monday

🕐 30-minute challenge

1. **Me whakahua ā-waha i te kupu *hōmai* mō ia taputapu. Kia mutu
   tēnā, me mahi anō mō te kupu *hoatu.***
1. *Practise saying* hōmai *for each of these items. When you have
   completed that exercise, repeat using* hoatu.

1.	2.	3.

2. Ināianei me tuhi ō rerenga kōrero.
2. Now write down your sentences.

1. Hōmai te rau mamao
   Hoatu te rau mamao

2. _____
   _____

3. _____
   _____

Rātū – Tuesday

Another useful sentence pattern is **te . . . hoki** to accentuate the quality or character of something or someone. The **te . . . hoki** sits on either side of an adjective:

Te moeroa hoki o te tokorua rā!	*Wow, those two have overslept!*
Te kaha hoki ōna ki te kōrero!	*Wow, what a powerful speaker!*
Te haunga hoki o tō tinana!	*Wow, your body stinks!*

Note that **o** is always used after **hoki** because we are describing the characteristic of something or someone, therefore **a** will never be used.

A possessive can also be used instead of the **te**, in this way:

Tō kōrua moeroa hoki!	*Wow, you two have overslept!*
Tō kaha hoki ki te kōrero!	*Wow, what a powerful speaker you are!*
Tō tinana haunga hoki!	*Wow, your body stinks!*

🕐 30-minute challenge

1. Whakamāoritia ngā rerenga kōrero nei.
1. Translate these sentences into Māori.

1. Wow, Pita is fast!
   Te tere hoki o Pita!

2. Wow, you are industrious!
   Tō pukumahi hoki!

3. Wow, you are clever!
   _____

4. Wow, that kuia is cheeky!
   _____

5. Wow, that tree is tall!
   _____

6. Wow, that girl is beautiful!

_____

7. Wow, you two are tired!

_____

8. Wow, you (5) are brave!

_____

9. Wow, that team is hopeless!

_____

10. Wow, this food is divine!

_____

Rāapa – Wednesday

Kātahi anō . . . ka is used to say something has just happened:

Kātahi anō rātou ka tae mai	_They have just arrived_
Kātahi anō te iwi ka hui	_The tribe has just had a meeting_
Kātahi anō ia ka whakanuia	_He has just been acknowledged_
Kātahi anō te kapa ka hinga	_The team has just lost_
Kātahi anō a Mere ka waea mai	_Mere has just rung_

Kātahi anō . . . ka can also be used to say something has happened for the first time:

Kātahi anō rātou ka pērā	_It's their first time doing that_
Kātahi anō te whānau ka tae ki Rarotonga	_It's the family's first trip to Rarotonga_
Kātahi anō ia ka kai kōura	_It's his / her first time eating crayfish_
Kātahi anō te kapa ka tū atamira	_It's the team's first stage performance_
Kātahi anō a Mere ka tākaro whutupōro	_It's Mere's first time at rugby_

 30-minute challenge

1. **Whakapākehātia ngā rerenga kōrero nei.**
1. _Translate these sentences into English._
   1. Kātahi anō au ka kite i a ia
      I have just seen her / him
   2. Kātahi anō ngā tamariki ka tunu i tā tātou kai

      _____

   3. Kātahi anō te iwi ka toa

      _____

4. Kātahi anō tā rātou tono tiriti ka whakatauria e te Kāwanatanga

_____

5. Kātahi anō au ka kihia e Mere

_____

6. Kātahi anō tērā nanakia ka patua e au

_____

7. Kātahi anō ngā kōtiro ka tae atu ki te papa poitarawhiti

_____

8. Kātahi anō te karakia o te pō ka mutu

_____

9. Kātahi anō ngā kurī ka whāngaihia

_____

10. Kātahi anō ngā tamariki ka moe

_____

Rāpare – Thursday

🕐 **30-minute challenge**

1. Pānuitia te kōrero, ka whakautu ai i ngā pātai.
1. Read the following dialogue and answer the questions.

Ko Taupiri te maunga
Ko Waikato te awa
Ko Tainui te waka
Ko Waikato te iwi

Ko Takutai tōku ingoa. Ahakoa nō Kirikiriroa au, kei Tāmaki Makaurau au e noho ana. Kei Ōwairaka tōku kāinga. Ko Te Tapu tōku pāpā, ko Mere tōku māmā. Tokorua ōku tuākana, ko Hare, rua tekau mā waru ngā tau, rāua ko Te Ārahi, rua tekau mā whā ngā tau. Kotahi te tuahine, ko Mereana, tekau mā toru ngā tau. Ko Nīkao taku wahine, he ātaahua, he atamai. He kaiako ia i te kura o Ōwairaka. Ko tāku mahi he hanga whare. Tokorua ā māua tamariki, ko Tūtere, e ono ngā tau, rāua ko Terehia, e whā ngā tau. E haere ana rāua ki Te Kura Kaupapa Māori o Hoani Waititi Marae. He tamariki kōrero Māori rāua. Tēnā koutou katoa.

1. Nō hea a Takutai?

_____

2. Ko wai tōna maunga?

_____

3. Ko wai a Mereana?

_____

4. Ko wai a Nīkao?

_____

5. He aha te mahi a Nīkao?

_____

6. E hia ngā tau o Tūtere?

_____

7. Kei te mōhio āna tamariki ki te kōrero Māori?

_____

8. Tokohia ngā tuākana o Takutai?

_____

9. E haere ana ngā tamariki ki tēhea kura?

_____

10. Tuhia te whakapapa o Takutai (Draw his family tree)

Rāmere – Friday

 30-minute challenge

1. Akohia ēnei kīwaha e rua.
1. *Learn these two colloquialisms.*

Nō hea te upoko mārō e aro   *He's too stubborn to understand*
Nā wai hoki tātou i a koe!   *Look what you've got us into!*

2. Whakamāoritia tā Māka rāua ko Mere kōrero.
2. *Translate the sample dialogue between Māka and Mere.*

Kei te tēpu kai a Mere rāua ko Māka.

Māka: Hōmai te pata, e Mere.

Mere: Anei. Hōmai te tote māku.

Māka: Kei hea a Te Rina?

Mere: Kei te moe tonu.

Māka: Te moeroa hoki o te kōtiro rā!

Mere: Taihoa, kei te rongo au i tōna reo.

Māka: Kātahi anō ia ka oho.

Mere: Hōmai he mārau me te māripi hei tapahi māku i aku tōhi.

Māka: Kia tūpato kei tapahi koe i tō ringa!

Mere: Ehara au i te ninipa pēnā i a koe! Ouch!

WEEK TWENTY-NINE
Revision

Whakataukī o te wiki
Proverb of the week
E ngaki ana a mua, e tōtō mai ana a muri
If the first group do the work properly, the following group can accomplish the task

HARATAU – PRACTICE
Rāhina – Monday

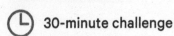 **30-minute challenge**

1. **Kei te hē te takoto o ngā kupu i roto i ngā rārangi nei. Māu e whakatika.**
1. *The following sentences are grammatically incorrect. Rewrite them in their correct forms.*

 1. Ka taea au ki te hopu i tēnā.

 _____

 2. Kāore au e taea ki te kōrero Māori.

 _____

 3. Kua oti au i aku mahi.

 _____

 4. Mā Hēmi e kawe i a ahau.

 _____

 5. Kei te patua a Hare i te kurī.

 _____

 6. Ko te kurī hoki tērā o Mere.

 _____

 7. He aha ai ka noho atu rātou ki Rotorua?

 _____

 8. Nāna i whāngaia ngā heihei.

 _____

 9. Ko ia kei te pupuri i ngā kete o Hera mā.

 _____

 10. Ā tērā wiki, i haere rātou ki te pupuhi poaka.

 _____

Rātū – Tuesday

 30-minute challenge

1. Whakakāhoretia ēnei rerenga kōrero.

1. Negate these sentences.

1. Kei te kai ngā tamariki i ngā hua rākau

   _____

2. I haere rātou ki Kirikiriroa inanahi

   _____

3. Kei raro te kurī i te whare

   _____

4. Kua patu koe i te kau

   _____

5. Ko Rotorua tērā tāone

   _____

6. Ko Mere te tamāhine a Rīhari rāua ko Tunoa

   _____

7. He āporo tēnā

   _____

8. Nōna te kākahu e iri mai nā

   _____

9. Nāku tēnā pukapuka

   _____

10. He aha koutou i haere ai ki tērā hui

    _____

Rāapa – Wednesday

 30-minute challenge

1. Kei te hē te takoto o ngā kupu i roto i ngā rārangi nei. Māu e whakatika.

1. The following sentences are grammatically incorrect. Rewrite them in their correct forms.

1. Ka auraki atu rātou ki tā rātou kāinga

   _____

2. Ka taea e rāua te reo te kōrero

   _____

3. Māna e hangaia te whare

_____

4. Kāore rātou i pakaru i te kūaha

_____

5. Mā Hēmi e hautū i te waka

_____

6. Mā koe e tuhi ngā kōrero

_____

7. Me waiatahia te waiata rā anō

_____

8. Tatari mōku i te marae

_____

9. Kāore koe e taea

_____

10. Tōku tēnei pukapuka

_____

Rāpare – Thursday

🕐 **30-minute challenge**

1. Whakaotia ēnei rerenga.

1. _Complete these sentences._

Me maka whutupōro tātou!	Let's all _____ the rugby ball around
Kei te peke a Roimata	Roimata is _____
Oma atu ki te tārere	_____ off to the swing
Kei te pakipaki a Roimata	Roimata is _____
He rawe koe ki te piu!	You're very _____ at skipping!
Me kanikani tātou!	Let's all _____!
Kei te kata a Hāmuera	Hāmuera is _____!
Me pānui pukapuka tātou?	Shall we read a _____?
He rawe koe ki te tuhituhi	You're really good at _____
Kei te hītoko a Roimata	Roimata is _____

2. Whakapākehātia.

2. Translate into English.

Kāore au i te hiakai _____

Kāore au i te mōhio _____

He kawa tēnei _____

Kaua e pukukino _____

He paru te papa _____

Rāmere – Friday

🕐 **30-minute challenge**

1. Tuhia te kupu Māori.

1. Write the Māori word.

work	_____	dirty	_____
clean up	_____	clean	_____
wash, clean	_____	wipe	_____
dishes	_____	clothes	_____
ground, floor	_____	above, on top	_____
below, underneath	_____	help	_____
toilet	_____	must, should	_____

2. E nanu ana ēnei rerenga, māu e whakaraupapa.

2. The sentences below are jumbled. Put them in order.

mahi me tātou tahi?   (Shall we all do it together?)

_____

moenga i tō me whakapai   (Better make your bed)

_____

i me horoi ō kākahu   (Your clothes need a wash)

_____

paru te he papa   (The floor is dirty)

_____

me runga horoi ki   (Better clean on top)

_____

ki raro horoi me   (Better clean below)

_____

māku āwhina koe e?   (Shall I help you?)

_____

me te horoi i heketua   (Better clean the toilet)

_____

WEEK THIRTY
Revision continued

Whakataukī o te wiki
Proverb of the week
Tangaroa kiriuka
Unflinching Tangaroa, symbolising a brave intrepid warrior

HARATAU – PRACTICE
Rāhina – Monday

 30-minute challenge

1. Honoa te kupu Māori ki tana whakamārama Pākehā.
1. *Match up the Māori word to the English translation.*

horoi	clothes
waka / motokā	dreams
wai	sit (also stay)
kākahu	bed
waiata	car
moemoeā	sleep
noho	food
moe	wash
moenga	sing/song
kai	water

2. Whakaotia ēnei rerenga.
2. *Complete the Māori phrases.*

1. I au tō _____?
   Did you have a good **sleep**?

2. I _____ ōu moemoeā?
   Did you have **nice/good** dreams?

3. Me whakapai i tō _____
   Better make your **bed**

4. Kei hea ō _____
   Where are your **clothes**?

5. He _____ māu?
   Would you like something to **eat**?

6. Kia _____ kai
   Eat **nicely/slowly**

7. He _____ mōu?
   Would you like a **drink of water**?

8. Me _____ ki te wai
   Wash with water

9. Me _____ i ōu _____
   Your **clothes** need a **wash**

10. Me haere ki te _____
    Off to the **car**

11. Āta _____ ki tō tūru
    Sit nicely in your seat

12. Me _____ tātou?
    Shall we **sing**?

13. He _____ tēnei waiata!
    Great song!

Rātū – Tuesday

🕐 **30-minute challenge**

1. Whakaotia ēnei rerenga.

1. Complete the Māori phrases.

1. _____ e umere
   Don't yell

2. Tīkina ngā _____
   Go get the **books**

3. _____ te mea tākaro
   Give the toy **here**

4. Me _____ koe
   You should **share**

5. He _____ tāu mahi!
   You've done a **great** job!

6. _____ e patu
   Don't hit

7. Kei runga noa _____ koe!
   Good on you!

8. _____ haere koe ki te taupua?

Should you take some time out?

9. _____ tēnā

Leave that **alone**

10. Kaua e _____

Don't **cry**

2. Honoa te rerenga Māori ki tana whakamārama Pākehā.

2. *Match the Māori sentence with its correct meaning.*

Kei te aha te raiona?   He's being fed meat

Kei te whāngaihia ki te aha?   What is he being fed?

Kei te kimi kai ia   What is the lion doing?

Kei te ngengere ia!   He's roaring!

Kei te whāngaihia ki te mīti   He's looking for food

Rāapa – Wednesday

🕐 **30-minute challenge**

1. Tuhia te momo huarere mō ēnei kupu.

1. *Draw the type of weather each word describes.*

Ua   Paki

Kapua   Hau

2. Honoa te rerenga huarere Māori ki tana whakamārama tika.

2. Connect the Māori weather phrase to its correct translation.

Kei te whiti te rā   It's extremely windy

Te āhua nei, ka paki   It looks like it's going to be fine

E pararā ana te hau   It's hot today

He rā pai tēnei mō te kaukau   The sun is shining

He wera tēnei rā   It's a great day for a swim

Rāpare – Thursday

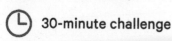 **30-minute challenge**

1. Whakamāoritia / Whakapākehātia. (He kupu mahi āhua te katoa.)

1. Translate into Māori or English. (They are all stative verbs.)

1. They (2) will get left behind by their sister.

   _____

   _____

2. I ngaro i a au aku pene. I taku taiwhanga moe i mua.

   _____

   _____

3. He died of a heart attack while on the toilet.

   _____

   _____

4. E tino māuiui ana tōna korokoro i te maremare, engari kāore ia i te whakaae ki te kai rongoā.

   _____

   _____

5. I have paid all my debts, now I am going to get sloshed!

   _____

   _____

6. I tū au ki runga i te uku i a au e puta mai ana i te uwhiuwhi, kātahi ka paheke, ka tuki tōku kanohi ki te kokonga o te heketua. Ka whara i a au tōku kauae me tōku ihu.

   _____

   _____

Rāmere – Friday

 30-minute challenge

1. **Whakamāoritia / Whakapākehātia. (He kupu mahi āhua te katoa.)**
1. *Translate into Māori or English. (They are all stative verbs.)*

  1. I got caught having an affair

  _____

  _____

  2. Kua oti kē i a au te pūtē te whakapiako, te ipu kapurangi te hari ki waho, me te tūru te tapi.

  _____

  _____

  3. I was in a fight, and then I was saved by a stranger. He told me his name but I have forgotten it.

  _____

  _____

  4. I have laid down the donation, and also the challenge, that they change their protocols.

  _____

  _____

  5. Kua riro i a rātou te mana whakahaere i tēnei hui, ā, kua mānu i a rātou he tikanga hou.

  _____

  _____

ANSWERS

WEEK ONE – Pronunciation

Rāhina – Monday

3. Ināianei, kimihia te tikanga o ēnei kupu Māori.
3. *Find the meanings of each of these common Māori words.*

Aotearoa = New Zealand
Aroha = Love / Compassion
Māori = Normal / Usual / Pure / Indigenous people of New Zealand
Mana = Power / Pride / Prestige
Haka = War dance
Koha = Gift
Karanga = Call
Marae = Enclosed space in front of meeting house
Moko = Traditional tattoo
Pākehā = Person of European descent
Pōwhiri = Welcome
Tangi = Lament / Cry / Funeral
Taonga = Treasure / Precious
Waiata = Song
Waka = Vessel / Vehicle
Whānau = Family
Whenua = Land / Placenta

Rātū – Tuesday

3. Ināianei, kimihia te tikanga o ēnei kupu Māori.
3. *Your final task is to find the meanings of each of these words.*

Maunga = Mountain
Ngaki = Clear weeds / Seek revenge
Ngaro = Lost / Missing
Ngata = Snail
Ngākau = Heart
Mātanga = Expert / Analyst
Ngārara = Insect
Tīrangi = Unsettled
Kānga = Corn
Whakarongo = Listen
Whare = House
Whai = Follow
Whatitiri = Thunder
Whana = Kick
Whāriki = Mat / Carpet
Whā = Four
Whāwhā = Feel
Whaea = Mother / Auntie
Whakahē = Disagree

Rāmere – Friday

2. Kimihia te whakamārama tika mō ngā whakataukī i ako ai koe inanahi.
2. *Your next task is to match the meanings of the proverbs you learnt yesterday.*

Hōhonu kakī, pāpaku uaua	Long on words, short on actions
Okea ururoatia	Never say die
Iti noa ana he pito mata	From the withered tree a flower blooms
E kore a muri e hokia	What's done is done
Kia mau ki te tokanga nui-a-noho	There is no place like home

WEEK TWO – Numbers

Rāhina – Monday

2. Tuhia te kupu Māori mō ia nama.
2. *Write the Māori word for each number.*

10	2	6	20
Tekau	Rua	Ono	Rua tekau
100	40	70	3
Kotahi rau	Whā tekau	Whitu tekau	Toru
1	8	5	50
Tahi	Waru	Rima	Rima tekau
1000	14	12	7
Kotahi mano	Tekau mā whā	Tekau mā rua	Whitu
0	9	11	18
Kore	Iwa	Tekau mā tahi	Tekau mā waru
60	4	13	15
Ono tekau	Whā	Tekau mā toru	Tekau mā rima

Rātū – Tuesday

1. Honoa te nama ki tōna whakamārama tika.
1. *Match the ordinal number to its correct meaning. (Remember – ordinal numbers used for ranking between one and nine require the prefix tua).*

tuawhitu	seventh
tuatahi	first
tuaono	sixth
tuatoru	third
tuaiwa	ninth
tuawhā	fourth
tuarua	second
tuawaru	eighth
tuarima	fifth

2. Tuhia te kupu Māori mō ia nama.
2. *Write the Māori word for each number.*

21	33	66	28
Rua tekau mā tahi	Toru tekau mā toru	Ono tekau mā ono	Rua tekau mā waru
99	43	76	39
Iwa tekau mā iwa	Whā tekau mā toru	Whitu tekau mā ono	Toru tekau mā iwa
31	58	55	52
Toru tekau mā tahi	Rima tekau mā waru	Rima tekau mā rima	Rima tekau mā rua
79	61	24	87
Whitu tekau mā iwa	Ono tekau mā tahi	Rua tekau mā whā	Waru tekau mā whitu
90	89	42	18
Iwa tekau	Waru tekau mā iwa	Whā tekau mā rua	Tekau mā waru
40	4	13	85
Whā tekau	Whā	Tekau mā toru	Waru tekau mā rima

Rāapa – Wednesday

1. Whakautua te pātai mō ia whakaahua.
1. *Answer the question about each picture.*

1. E whā ngā pene
2. E ono ngā pukapuka
3. Kotahi te rākau
4. E rua ngā waka

2. Whakamāoritia ēnei rerenga kōrero.
2. Translate these sentences into Māori.

1. E rua tekau mā whitu ngā pūngāwerewere
2. Kotahi te manu
3. E rua ngā maunga
4. E iwa tekau mā whā ngā rau
5. E ono ngā waka rererangi
6. Kotahi rau ngā wharekai
7. E toru ngā whare rongoā
8. Tekau ngā kura
9. E rima tekau mā rua ngā hū
10. E ono tekau mā whitu ngā tā whakaahua

Rāpare – Thursday

1. Whakautua te pātai mō ia whakaahua.
1. *Answer the question about each picture.*

1. Tokoono ngā tāne
2. Tokowaru ngā wāhine
3. Tokotoru ngā tamariki
4. Tekau mā toru ngā kōtiro
5. Kotahi te tama
6. Tekau mā tahi ngā koroua
7. Tokowaru ngā kuia
8. Kotahi te pēpi
9. Tokorua ngā māmā
10. Tokorima ngā kaitākaro

2. Whakamāoritia ēnei rerenga kōrero.
2. *Translate these sentences into Māori.*

1. Tokowhitu ngā tāne
2. Kotahi te pēpi
3. Tokorua ngā pāpā
4. E whitu tekau mā whā ngā kaitākaro
5. Tokoono ngā koroua
6. Kotahi rau ngā tāngata
7. Kotahi te tangata
8. Tokoiwa ngā kōtiro
9. E rima tekau mā whā ngā tama
10. Tokoono ngā kaiako

Rāmere – Friday

1. Whakautua te pātai mō ia whakaahua.
1. *Answer the question about each picture.*

1. Kia tekau mā ono ngā āporo māku
2. Kia whā ngā tōtiti māku
3. Kia waru ngā inu māku
4. Kia ono ngā hēki māku
5. Kia tekau mā iwa ngā pukapuka māku
6. Kia toru ngā huka māku
7. Kia kotahi te mārau māku
8. Kia kotahi te māripi māku
9. Kia rua ngā koko iti māku
10. Kia rua tekau mā rua ngā pōro māku

2. Whakamāoritia ēnei rerenga kōrero.
   Whakamahia te kupu *hōmai* ki te tīmatanga.
2. *Translate these sentences into Māori. Use the word* hōmai *or give (to me) at the start of each sentence.*

1. Hōmai kia toru ngā hēki māku
2. Hōmai kia toru tekau ngā inu māku
3. Hōmai kia rua ngā koko iti māku
4. Hōmai kia ono ngā maika māku
5. Hōmai kia iwa tekau mā iwa ngā pene māku
6. Hōmai kia rua ngā kawhe māku
7. Hōmai kia whitu ngā pōro whutupōro māku
8. Hōmai kia tekau mā rima ngā pūaho māku
9. Hōmai kia kotahi te mārau māku
10. Hōmai kia kotahi te māripi māku

WEEK THREE – Greeting and farewelling people / Asking where someone is going

Rātū – Tuesday

1. He tirohanga whakamuri. Kimihia te whakamārama tika mō ēnei rerenga kōrero i ako ai koe inanahi.
1. *OK, revision time! Your first task today is to match the the responses you learnt yesterday to the correct meaning.*

Kei te hiakai au
I'm hungry
Kei te hiainu au
I'm thirsty
Kei te tino ora au
I'm extremely well
Kei te pērā tonu au
I'm still the same
Kei te māuiui au
I'm unwell
Kei te ngenge au
I'm worn out / tired
Kei te pukumahi au
I'm very busy
Kei te pukuriri au
I'm annoyed
Kei te hōhā au
I'm over it / I've had enough
Kei te kaha tonu au
I'm still strong

4. Whakapākehātia ēnei rerenga kōrero.
4. *Translate the following sentences into English.*
Kei te ngenge ia = He / She is tired
Kei te pukumahi ia = He / She is busy
Kei te pukuriri ia = He/ She is annoyed
Kei te hōhā ia = He / She is over it
Kei te kaha tonu ia = He / She is still strong
Kei te hiakai ia = He / She is hungry
Kei te hiainu koe = You are thirsty
Kei te tino ora ia = He / She is very well
Kei te pērā tonu ia = He / She is still the same
Kei te māuiui koe = You are unwell

Rāapa – Wednesday

1. Tirohia te mahere o Aotearoa. Tīmata ki Te Hiku-o-Te-Ika, piki whakarunga me te kī ake nō tēnā wāhi, nō tēnā wāhi, nō tēnā wāhi koe. He tauira, 'Nō Whangārei au, Nō Tāmaki au', etc. Mēnā kei roto tonu te ingoa wāhi i te reo Pākehā, kimihia tōna ingoa Māori.
1. *Look at the map of New Zealand. Start at the top of the North Island and move down the map, saying you are from each area marked on the map. Like this, 'Nō Whangārei au, Nō Tāmaki au', etc. If the place name is in English, find its Māori name.*
1. Nō Whangārei au
2. Nō Tāmaki au
3. Nō Tauranga au
4. Nō Rotorua au
5. Nō Kirikiriroa au
6. Nō Ngāmotu au
7. Nō Te Papa-i-o-ea au
8. Nō Ahuriri au
9. Nō Heretaunga au
10. Nō Te Whanganui-a-Tara au
11. Nō Whakatū au
12. Nō Ōtautahi au

13. Nō Ōtepoti au
4. Whakapākehātia ēnei rerenga kōrero.
4. *Translate the following sentences into English.*
How are you, my friend?
Where are you from, old man?
I am very angry, my friend.
He / She has had enough, old lady
Are you busy, young man?
What is your name, young girl?

Rāpare – Thursday

3. Whakaotia ēnei rerenga kōrero ki te kupu Māori e tika ana. Tīpakohia tō kupu Māori i ngā kupu i te porohita.
3. *Complete the following sentences by finding the correct Māori word. Choose your Māori word from those in the circle.*
a. Kei te haere au ki te **whare kanikani**
e. Kei te haere au ki te **moenga**
h. Kei te haere au ki te **papa tākaro**
i. Kei te haere au ki te **wharepaku**
k. Kei te haere au ki te **kāinga**
m. Kei te haere au ki te **whare wānanga**
n. Kei te haere au ki te **ngahau**
o. Kei te haere au ki te **hui**
p. Kei te haere au ki te **toa**
r. Kei te haere au ki te **moana**

Rāmere – Friday

1. Whakamāoritia te tauira kōrero i waenganui i a Māka rāua ko Mere.
1. *Translate the sample dialogue between Māka and Mere.*
Mere: Hello.
Māka: Hello.
Mere: How are you?
Māka: I'm good. How are you?
Mere: I'm good. Where are you from?
Māka: I'm from Rotorua. Where are you from?
Mere: I'm from Auckland. What's your name?
Māka: Māka. What's your name?
Mere: Mere.
Māka: Where are you going to, Mere?
Mere: I am going to the shop.
Māka: It was a pleasure to meet you, Mere, see you again soon.
Mere: Yes, goodbye for now.

He Pangakupu

Across: 4. toa; 6. Mā te wā; 8. Ka kite anō; 10. Ōtautahi; 13. Kia ora; 15. hiakai; 17. hea.
Down: 1. pukumahi; 2. whare wānanga; 3. tūtaki; 5. Ōtepoti; 7. māuiui; 9. koe; 11. pēhea; 12. kare; 14. au; 16. ia.

WEEK FOUR - Action phrases

Rātū - Tuesday

1. Whakautua te pātai mō ia whakaahua.
1. *Answer the question about each picture.*
   1. Kei te hīkoi ia
   2. Kei te oma ia
   3. Kei te tangi te tamaiti
   4. Kei te haere te kōtiro ki te kura
   5. Kei te waiata ngā tamariki / Kei te kapa haka ngā tamariki

2. Kōwhiria ngā rerenga kōrero e tika ana hei whakaoti i te kōrero i waenganui i a Atawhai rāua ko Rāwinia.
2. *Choose the correct sentences to complete the dialogue between Atawhai and Rāwinia.*
   1. Atawhai: Kei te pēhea koe?
   2. Rāwinia: Kei te pai.
   3. Atawhai: Kei te aha tō māmā?
   4. Rāwinia: Kei te hoki ia ki te kāinga.
   5. Atawhai: Kei te haere au ki te tāone.
   1. Atawhai: Kei te aha tō pāpā?
   2. Rāwinia: Kei te hanga waka ia.
   3. Atawhai: Kei te aha koe?
   4. Rāwinia: Kei te pānui pukapuka au.
   5. Atawhai: Kei te mātakitaki pouaka whakaata au.

Rāapa - Wednesday

1. Whakapākehātia / Whakamāoritia rānei ēnei rerenga kōrero.
1. *Translate the following sentences into English or Māori.*
   1. Kei te waiata te manu
   2. The boy is crying
   3. Kei te moe te pēpi
   4. Kei te whakarongo au
   5. He / She is helping
   6. He / She is hungry
   7. Kei te moe a Miriama
   8. I am laughing
   9. Kei te kaukau te rakiraki
   10. It is raining
   11. The kids are swimming
   12. The kids are washing clothes
   13. Are you hiding?
   14. What are you doing?
   15. The sun is shining
   16. Kei te tākaro ngā kōtiro
   17. The boys are playing
   18. Kei te whawhai ngā ngeru
   19. What's he / she eating?
   20. Are you buying food?

Rāpare - Thursday

1. Whakakāhoretia ēnei rerenga kōrero.
1. *Negate the following sentences.*
   1. Kāore ia i te waiata
   2. Kāore ia i te tuhi kōrero
   3. Kāore a Mariana e whakairi kākahu ana
   4. Kāore au i te whakarongo
   5. Kāore te tama i te āwhina
   6. Kāore te whānau e hī ika ana
   7. Kāore a Miriama i te moe
   8. Kāore tō māmā i te kata
   9. Kāore te rakiraki e tāhoe ana
   10. Kāore au e peita ana i te whare
   11. Kāore ngā tamariki i te kaukau
   12. Kāore te whānau i te horoi kākahu
   13. Kāore au i te tunu kai
   14. Kāore a Hēni i te tangi
   15. Kāore te rā e whiti ana

2. Whakaotia ēnei rerenga kōrero ki te kupu Māori e tika ana. Tīpakohia tō kupu Māori i ngā kupu i te porohita.
2. *Complete the following sentences by finding the correct Māori word. Choose your Māori word from those in the circle.*
   1. Kāore au i te haere ki te **wharekai**
   2. Kāore au e **whakaheke ngaru** ana
   3. Kāore au i te **riri**
   4. Kāore au i te **pōuri**
   5. Kāore ia e **ako** ana
   6. Kāore ngā tama i te **kai**
   7. Kāore te whānau e haere ana ki te **hokomaha**
   8. Kāore koe i te **whakarongo**
   9. Kāore ngā kōtiro e **aronui** ana
   10. Kāore ngā kererū e **waiata** ana

Rāmere - Friday

1. Whakamāoritia ēnei rerenga kōrero.
1. *Translate these sentence into Māori.*
   1. Ka tae mai ia āpōpō
   2. Ka kōrero au
   3. Ka tū a Hēnare
   4. Ka whiti te rā āpōpō
   5. Ka waiata ngā manu
   6. Ka hoki mai ia āpōpō
   7. Ka riri au
   8. Ka kata ngā tamariki
   9. Ka menemene te kuia
   10. Ka hinga te rākau

2. Whakamāoritia te tauira kōrero i waenganui i a Māka rāua ko Mere.
2. *Translate the sample dialogue between Māka and Mere.*
   Mere: Māka, what are you doing today?
   Māka: I am going to the beach.
   Mere: What is Hēni doing?
   Māka: She is coming.
   Mere: Are you two going surfing?
   Māka: I am going surfing, but Hēni is not.
   Mere: Is she going to read?
   Māka: Yes. She loves doing that.
   Mere: She is awesome all right! I don't read books, too boring!

Māka: Ha! Ha! Your comments make me laugh!

Mere: I am going to Mere's house now, I will see you tomorrow, OK?

Māka: Yes, see you later.

He Pangakupu

Across: 3. āwhina; 4. mātakitaki; 6. tangi; 7. moe; 11. hokomaha; 12. kura. Down: 1. kapa haka; 2. whakaheke ngaru; 5. kāinga; 8. kata; 9. tākaro; 10. waka; 11. huna.

WEEK FIVE – Action phrases continued

Rāhina – Monday

1. Whakakāhoretia ēnei rerenga kōrero.
1. *Negate the following sentences.*
   1. Kāore ia e tae mai
   2. Kāore au e kōrero
   3. Kāore a Hēnare e tū
   4. Kāore te rā e whiti
   5. Kāore ngā manu e waiata
   6. Kāore ia e hoki mai
   7. Kāore au e riri
   8. Kāore ngā tamariki e kata
   9. Kāore te kuia e menemene
   10. Kāore koe e pai
2. Ināianei, me whakapākehā ngā rerenga kōrero whakakāhore.
2. *Now, translate into English the negative sentences you have just completed.*
   1. He / She will not arrive
   2. I will not speak
   3. Hēnare will not stand
   4. The sun will not shine
   5. The birds will not sing
   6. He / She will not return
   7. I will not get angry
   8. The children will not laugh
   9. The old lady will not smile
   10. You will not be OK

Rātū – Tuesday

1. Whakamāoritia ēnei rerenga kōrero.
1. *Translate the following sentences.*
   1. I hoko kai ia
   2. I noho te whānau
   3. I tū a Hēnare
   4. I ua
   5. I mate te manu
   6. I hoki mai ia
   7. I tangi au
   8. I tākaro ngā tamariki
   9. I hinga te koroua
   10. I toa koe
2. Kōwhiria ngā rerenga kōrero e tika ana hei whakaoti i te kōrero i waenganui i a Atawhai rāua ko Rāwinia.

2. *Choose the correct sentences to complete the dialogue between Atawhai and Rāwinia.*
   1. Atawhai: I haere koe ki hea?
   2. Rāwinia: I haere au ki te hī ika.
   3. Atawhai: I pēhea?
   4. Rāwinia: I pai.
   5. Atawhai: I kai koe i ngā ika?
   6. Rāwinia: Āe.

Rāapa – Wednesday

1. Honoa te rerenga kōrero Pākehā ki te rerenga kōrero Māori tika.
1. *Match the English sentence with the correct Māori sentence.*

Rewi did not fall over	Kāore a Rewi i hinga
The sun did not shine	Kāore te rā i whiti
You were not late	Kāore koe i tōmuri
The dog did not die	Kāore te kurī i mate
He did not play	Kāore ia i tākaro
Hēmi did not win	Kāore a Hēmi i toa

2. Whakakāhoretia ēnei rerenga kōrero.
2. *Negate the following sentences.*
   1. Kāore ia i hoko kai
   2. Kāore te whānau i noho
   3. Kāore ngā putiputi i mate
   4. Kāore te rākau i tipu
   5. Kāore te tama i tipu
   6. Kāore te whānau i hoki mai
   7. Kāore ia i ngana
   8. Kāore te hau i pupuhi
   9. Kāore te koroua i hinga
   10. Kāore koe i toa

Rāpare – Thursday

1. Tuhia he rerenga kōrero *kua* mō ia whakaahua.
1. *Write a* kua *sentence about each picture.*
   1. Kua moe te tāne
   2. Kua oma te tama
   3. Kua kai te kōtiro
   4. Kua tākaro ngā tamariki
   5. Kua kaukau te kurī
2. Whakamāoritia / Whakapākehātia ēnei rerenga kōrero.
2. *Translate the following sentences into Māori / English.*
   1. He has won
   2. Kua wehe te whānau
   3. The river has dried up
   4. Kua rere te manu
   5. The food has been burnt
   6. Kua horoi ngā tamariki
   7. The dog has jumped
   8. Kua kōrero a Mere
   9. He / She has gone missing
   10. Kua kai koe

Rāmere – Friday

1. Whakakāhoretia ēnei rerenga kōrero.
1. *Negate the following sentences.*
   1. Kāore anō ia kia toa
   2. Kāore anō te whānau kia wehe
   3. Kāore anō te awa kia maroke
   4. Kāore anō te ngeru kia whara
   5. Kāore anō te kai kia pakapaka
   6. Kāore anō ngā tamariki kia horoi
   7. Kāore anō te kurī kia peke
   8. Kāore anō te pōwhiri kia mutu?
   9. Kāore anō ia kia ngaro?
   10. Kāore anō koe kia kai?

2. Whakamāoritia te tauira kōrero i waenganui i a Māka rāua ko Mere.
2. *Translate the sample dialogue between Māka and Mere.*

   Mere: Māka, what are you doing?
   Māka: I am painting my house.
   Mere: You're too much all right! I will help you, OK?
   Māka: You're awesome, my friend!
   Mere: What about Hema, will he help you?
   Māka: No. He's not available. He is going to Wellington.
   Mere: I am jealous of him. That will be an awesome trip!
   Māka: Painting the house will be awesome too, my friend!
   Mere: Yeah, yeah, but no doubt we will get real tired.
   Māka: True! When we finish we will get a drink and rest.

He Pangakupu

Across: 2. hoko; 3. au; 6. pakapaka; 9. whakatā; 10. menemene; 11. haerenga. Down: 1. tae mai; 2. hinga; 4. ngana; 5. harawene; 7. mate; 8. tōmuri.

WEEK SIX – Action phrases / Using personal pronouns

Rāhina – Monday

1. Whakapākehātia ēnei rerenga kōrero.
1. *Translate these sentences into English.*
   1. He / She is cooking the food
   2. The family has left the house
   3. Are you cleaning your bedroom?
   4. The cat has killed the bird
   5. He / She is buying the snapper
   6. The children have washed the dishes
   7. The dog jumped the fence
   8. The tribe is welcoming the visitors
   9. Mere will write down the dialogue
   10. The girls are climbing the tree

2. Whakakāhoretia ēnei rerenga kōrero.
2. *Negate these sentences.*
   1. Kāore a Rīhari e mahi i taua mahi
   2. Kāore anō au kia oma i ngā ara oma maha

3. Kāore ia e heke ana ia i te maunga
4. Kāore te kurī i te patu i te tuatete
5. Kāore ia i hoko i ngā whare

Rātū – Tuesday

1. Whakaurua te tūpou tika.
1. *Insert the appropriate pronoun.*
   1. Kei te heke **tāua**
   2. Kei te kōrero **rāua**
   3. Kei te waiata **kōrua**
   4. Kei te moe **māua**
   5. Kei te haere **kōrua**
   6. Kei te kai **tāua**
   7. Kei te whakamau kākahu **rāua**
   8. Kei te tākaro **māua**

2. Whakapākehātia ngā rerenga kōrero o runga ake nei.
2. *Translate into English the sentences you have just completed.*
   1. We are going down
   2. They are talking
   3. You two are singing
   4. We are sleeping
   5. You two are going
   6. We are eating
   7. They are putting on clothes
   8. We are playing

Rāapa – Wednesday

1. Whakamāoritia ēnei rerenga kōrero. Whakaarohia hoki te kupu tika hei tīmata i tō rerenga.
1. *Translate the following sentences. Think about the correct tense marker to use to start your sentence.*
   1. Kei te tangi māua
   2. Kei te whakarongo tāua
   3. Ka kata rāua
   4. I huna kōrua?
   5. Kei te kai māua
   6. Kei te waruwaru rīwai rāua
   7. Kua patu rāua i te manu
   8. Ka toa tāua
   9. Kei te haere māua ki Ahuriri
   10. I tahitahi kōrua i te papa?

Rāpare – Thursday

1. Kōwhiria ngā rerenga kōrero e tika ana hei whakaoti i te kōrero i waenganui i a Atawhai rāua ko Rāwinia.
1. *Choose the correct sentences to complete the dialogue between Atawhai and Rāwinia.*
   1. Atawhai: Kua tae a Hēni ki tō whare?
   2. Rāwinia: Kāore anō ia kia tae mai.
   3. Atawhai: Kāore koe i waea atu ki a ia?
   4. Rāwinia: Kāore māua i te kōrero.
   5. Atawhai: Kei te tohe kōrua?
   6. Rāwinia: Āe mārika!

1. Atawhai: E aha ana ō mātua?
2. Rāwinia: Kei te moe rāua.
3. Atawhai: I ngahau rāua?
4. Rāwinia: I haurangi rāua.
5. Atawhai: Kei te haere koe ki te papa rēhia?
6. Rāwinia: Kei te haere māua ko Hēni.
7. Atawhai: Kei te hari koe i te kai?
8. Rāwinia: E hari ana au i te paramanawa.

Rāmere – Friday

1. Honoa te tūpou ki tōna whakamārama tika.
1. *Match the pronoun to its correct explanation.*

tāua	you and I
māua	she / he and I
kōrua	you two
tātou	all of us (3 or more)
rātou	them (3 or more)
rāua	those two
mātou	all of us (3 or more) but not you = the listener
koutou	all of you (3 or more) but not me = the speaker

2. Whakamāoritia te tauira kōrero i waenganui i a Māka rāua ko Mere.
2. *Translate the sample dialogue between Māka and Mere.*

Mere: Māka, where are you?
Māka: At my house.
Mere: What are you doing?
Māka: Hēni and I are watching TV!
Mere: Are you two hungry?
Māka: Yes indeed!
Mere: I'll buy some food.
Māka: Thank you! We bought some food, but it's run out!
Mere: Never mind! I am going to the shop.
Māka: You're awesome, my friend. We will be waiting for you!

He Pangakupu

Across: 4. whakapai; 6. wehe; 7. kiriata; 8. kei hea; 10. haurangi; 12. patu; 14. aua atu; 15. pau.
Down: 1. tahitahi; 2. paramanawa; 3. pōwhiri; 5. horoi; 9. tuatete; 11. maha; 13. tunu.

WEEK SEVEN – Possessive prepositions

Rātū – Tuesday

1. Whakamāoritia ngā rerenga kōrero nei.
1. *Translate the following sentences into Māori.*

1. He ngeru tāu
2. He hū ōku
3. He pēke tāna
4. He whare tōna
5. He kurī āku
6. He āporo tāku
7. He waka tōu?
8. He tīkiti āna?
9. He kai āu?
10. He roro tōku?

2. Kōwhiria te pūriro tika.
2. *Choose the correct possessive.*

1. He pūtea **āu**?
2. E hia **ōna** pōtae?
3. Kotahi **tāku** ngeru
4. He waka **ō rāua**?
5. E hia **āu** pukapuka?
6. E hia **ā koutou** kōura?
7. He kaiako pai **tōna**?
8. Tokohia **āku** tamariki?
9. Tokohia **ō koutou** rangatira?
10. He roro **tōu**?

Rāapa – Wednesday

1. Kōwhiria te pūriro tika.
1. *Choose the correct possessive.*

1. He whanaunga **ōu**?
2. Koia te tama **a** Mere rāua ko Māka
3. Ko **tā** rāua ngeru tērā
4. Ko ia te māmā **o** Pita
5. Ko **tōna** whare tērā?
6. He pahikara **tōku**
7. He whare ātaahua **tōna**
8. E rua **āku** inu?
9. Tokohia **āu** mokopuna?
10. E rua **ōku** waewae

2. Whakamāoritia ēnei rerenga kōrero.
2. *Translate the following sentences into Māori.*

1. He waka moana tō rāua
2. He whare tō tāua
3. He kai ā rātou
4. He pōro tā māua
5. He rautaki tā koutou?
6. E hia ā rātou ika?
7. He wahie ā tātou?
8. He tīkiti ā rāua?
9. He kai āu?
10. Kei te mātakitaki au i te pouaka whakaata a Mere

Rāpare – Thursday

1. Whakakāhoretia ēnei rerenga kōrero.
1. *Negate the following sentences.*

1. Kāore ō rāua waka moana
2. Kāore āna kurī
3. Kāore ā rāua pūtea
4. Kāore ōna waka
5. Kāore ā koutou rautaki
6. Kāore ā māua tāmure
7. Kāore āna wahie
8. Kāore āku kai
9. Kāore āku tīkiti
10. Kāore āku pouaka whakaata

2. Whakautua ēnei pātai ki te rerenga whakakāhore.
2. *Answer the following questions using the negative sentence structure.*

1. Kāore aku kurī
2. Kāore āu pūtea

3. Kāore ōku tōkena
4. Kāore ōku waka
5. Kāore āna rautaki
6. Kāore ā rāua pōro
7. Kāore ō tāua whare
8. Kāore āku kai
9. Kāore āna taiaha
10. Kāore ā māua tamariki

Rāmere – Friday

1. Kōwhiria ngā rerenga kōrero e tika ana hei whakaoti i te kōrero i waenganui i a Atawhai rāua ko Rāwinia.
1. *Choose the correct sentences to complete the dialogue between Atawhai and Rāwinia.*
   1. Atawhai: Kei te aha tāua i tēnei rā?
   2. Rāwinia: Kei te hīkoi tāua ki tātahi.
   3. Atawhai: Kāore ōku kaha.
   4. Rāwinia: He kaha tōu.
   5. Atawhai: He kai ā tāua?
   6. Rāwinia: Kāore ā tāua kai

3. Whakamāoritia tā Māka rāua ko Mere kōrero.
3. *Translate the sample dialogue between Māka and Mere.*
   Mere and Māka are entering the classroom.
   Whaea Ani: Good morning you two, how is it going?
   Māka: Good thank you, Whāea Ani.
   Mere: Oh no, I have no books!
   Māka: It's OK, I have some books!
   Whaea Ani: Are you two hungry to learn?
   Māka rāua ko Mere: Yes indeed!
   Mere: I have new pens, Whaea Ani!
   Whaea Ani: Fantastic! Do you two have hats? The sun is shining brightly.
   Māka: Yes, I have a hat.
   Mere: I have a hat too, Whaea.

He Pangakupu

Across: 1. wahie; 5. roro; 7. pōtae; 9. rautaki; 10. hū; 12. ātaahua; 13. pūtea; 14. wahine. Down: 1. whanaunga; 2. hōu; 3. pōro; 4. āporo; 6. tīkiti; 8. amuamu; 11. parehe.

WEEK EIGHT – More on using possessives

Rātū – Tuesday

1. Whakaotia ngā rerenga kōrero kei raro iho nei. E whā ngā momo kōrero hei whakauru ki roto – tā koutou, tā tātou, tā mātou, tā rātou.
1. *Complete the following sentences. There are four options for you to select from –* tā koutou, tā tātou, tā mātou, tā rātou.
   1. Kotahi **tā koutou** ngeru
   2. Arā **tā tātou** kai
   3. Ko wai **tā rātou** kurī?
   4. Ko Hēmi **tā rātou** irāmutu
   5. Titiro ki **tā koutou** ngeru
   6. Ko te poitarawhiti **tā mātou** tino tākaro

7. Kua kuhu **tā mātou** kurī ki roto i te whare
8. He kiore kei raro i **tā tātou** whāriki
9. He kai **tā koutou**
10. Kei te moe **tā rātou** pēpī

2. Kōwhiria te pūriro tika, kātahi ka whakakāhoretia.
2. *Choose the correct possessive, then negate.*
   1. He rorohiko **tāu**?
      Kāore āu rorohiko
   2. He koti **tōna**?
      Kāore ōna koti
   3. He ngeru **ā koutou**?
      Kāore ā rātou ngeru
   4. He waka **ō koutou**?
      Kāore ō koutou waka
   5. He pukapuka akoako **āu**?
      Kāore āu pukapuka akoako
   6. He pātai **ā koutou**?
      Kāore ā koutou pātai
   7. He kōrero **tāu**?
      Kāore āu kōrero
   8. He mokopuna **ā tāua**?
      Kāore ā tāua mokopuna
   9. He hiahia **ōu**?
      Kāore ōu hiahia
   10. He whakaaro **ō kōrua**?
       Kāore ō kōrua whakaaro

Rāapa – Wednesday

1. Whakaotia ngā rerenga kōrero kei raro iho nei. E whā ngā momo kōrero hei whakauru ki roto – tō koutou, tō tātou, tō mātou, tō rātou.
1. *Complete the following sentences. There are four options for you to select from –* tō koutou, tō tātou, tō mātou, tō rātou.
   1. Kei te haere ki **tō rātou** whare
   2. Kei te kai **tō koutou** pāpā
   3. Haere mai ki roto i **tō tātou** taiwhanga moe
   4. Kei te tāhae ia i **tō mātou** waka
   5. Kua tae mai **tō koutou** pahi
   6. Kua tūkino rāua i **tō rātou** whare
   7. Ka eke ngā tamariki ki **tō rātou** marae
   8. Ka mihi ngā kōtiro ki **tō tātou** maunga
   9. I whakapai ngā koroua i **tō mātou** whare karakia
   10. Kei te moe **tō rātou** kuia

2. Kōwhiria ngā rerenga kōrero e tika ana hei whakaoti i te kōrero i waenganui i a Atawhai rāua ko Rāwinia.
2. *Choose the correct sentences to complete the dialogue between Atawhai and Rāwinia.*
   1. Atawhai: He waka tō tāua?
   2. Rāwinia: Āe, he waka tō tāua.
   3. Atawhai: Ka pai, kei te haere tāua ki te whare o tōku māmā.
   4. Rāwinia: He mahere tāu?
   5. Atawhai: Kāore āku mahere, engari e mōhio ana au kei hea.

6. Rāwinia: Kua tae ngā mokopuna a tō māmā?
7. Atawhai: Kāore anō.

Rāpare – Thursday

1. Whakaotia ngā rerenga kōrero e whai ake nei. E whā ngā kupu hei whakauru ki roto i ia rerenga – tā, tō, ā, ō.
1. *Complete the following sentences. There are four words to choose from – tā, tō, ā, ō.*
   1. Kei te mātakitaki rātou i **tā** mātou pouaka whakaata
   2. Kei te horoi ia i **ā** rātou pereti
   3. E oma ana ia ki **tō** koutou kāinga
   4. Ko Ruapehu **tō** mātou maunga
   5. Anei **tō** tātou hoa! Kua tae mai ia
   6. Ko te whutupōro **tā** rātou tino tākaro
   7. Ko Waiapu **tō** rātou awa
   8. Kua pau **ā** tātou kai
   9. Titiro ki **ō** koutou kākahu paru
   10. Anei **ō** tātou hoa! Kua tae mai rātou
   11. Anei **tō** rātou korowai
   12. Kei te tākaro **tā** rāua kurī
   13. Ka pakaru **tō** tātou waka

2. Ināianei, whakapākehātia ngā rerenga kōrero o runga ake nei.
2. *Now, translate the above sentences into English.*
   1. They are watching our TV
   2. He / She is washing their plates
   3. He / She is running to your house
   4. Ruapehu is our mountain
   5. Here is our mate! He / She has arrived
   6. Rugby is their favourite game
   7. Waiapu is their river
   8. We have run out of food
   9. Look at your dirty clothes
   10. Here are our friends! They have arrived
   11. Here is their cloak
   12. They are singing the song of the tribe
   13. What Mere is saying is good
   14. Their dog is playing
   15. Our car has broken down

Rāmere – Friday

1. Whakatikahia ēnei rerenga e noho nanu ana.
1. *Put these jumbled sentences in order.*
   1. Anei tō tāua kākahu
   2. Kei te haere au ki tō koutou whare
   3. He pukapuka tāu
   4. Kāore ā mātou kai
   5. He paraikete ō rāua?

He Pangakupu

Across: 5. waka moana; 6. rare; 7. kākahu;
10. tāhae; 11. putiputi; 12. kuhu; 13. koti. Down:
1. whare karakia; 2. waka; 3. mokopuna; 4. mahere;
8. kōtiro; 9. pupuhi; 13. kuia.

WEEK NINE – Ā and Ō categories / More on possessive prepositions

Rāhina – Monday

1. Tuhia he rārangi i ngā whakaahua i te taha maui ki ngā tāngata i te taha matau hei whakaatu i ngā rerenga kōrero.
1. *Draw a line from the pictures on the left to the people on the right to demonstrate each sentence.*

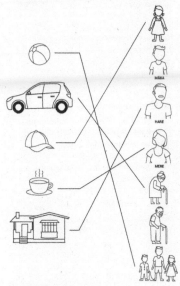

   1. Mā Mere te kapu tī
   2. Mō te kuia te waka
   3. Mā ngā tamariki te pōro
   4. Mō Hare te whare
   5. Mō te kōtiro te pōtae

2. Whakamahia ngā whakaahua hei whakautu i ngā pātai.
2. *Use the pictures to answer the questions.*
   1. He pahikara mō ngā tamariki
   2. He waka mō te koroua
   3. He kapu tī mā Mere
   4. He whare mō te whānau
   5. He kurī mā ngā kōtiro

Rātū – Tuesday

1. Whakamahia ngā whakaahua ki te whakautu i ngā pātai.
1. *Use the pictures to answer the questions.*
   1. He tokotoko mā te koroua
   2. He pōro mā ngā tamariki
   3. He hītau hōu mō Mere
   4. He whare hōu mō te whānau

2. Whakaurua te mea tika o ēnei – *māu, mōu.*
2. *Complete the sentences by inserting the correct possessive – māu, mōu.*
   1. **Māu** te pēke
   2. **Māu** te pouaka
   3. **Mōu** te tīhate
   4. **Mōu** te pahikara
   5. **Māu** te pene

Rāapa – Wednesday

1. Whakamahia anō ēnei whakaahua ki te tuhi rerenga e kī ana, *māna, mōna* rānei.
1. *Use these pictures again to construct sentences beginning with* māna, mōna *(for him / her).*
   1. Māna te kapu tī
   2. Mōna te whare
   3. Mōna te waka
   4. Māna te kurī
   5. Mōna te pahikara

2. Ināianei, whakapākehātia ō rerenga kōrero.
2. *Now, translate your sentences into English.*
   1. The cup of tea is for him / her
   2. The house is for him / her
   3. The car is for him / her
   4. The dog is for him / her
   5. The bike is for him / her

Rāpare – Thursday

1. Whakautua ngā pātai ki te pūriro tika.
1. *Answer the questions using the correct possessive.*
   1. Māna te kai
   2. Mā rātou te pēke kai
   3. Māu te punua kurī
   4. Mō māua ngā tōkena
   5. Mō tāua ngā pōtae
   6. Māku te kawe reo
   7. Mā tātou te pukapuka
   8. Mō rāua ngā rīngi
   9. Mō kōrua te tūranga tumuaki
   10. Mōu te wai

2. Whakamahia ngā whakaahua ki te hanga rerenga kōrero.
2. *Use the pictures to construct your sentences.*
   1. Mā tāua te ngeru
   2. Mā rātou te miraka
   3. Mō kōrua te maunga
   4. Mō māua te waka
   5. Mā tātou te pouaka whakaata

Rāmere – Friday

1. Whakakāhoretia ēnei rerenga kōrero.
1. *Negate the following sentences.*
   1. Ehara i te mea mō ngā tamariki ngā kākahu
   2. Ehara i te mea mō te koroua te whare
   3. Ehara i te mea mā Mere ngā pene rākau
   4. Ehara i te mea mō te whānau te waka hōu
   5. Ehara i te mea mā ngā kōtiro ngā rare

6. Ehara i te mea mā rātou te kōauau
7. Ehara i te mea mōu te koti
8. Ehara i te mea māna te pōro
9. Ehara i te mea māku te pouaka āporo
10. Ehara i te mea mā rāua ngā pukapuka

He Pangakupu

Across: 2. hēki; 6. tōtiti; 9. pahikara; 10. kapu tī; 12. korarā; 13. tōkena; 14. pēke. Down: 1. ringi; 3. punua kurī; 4. miraka; 5. hākari; 7. waireka; 8. kawe reo; 11. tīhate.

WEEK TEN – Past-tense possessive prepositions

Rāhina – Monday

1. Tuhia he rārangi i ngā whakaahua i te taha maui ki ngā tāngata i te taha matau hei whakaatu i ngā rerenga kōrero.
1. *Draw a line from the pictures on the left to the people on the right to demonstrate each sentence.*

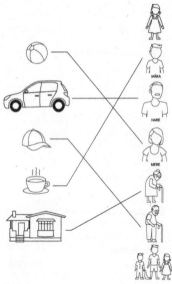

   1. Nā Mere te pōro
   2. Nō te kuia te whare
   3. Nō Hare te waka
   4. Nā Māka ngā maika
   5. Nā te koroua te kapu tī

2. Whakamahia ngā whakaahua hei whakautu i ēnei pātai.
2. *Use the pictures to answer the questions.*
   1. Nō ngā tamariki ngā pahikara
   2. Nō te koroua te waka
   3. Nā Mere ngā hēki
   4. Nō te whānau te whare
   5. Nā ngā kōtiro te miraka

Rātū – Tuesday

1. Whakamahia ngā whakaahua ki te whakautu i ngā pātai.
1. *Use the pictures to answer the questions.*
   1. Nā te koroua te tokotoko
   2. Nā ngā tamariki te pōro
   3. Nō Mere te hītau hōu
   4. Nō te whānau te whare hōu

2. Whakaurua te mea tika o ēnei – nāku, nōku.
2. *Complete the sentences by inserting the correct possessive – nāku, nōku.*
   1. **Nāku** te pēke
   2. **Nāku** te pouaka
   3. **Nōku** te tīhate
   4. **Nōku** te pahikara
   5. **Nāku** te pene

Rāapa – Wednesday

1. Whakamahia anō ēnei whakaahua ki te tuhi rerenga e kī ana, *nāna, nōna* rānei.
1. *Use these pictures again to construct sentences beginning with* nāna, nōna (belongs to him / her).
   1. Nāna te kapu tī
   2. Nōna te waka
   3. Nōna te pahikara
   4. Nāna te miraka
   5. Nāna ngā hēki

2. Ināianei, whakapākehātia ō rerenga kōrero.
2. *Now, translate your sentences into English.*
   1. The cup of tea is his / hers
   2. The car is his / hers
   3. The bike is his / hers
   4. The milk is his / hers
   5. The eggs are his / hers

Rāpare – Thursday

1. Whakautua ngā pātai ki te pūriro tika.
1. *Answer the questions using the correct possessive.*
   1. Nāna te kai
   2. Nā rātou te pēke kai
   3. Nāu te punua kurī
   4. Nō māua ngā tōkena
   5. Nō tāua ngā pōtae
   6. Nāku te kawe reo
   7. Nā tātou te pukapuka
   8. Nō rāua ngā rīngi
   9. Nō kōrua te tūranga tumuaki
   10. Nōu te wai

2. Whakamahia ngā whakaahua ki te hanga rerenga kōrero.
2. *Use the pictures to construct your sentences.*
   1. Nā tāua te ngeru
   2. Nō kōrua te wharenui
   3. Nō rātou te maunga
   4. Nō māua ngā tarau
   5. Nā tātou te pouaka whakaata

Rāmere – Friday

1. Whakakāhoretia ēnei rerenga kōrero – whakamahia ngā tikanga whakakāhore e rua.
1. *Negate the following sentences – use both methods.*
   1. Ehara nō ngā tamariki ngā kākahu
      Ehara i ngā tamariki ngā kākahu
   2. Ehara nō te koroua te whare
      Ehara i te koroua te whare
   3. Ehara nā Mere ngā pene rākau
      Ehara i a Mere ngā pene rākau
   4. Ehara nō te whānau te waka hōu
      Ehara i te whānau te waka hōu
   5. Ehara nā ngā kōtiro ngā rare
      Ehara i ngā kōtiro ngā rare
   6. Ehara nā rātou te kōauau?
      Ehara i a rātou te kōauau?
   7. Ehara nōu te kākahu kaukau
      Ehara i a koe te kākahu kaukau
   8. Ehara nāna te pōro
      Ehara i a ia te pōro
   9. Ehara nāku te pouaka āporo
      Ehara i a au te pouaka āporo
   10. Ehara nā'rāua ngā tuna
       Ehara i a rāua ngā tuna
   11. Ehara nōu te raruraru
       Ehara i a koe te raruraru
   12. Ehara nāna te rau mamao
       Ehara i a ia te rau mamao
   13. Ehara nā ngā whare wānanga ngā pukapuka
       Ehara i ngā whare wānanga ngā pukapuka
   14. Ehara nā te whānau ngā rīwai
       Ehara i te whānau ngā rīwai
   15. Ehara nō ngā iwi te whenua
       Ehara i ngā iwi te whenua

He Pangakupu

Across: 1. tokotoko; 4. raruraru; 7. kete; 8. maika; 9. paraikete; 10. tarau. Down: 2. koroua; 3. tarakihana; 4. rau mamao; 5. mea; 6. heihei.

WEEK ELEVEN – Saying where you are from / Talking about your whānau

Rāpare – Thursday

1. Whakamāoritia ēnei rerenga kōrero.
1. *Translate the following sentences into Māori.*
   1. Ko Toni tōku tuahine
   2. Ko Mere taku taokete
   3. Ko Morewhati tōku koroua
   4. Ko Hori tāku teina
   5. Ko Anahera rāua ko Kiri āku auwāhine
   6. Ko Hēmi te tungāne o Rachael rāua ko Edwina
   7. Ko Maiana te pōtiki o te whānau
   8. Ko James taku hungawai
   9. Ko Pere, rātou ko Mariana, ko Hānia, ko Arana ōku karangatahi
   10. Ko Hēnare te autāne o Carol
   11. Ko Whiti te māmā o Ānaru

12. Ko Ānaru te tama a Whiti
13. Ko Te Kani te mātāmua o te whānau
14. Ko Rēweti tōku tuakana
15. Ko Hare, rātou ko Tame, ko Tieri āku tamariki

Rāmere – Friday

2. Whakamāoritia tā Māka rāua ko Mere kōrero.
2. *Translate the sample dialogue between Māka and Mere.*

Mere: Hello, Māka.
Māka: Hello, Mere.
Mere: How are your parents?
Māka: They are good. How is your older sister? Is she still sick?
Mere: She is getting better. My brother is looking after her.
Māka: Lucky! My daughter is also sick at the moment.
Mere: What's wrong with her?
Māka: She has the flu.
Mere: Oh no! I feel sorry for her!
Māka: She's OK. She's at my mum's house.
Mere: Is her grandmother looking after her?
Māka: Yip.

He Pangakupu

Across: 3. mātua; 4. māmā; 5. waimarie; 8. iwi;
9. tuakana; 10. tuahine; 12. pāpā. Down: 1. māuiui;
2. maremare; 6. tiaki; 7. hapū; 9. teina; 10. tungāne;
11. awa

WEEK TWELVE – Asking and saying who will do something

Rātū – Tuesday

1. Whakatikahia ngā hapa.
1. *Correct the errors in these sentences.*

1. Mā koutou e hōmai te pouaka whakaata
2. Mā tāua e mahi te mahi
3. Mā tātou e whakatū te whare āpōpō
4. Mā mātou e hanga te taunga waka
5. Māu e whakapai te moenga
6. Māna e tuku te karere ki te iwi
7. Māku e āwhina te ngeru
8. Māna e whakahoki te pōro
9. Mā te kurī e kai te wheua
10. Mā te manu e hanga te kōhanga

2. Ināianei, whakapākehātia i ngā rerenga kōrero tekau, kātahi anō ka whakatikahia e koe.
2. *Now translate the 10 sentences into English.*

1. Give the TV to me
2. You and I will do the job
3. We will erect the house tomorrow
4. We will build the car park
5. You will make the bed
6. He / She will inform the people
7. I will help the cat
8. He / She will return the ball
9. The dog will eat the bone
10. The bird will build the nest

Rāapa – Wednesday

1. Whakamahia anō ēnei whakaahua ki te tuhi rerenga e kī ana, *mā . . . e . . .*
1. *Use these pictures again to construct sentences using mā . . . e . . .*

1. Māna te kapu tī e inu / Māna e inu te kapu tī
2. Mā rāua te waireka e hoko / Mā rāua e hoko te waireka
3. Māku te waka e horoi / Māku e horoi te waka
4. Mā rātou ngā pahikara e whakatikatika / Mā rātou e whakatikatika ngā pahikara
5. Mā kōrua ngā hēki e tunu / Mā kōrua e tunu ngā hēki

2. Ināianei, whakapākehātia ō rerenga kōrero.
2. *Now, translate your sentences into English.*

1. He / She will drink the cup of tea
2. They (2) will purchase the fruit juice
3. I will wash the car
4. They will fix the bikes
5. You (2) will cook the eggs

Rāpare – Thursday

1. Whakakāhoretia ēnei rerenga kōrero – whakamahia ngā tikanga whakakāhore e rua.
1. *Negate the following sentences – use both methods.*

1. Ehara i te mea mā ngā tamariki ngā kākahu e whātui
Kaua mā ngā tamariki ngā kākahu e whātui
2. Ehara i te me, mā te koroua te whare e peita
Kaua mā te koroua te whare e peita
3. Ehara i te mea mā Mere ngā pene rākau e hoko
Kaua mā Mere ngā pene rākau e hoko
4. Ehara i te mea mā te whānau te waka e hoe
Kaua mā te whānau te waka e hoe
5. Ehara i te mea mā ngā kōtiro ngā rare e kai
Kaua mā ngā kōtiro ngā rare e kai
6. Ehara i te mea mā rātou te kōauau e whakatangitangi
Kaua mā rātou te kōauau e whakatangitangi
7. Ehara i te mea māna te kākahu kaukau e whakahoki ki tōna hoa
Kaua māna te kākahu kaukau e whakahoki ki tōna hoa
8. Ehara i te mea māna te pōro e whana
Kaua māna te pōro e whana
9. Ehara i te mea māku te pouaka āporo e hiki
Kaua māku te pouaka āporo e hiki
10. Ehara i te mea mā rāua ngā tuna e hopu
Kaua mā rāua ngā tuna e hopu
11. Ehara i te mea mā te iwi te raruraru e whakatau
Kaua mā te iwi te raruraru e whakatau
12. Ehara i te mea māna te rau mamao e kimi
Kaua māna te rau mamao e kimi
13. Ehara i te mea mā ngā whare wānanga e hoko ngā pukapuka

Kaua mā ngā whare wānanga e hoko ngā pukapuka

14. Ehara i te mea mā te whānau e waruwaru ngā rīwai
Kaua mā te whānau e waruwaru ngā rīwai

15. Ehara i te mea mā ngā iwi te whenua e tiaki
Kaua mā ngā iwi te whenua e tiaki

2. Whakamāoritia ngā rerenga kōrero nei.

2. *Translate the following sentences into Māori.*
1. Mā Mere ngā tamariki e kohi
2. Mā rāua ngā ika e hopu
3. Māna rātou e hari ki te kura
4. Mā wai te kai e tunu?
5. Mā wai koe e tautoko?
6. Mā wai ngā korowai e whātui?
7. Mā te ngeru te mauhi e patu
8. Māku ia e āwhina
9. Māku te pouaka āporo e hiki
10. Mā te iwi te raruraru e whakatau

Rāmere – Friday

2. Whakamāoritia tā Māka rāua ko Mere kōrero.

2. *Translate the sample dialogue between Māka and Mere.*

Mere and Māka are eating at McDonald's.
Mere: What would you like, Māka?
Māka: Burger for me . . . and a drink.
Mere: What drink?
Māka: Hot chocolate.
Mere: I'll buy our food, you find a place for us to sit.
Māka: Done. I have no money anyway! I will ring up Rewi and Ānaru, OK?
Mere: Are they coming to eat?
Māka: They are not coming to eat, they are coming to have a catch up.
Mere: Excellent. We can take them back home. We have a car.
Māka: Sweet. I'll let them know.

He Pangakupu

Across: 1. whātui; 4. waruwaru; 6. karere; 7. hari; 8. hanga; 10. maunga; 11. kohi; 12. whai. Down: 2. taunga waka; 3. manaaki; 5. pāki; 8. huaki; 9. tuhi.

WEEK THIRTEEN – Asking and saying who did something

Rātū – Tuesday

1. Whakatikahia ngā hapa.

1. *Correct the errors in these sentences.*
1. Nā koutou i hōmai te pukapuka
2. Nā tāua i mahi te māra
3. Nā rātou i whakatū te hui
4. Nā māua i hanga te whare kurī
5. Nāu i whakapai tōna moenga
6. Nāna i tuku te karakia
7. Nāku i āwhina te ngeru
8. Nāna i whakahoki te manu ki tōna kōhanga
9. Nā te kurī i kai te wheua

10. Nā te manu i kapo ake te pōro
2. Ināianei, whakapākehātia rerenga kōrero tekau, kātahi anō ka whakatikahia e koe.

2. *Now translate the 10 sentences you have just corrected into English.*
1. You delivered / presented the book
2. You and I tended the garden
3. They held the meeting
4. We built the kennel
5. You made his / her bed
6. He / She did the prayer
7. I helped the cat
8. He / She returned the bird to its nest
9. The dog ate the bone
10. The bird caught the ball

Rāapa – Wednesday

1. Whakamahia anō ēnei whakaahua ki te tuhi rerenga e kī ana, *nā . . . i . . .*

1. *Use these pictures again to construct sentences using* nā . . . i . . .
1. Nāna te kapu tī i mahi / Nāna i mahi te kapu tī
2. Nā rāua te waireka i hoko / Nā rāua i hoko te waireka
3. Nāku te waka i horoi / Nāku i horoi te waka
4. Nā rātou ngā pahikara i whakatikatika / Nā rātou i whakatikatika ngā pahikara
5. Nā kōrua ngā hēki i tunu / Nā kōrua i tunu ngā hēki

2. Ināianei, whakapākehātia ō rerenga kōrero.

2. *Now, translate your sentences into English.*
1. He / She made the cup of tea
2. They (2) purchased the fruit juice
3. I washed the car
4. They fixed the bikes
5. You (2) cooked the eggs

Rāpare – Thursday

1. Whakakāhoretia ēnei rerenga kōrero.

1. *Negate the following sentences.*
1. Ehara i te mea nā ngā tamariki ngā kākahu i whātui
2. Ehara i te mea nā te koroua te taiepa i peita
3. Ehara i te mea nā Mere ngā pene rākau i whakakoi
4. Ehara i te mea nā te whānau te waka i whakatere
5. Ehara i te mea nā ngā kōtiro ngā hua rākau i kai
6. Ehara i te mea nā rātou te kōauau i whakairo
7. Ehara i te mea nāna te kākahu kaukau i whakahoki ki tōna hoa
8. Ehara i te mea nāna te pōro i maka
9. Ehara i te mea nāku te putiputi i whakatō
10. Ehara i te mea nā rāua ngā tuna i hopu
11. Ehara i te mea nā te iwi te raruraru i whakatau
12. Ehara i te mea nāna te rau mamao i whiu

13. Ehara i te mea nā ngā whare wānanga i hoko ngā pukapuka
14. Ehara i te mea nā te whānau ngā tamariki i āwhina
15. Ehara i te mea nā ngā iwi te whenua i tiaki
2. Whakamāoritia ngā rerenga kōrero nei.
2. *Translate the following sentences into Māori.*
   1. Nā Mere ngā tamariki i whakamoe
   2. Nā rāua ngā ika i hopu
   3. Nāna rātou i hari ki te kura
   4. Nā wai te kai i tunu?
   5. Nā wai koe i tautoko?
   6. Nā wai ngā kākahu i whātui?
   7. Nā te pēpi ngā tamariki i whakaoho
   8. Nāku ia i āwhina
   9. Nāku te tarakihana i hiki
   10. Nā ngā kaiako te kura i tautoko

Rāmere – Friday

2. Whakamāoritia tā Māka rāua ko Mere kōrero.
2. *Translate the sample dialogue between Māka and Mere.*
   Mere and Māka are gossiping.
   Mere: Have you heard? Anahera and Pāora are getting married.
   Māka: Jeepers! Who told you?
   Mere: Hēmi.
   Māka: Hēmi helped them back in the day, didn't he?
   Mere: Yes. He helped them to find love again.
   Māka: Too much all right, Hēmi! He is a good man!
   Mere: His grandmother raised him.
   Māka: Who took him to school?
   His grandmother doesn't know how to drive!
   Mere: We did! My family. That's how I know him. We used to take him to school and take him back home again.
   Māka: Yes! Now I understand!

WEEK FOURTEEN – Locatives

Rāhina – Monday

2. Tirohia te whakaahua, whakautua te pātai.
2. *Look at the picture and answer the question.*
   1. Kei runga te mōkai i te tūru
   2. Kei waho te kaiako o Mere i te kura
   3. Kei raro ngā ngeru i te tēpu
   4. Kei runga ngā manu i te tuanui
   5. Kei raro te kiore i te tūru

Rātū – Tuesday

2. Tirohia te whakaahua, whakautua te pātai.
2. *Look at the picture and answer the question.*
   1. Kei mua te mōkai i te whare
   2. Kei waenganui te ngeru i ngā pōro
   3. Kei muri te kōtiro i te rākau
   4. Kei mua ngā wāhine i te whare
   5. Kei waenganui te manu i te ngeru me te kurī

Rāapa – Wednesday

1. Whakamāoritia / Whakapākehātia rānei ēnei kōrero.
1. *Translate into Māori / English these sentences.*
   1. I runga ō rāua pōtae i te tuanui
   2. I roto te ngeru i te waka
   3. I roto tā tāua pukapuka i te whare pukapuka
   4. I runga tāna rorohiko i te tēpu
   5. I waenganui te kurī i te moana me te pari
   6. Their grandmother was outside the church
   7. The ball was behind the fence
   8. Hēmi was on the bike
   9. The flowers were in the garden
   10. The family was in between Rotorua and Tauranga
2. Whakakāhoretia ēnei rerenga kōrero.
2. *Negate the following sentences.*
   1. Kāore te pouaka i runga i te tēpu
   2. Kāore te kōtiro i waho i te whare
   3. Kāore ngā ngeru i runga i te tūru
   4. Kāore te kurī i raro i te tūru
   5. Kāore te waka i runga i te moana
   6. Kāore te tamaiti i roto i te moenga
   7. Kāore te whānau i waenganui i a Tāmaki me Ahuriri
   8. Kāore te kōtiro i mua i te rākau
   9. Kāore a Mere i muri i te whare karakia
   10. Kāore te kuia i waenganui i te wharenui me te wharekai

Rāpare – Thursday

1. Tirohia te whakaahua, whakautua te pātai.
1. *Look at the picture and answer the question.*
   1. He kurī kei runga i te tūru
   2. Ko te kaiako kei waho i te kura
   3. He ngeru kei raro i te tēpu
   4. He manu kei runga i te tuanui
   5. He kiore kei raro i te tūru
2. Whakamāoritia ēnei rerenga kōrero.
2. *Translate the following sentences into Māori.*
   1. I runga te pouaka i te tēpu
   2. Kāore te kōtiro i waho i te whare
   3. He aha kei runga i te tūru?
   4. Ko wai i roto i te waka?
   5. I runga te kaipuke i te moana
   6. Kei runga te kaipuke i te moana
   7. Kei waenganui a Mere i Kirikiriroa me Tāmaki Makaurau
   8. Kei mua te kōtiro i te rākau
   9. Kāore a Mere i muri i te whare karakia
   10. I waenganui te tāne i te tēpu me te tūru

Rāmere – Friday

2. Whakamāoritia tā Māka rāua ko Mere kōrero.
2. *Translate the sample dialogue between Māka and Mere.*
   Mere and Māka are in the bathroom.

Mere: Where is my toothbrush?
Māka: In the drawer.
Mere: Where?! I don't see it!
Māka: Under the shampoo.
Mere: Where were you last night?
Māka: In my bed.
Mere: You are lying! Where did you go?
Māka: Tama and I went to buy an ice cream. He picked me up.
Mere: You two didn't invite me along. Where's the toothpaste?
Māka: It's right under your nose, man!

He Pangakupu

Across: 4. taitai niho; 6. tuanui; 7. tūru; 8. uku; 12. rākau; 13. akomanga; 14. toka; 15. hautō. Down: 1. ngahere; 2. wai pāhukahuka; 3. ihu; 5. pē niho; 9. kaiako; 10. matawā / karaka.

WEEK FIFTEEN – Saying where someone is doing something / Using 'kei' to show possession

Rāhina – Monday

1. Tirohia te whakaahua, whakautua te pātai me te tāpiri i te rerenga mahi.
1. *Look at the picture and answer the question, adding in an action phrase.*
 1. Kei runga te mōkai i te tūru e noho ana
 2. Kei waho te kaiako o Mere i te kura e waiata ana
 3. Kei raro ngā ngeru i te tēpu e moe ana
 4. Kei runga ngā manu i te tuanui e waiata ana
 5. Kei raro te kiore i te tūru e kai ana

Rātū – Tuesday

1. Whakakāhoretia ēnei rerenga kōrero.
1. *Negate the following sentences.*
 1. Kāore a Tama i runga i te tūru e noho ana
 2. Kāore te waka i waho i te taiepa e tū ana
 3. Kāore ngā kōtiro i roto i te kāuta e mahi ana
 4. Kāore a Rewi i raro i te rākau e takoto ana
 5. Kāore te kurī i raro i te tūru e moe ana
 6. Kāore ngā manu i runga i te rākau e tangi ana
 7. Kāore te whānau i roto i te waka e waiata ana
 8. Kāore te kōtiro i raro i te rākau e pānui pukapuka ana
 9. Kāore a Mere i waho i te whare karakia e kanikani ana
 10. Kāore ngā tama i waenganui i ngā whare e oma ana
 11. Kāore te kuia i waenganui i te rākau me te whare e tū ana
 12. Kāore ngā kākahu i runga i te whata pouhēni e iri ana

2. Whakamāoritia / Whakapākehātia rānei ēnei kōrero.
2. *Translate these sentences into Māori / English.*
 1. I runga ā rāua ngeru i te tuanui e tākaro ana

 2. I roto te kurī i te waka e moe ana
 3. Kei roto tō tāua hoa i te whare pukapuka e ako ana
 4. I te toa ia e hoko rorohiko ana
 5. Kei waenganui te kurī i te moana me te pari e oma ana
 6. I waho tō rātou kuia i te whare karakia e pānui ana
 7. The children are eating outside the library
 8. Hēmi is training on his bike
 9. Hemara is in his garden doing the weeding
 10. The family are staying between Rotorua and Tauranga

Rāpare – Thursday

1. Whakakāhoretia ēnei rerenga kōrero.
1. *Negate the following sentences.*
 1. Kāore ōu hū i te kurī
 2. Kāore taku hōnae i a Mere
 3. Kāore tō rorohiko i ngā kōtiro
 4. Kāore taku tokotoko i a Rewi
 5. Kāore te kai a te whānau i te kurī
 6. Kāore te parāoa i ngā manu
 7. Kāore te waka o Mere i te whānau
 8. Kāore te pōro i te tama
 9. Kāore ngā pūkenga i a ia
 10. Kāore te mātauranga o te iwi i a ia
 11. Kāore tā tāua kawe reo i te kuia
 12. Kāore ngā taiaha i a Ware

2. Ināianei, me whakapākehā e koe ō rerenga.
2. *Now, translate your negative sentences into English.*
 1. The dog does not have your shoes
 2. Mere does not have my wallet
 3. The girls do not have your computer
 4. Rewi does not have my walking stick
 5. The dog does not have the family's food
 6. The birds do not have the bread
 7. The family does not have Mere's car
 8. The boy does not have the ball
 9. He / She does not have the skills
 10. He / She does not hold the knowledge of the tribe
 11. The old lady does not have our cellphone
 12. Ware does not have the fighting staffs

Rāmere – Friday

2. Whakamāoritia tā Māka rāua ko Mere kōrero.
2. *Translate the sample dialogue between Māka and Mere.*
 Mere and Māka are at the marae.
 Mere: Where is your family, Māka?
 Māka: They are working in the dining room.
 Mere: Is Rewi there too?
 Māka: No. He lives in Rotorua now.
 Mere: How long has he been there?
 Māka: Ten years now ... long time, isn't it?
 Mere: Say that again! Those trees growing in front of the marae are beautiful.

Māka: Rewi planted them.
Mere: Is that so! He's awesome all right!
They're beautiful!
Māka: Have you got your mobile phone?
I'll ring Rewi.
Mere: Yes. I have your book too.
Māka: You've got my book! I have been
looking for that book!

He Pangakupu

Across: 1. moheni; 4. tarutaru; 6. mōunu; 8. kāuta;
9. pūkenga. Down: 1. mātauranga; 2. takoto;
3. mōhiti; 5. honae; 7. mōkai.

WEEK SIXTEEN – Descriptive sentences

Rāhina – Monday

1. Tirohia te whakaahua, whakautua te pātai,
kaua e wareware ki ēnei ture.
1. *Look at the picture and answer the question,
don't forget the rule of thumb.*

1. He kurī tērā
2. He ngeru tēnā
3. He manu tēnei
4. He kiore ērā
5. He keke ēnei

2. Kimihia te whakautu tika.
2. *Choose the correct answer.*

1. Te māmā: He ipu ēnā.
2. Māka: He pouaka tēnā.
3. Te pāpā: He kapua ērā.
4. Andrea: He pēke tēnei.
5. Hōne: He kākano ēnā.
6. Tere: He kura tērā.

Rātū – Tuesday

1. Whakamāoritia ēnei rerenga kōrero.
1. *Translate the following sentences into Māori.*

1. He rangi ātaahua tēnei
2. He tangata pai koe
3. He puna hōhonu tērā
4. He puna pāpaku tēnei
5. He tāne kaha ia
6. He tāngata pukukino rātou
7. He wāhine atamai kōrua
8. He rākau teitei tēnā
9. He awa mōrearea tērā
10. He tamariki whakatoi ērā
11. He whare nui tēnei
12. He waka ātaahua tēnei

Rāapa – Wednesday

1. Whakakāhoretia ēnei rerenga kōrero.
1. *Negate the following sentences.*

1. Ehara tēnei i te rangi ātaahua
2. Ehara koe i te tāne ranginamu
3. Ehara tērā i te puna mōrearea
4. Ehara a Ngongotahā i te maunga teitei
5. Ehara a Wiremu i te tāne kaha
6. Ehara rātou i te iwi koretake

7. Ehara tērā i te wahine atamai
8. Ehara tēnei i te rākau poto
9. Ehara ia i te tamaiti kōroiroi
10. Ehara a Hēni i te kōtiro māhaki
11. Ehara a Māka rāua ko Mere i te tamariki
tūpore
12. Ehara tēnei i te rangi makariri

Rāpare – Thursday

1. Whakakāhoretia ēnei rerenga kōrero.
1. *Negate the following sentences.*

1. Kāore āna tokotoko ātaahua
2. Kāore ā rāua tamariki pīwari
3. Kāore ā rātou puna mōrearea
4. Kāore āna inu reka
5. Kāore āna āporo waitī
6. Kāore ōku pūkenga koretake
7. Kāore āu wahine ātaahua
8. Kāore ā te koroua rākau poto
9. Kāore ā rāua tamariki atamai
10. Kāore ā tērā whānau kōtiro māhaki
11. Kāore ō tērā kura tamariki kakama
12. Kāore ā māua pātaka mātao

Rāmere – Friday

2. Whakamāoritia tā Māka rāua ko Mere kōrero.
2. *Translate the sample dialogue between Māka
and Mere.*

Mere and Māka are at the café.
Mere: This is a beautiful day, isn't it?
Māka: Yes! It's a perfect winter's day!
Mere: Are you going to Tame and Mereana's
wedding?
Māka: Definitely! Mereana's a beautiful
woman.
Mere: Tame's a handsome man.
Māka: Man, they are perfect for each other!
Māka takes out his iPad.
Mere: What's that?
Māka: This is an iPad.
Mere: What's that picture on your iPad?
Māka: It's a picture of me and my family in
Rotorua.
*They hear the voice of a bellbird outside the
café.*
Mere: What's that bird?
Māka: A bellbird! I know its voice well.

He Pangakupu

Across: 2. harikoa; 3. īpapa; 7. pokokōhua;
10. korimako; 11. taika; 12. whakaahua; 13. kereru;
14. kekeno. Down: 1. makimaki; 4. koretake;
5. ranginamu; 6. mōhio; 8. kararehe; 9. tāwāhi;
13. kumi.

WEEK SEVENTEEN – More sentences using 'he' / Intensifiers

Rāhina – Monday

3. Tuhia he rārangi mai i te ingoa i te taha mauī ki te whakaahua i te taha matau.

3. *Draw a line from the name on the left of your page, to the correct picture on the right.*

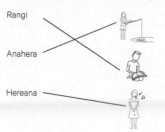

Rangi

Anahera

Hereana

Rātū – Tuesday

3. Tuhia he rārangi mai i te ingoa i te taha mauī ki te whakaahua i te taha matau:

3. *Draw a line from the name on the left of your page, to the correct picture on the right:*

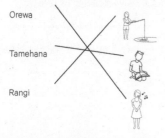

Orewa

Tamehana

Rangi

Rāapa – Wednesday

1. Whakapākehātia ēnei rerenga kōrero.
1. *Translate the following sentences into English.*
   1. This mat is more attractive than that one
   2. This house is warmer than that one
   3. The river is colder than the ocean
   4. Aoraki is higher than Ruawāhia
   5. Wiremu is stronger than Hēmi at training
   6. They are more useless than us
   7. I am more on to it (clever) than you
   8. He / She is shorter than you
   9. The horse is more tired than the dog
   10. Hēni is better than all of them at looking after visitors
   11. Māka and Mere are faster runners than Tūranga and Tapa
   12. Hawaiki is more knowledgeable than Tāne at science

2. Tuhia he rerenga kōrero whakataurite mō ia whakaahua.
2. *Write a comparison sentence for each picture.*
   1. He pai ake te oma i te eke pahikara
   2. He pai ake te pānui i te mātakitaki pouaka whakaata
   3. He pai ake te waiata i te moe

Rāpare – Thursday

1. Whakamāoritia ēnei rerenga kōrero.
1. *Translate the following sentences into Māori.*
   1. He pai ake a Mere i a koe
   2. He tere ake te waka o Mark i tōu
   3. He pukumahi ake koe i a Rei
   4. He kaha ake a Ānaru i a au
   5. He nui ake tō mōhio i tōku
   6. He pai ake ia i a ia ki te pānui
   7. He pukukino ake rātou i a Koro
   8. He whakangutungutu ake koe i te hīho
   9. He reka ake koe i te tiakarete
   10. He māia ake ia i a rāua

2. Whakapākehātia ēnei rerenga kōrero.
2. *Translate the following sentences into English.*
   1. Hēmi is better than Rīhari at writing stories
   2. It's better to travel in my car than yours
   3. The South Island is colder than Rotorua
   4. I love you more than he / she does
   5. My clothes are wetter than yours
   6. Reweti's plan is better than Rōmana's
   7. The pain that I am feeling is greater than the pain that you are feeling
   8. Kūmara is sweeter than mushroom
   9. My girlfriend is prettier than yours
   10. He / She is better than Herewini at teaching

Rāmere – Friday

1. Whakaurua te *tino* me te *rawa atu* ki ēnei rerenga kōrero.
1. *Put the tino and the rawa atu intensifiers into these sentences.*
   1. He tino pai a Rangi ki te waiata
      He tino pai rawa atu a Rangi ki te waiata
   2. He tino tau a Wiremu ki te kanikani
      He tino tau rawa atu a Wiremu ki te kanikani
   3. He tino kaha a Te Rūranga ki te mekemeke
      He tino kaha rawa atu a Te Rūranga ki te mekemeke
   4. He tino pai a Anahera ki te hī ika
      He tino pai rawa atu a Anahera ki te hī ika
   5. He tino toa a Maru ki te tākaro whutupōro
      He tino toa rawa atu a Maru ki te tākaro whutupōro
   6. He tino pai a Tamehana ki te tunu kai
      He tino pai rawa atu a Tamehana ki te tunu kai
   7. He tino pai a Orewa ki te tāhoe
      He tino pai rawa atu a Orewa ki te tāhoe
   8. He tino mātau a Hereana ki te pānui

He tino mātau rawa atu a Hereana ki te pānui

9. He tino koretake tō rātou pāpā ki te mahi māra
   He tino koretake rawa atu tō rātou pāpā ki te mahi māra

10. He tino māngere te tamaiti nei ki te āwhina i tana whānau
    He tino māngere rawa atu te tamaiti nei ki te āwhina i tana whānau

2. Whakamāoritia tā Māka rāua ko Mere kōrero.

2. *Translate the sample dialogue between Māka and Mere.*

   Mere and Māka are watching rugby.
   Mere: Hēnare is a good rugby player, isn't he?
   Māka: Heck yes! He is great at tackling!
   Mere: What do you think about Tūtere?
   Māka: He is a slow runner, but he is a better player than Rewi
   Mere: You are right. Rewi is absolutely hopeless!
   Māka: A snail is faster than him!
   Mere and Māka laugh.
   Mere: But Rewi is an awesome cook!
   Māka: You're right, Mere! He is excellent!
   They laugh again.

WEEK EIGHTEEN – Saying if something happens, this is the consequence

Rāhina – Monday

1. Whakaurua ngā kupu kei te ngaro kia oti ai te rerenga. Whakamahia te 'ki te' ki te timatanga o ia rerenga.

1. *Put the missing words in to complete the sentences. Use 'ki te' to begin each sentence.*

   1. Ki te whiti te rā āpōpō, ka haere tātou ki te kaukau
   2. Ki te tū koe ki te kōrero, ka tū tātou ki te waiata
   3. Ki te āwhina koe i tō whaea, ka haere tātou ki te wharekai
   4. Ki te māuiui ia āpōpō, ka noho ki te kāinga
   5. Ki te heke te ua, ka waipuke te awa
   6. Ki te patu koe i a ia, ka tangi ia
   7. Ki te pai tō whanonga, ka haere koe ki te whare o tō hoa
   8. Ki te tangi koe, ka haere koe ki te moe
   9. Ki te whakatō i te kākano, ka tipu he putiputi
   10. Ki te pakari tō hauora, ka toa koe

Rātū – Tuesday

1. Whakapākehātia ēnei rerenga kōrero.

1. *Translate the following sentences into English.*

   1. If you guys go, I'll stay at home
   2. If my girlfriend goes to sleep, I will go to town
   3. If it rains, we'll go to Mere's house
   4. If the sun shines, we'll stay inside
   5. If they arrive, our work will start
   6. If Hēmi and the others return, we will be OK
   7. If you help me, I'll give you $50
   8. If you write it down, you will remember it
   9. If you walk, you will deviate
   10. If you shoot that bird, I will give you a big telling off

2. Pānuitia te kōrero nei ka whakautu ai i ngā pātai.

2. *Read the following dialogue and answer the questions.*

   1. Ka mokemoke ia
   2. E rua rā
   3. Ka tangi tana wahine
   4. Hoatu putiputi me te tiakarete
   5. Ka pōuri ia

Rāapa – Wednesday

1. Whakakāhoretia ēnei rerenga kōrero.

1. *Negate the following sentences.*

   1. Ki te kore koutou e haere, ka kore au e noho ki te kāinga
   2. Ki te kore taku wahine e moe, ka kore au e haere ki te tāone
   3. Ki te kore te ua e tīmata, ka kore tāua e haere ki te whare o Mere
   4. Ki te kore te rā e whiti, ka kore tātou e noho ki roto
   5. Ki te kore rātou e tae mai, ka kore tā tātou mahi e tīmata
   6. Ki te kore a Hēmi mā e hoki mai, ka kore tātou e pai
   7. Ki te kore koe e āwhina mai, ka kore e hoatu te rima tekau tāra ki a koe
   8. Ki te kore koe e tuhi i ngā kōrero, ka kore koe e maumahara
   9. Ki te kore e haere mā raro, ka kore koutou e kotiti
   10. Ki te kore koe e pupuhi i tērā manu, ka kore au e tino kohete i a koe

Rāpare – Thursday

1. Whakapākehātia ēnei rerenga kōrero.

2. *Translate the following sentences into English.*

   1. If you are not quick, he / she will catch you
   2. If you don't learn to swim, you will drown
   3. If you clean up your room, I will buy you an ice cream
   4. If you help Mum, we will go to the playground
   5. If you don't brush your teeth, they will go rotten
   6. If he / she doesn't have a wash, he / she will smell
   7. If you run, you'll get there faster
   8. If it wasn't for that elder, the tribe would be in trouble
   9. If the children gave their support, that would be fantastic
   10. If the children don't support it, it will be a failure
   11. If the dogs fight, blood will be spilt
   12. If that family builds a house, they will not be cold

Rāmere – Friday

2. Whakamāoritia tā Māka rāua ko Mere kōrero.
2. *Translate the sample dialogue between Māka and Mere.*

Mere and Māka are engaging in idle conversation.
Mere: Are you going to your tribe's immersion course?
Māka: I'm thinking of skipping it.
Mere: If you don't go, your people will be angry.
Māka: But if I go, my partner will miss me.
Mere: It's only a two-day course.
Māka: I know that, but if I am gone for two days, my partner will cry.
Mere: If you give her flowers and chocolates, will that cheer her up?
Māka: Perhaps.
Mere: Mate, I am over your girlfriend, she's too moody.
Māka: You're right.
Mere: If you two stay together, you'll regret it.
Māka: But if I leave her, what will I do?
Mere: There's plenty of fish in the sea, Māka!

He Pangakupu

Across: 3. mokemoke; 7. haumaruru; 9. pūtoko; 11. whakaaro; 12. tīmata; 13. ngaro; 14. karo. Down: 1. atamai; 2. ūpoko mārō; 4. pōturi; 5. teitei; 6. pukumahi; 8. kino; 10. ngata; 11. wānanga.

WEEK NINETEEN – Asking and saying when something will happen or take place in the future

Rāhina – Monday

1. Whakamāoritia ēnei rerenga kōrero.
1. *Translate the following sentences into Māori.*
 1. Āhea a Hēmi whai wahine ai?
 2. Āhea te kēmu tīmata ai?
 3. Āhea rāua hoki mai ai?
 4. Āhea kōrua whakapai ai i te whare?
 5. Āhea koutou tae mai ai?
 6. Āhea ia mārena ai?
 7. Āhea te whakamātautau a te Kapa Ōpango tū ai?
 8. Āhea te paramanawa?
 9. Āhea maoa ai te kai?
 10. Āhea koe haere ai ki te hui?

Rātū – Tuesday

1. E nanu ana te takoto o ēnei kupu, māu e whakaraupapa. He rerenga whakakāhore etahi.
1. *The words in these sentences are jumbled, put them in correct order. Some are in negative form.*
 1. Ka mahi ngā tamariki ā tērā wiki
 2. Ka haere au ākuanei
 3. Kāore ia e kōrero ā te ahiahi nei

 4. Ā tērā wiki ka whiti te rā
 5. Ā tērā marama kāore e ua
 6. Ā tērā tau ka whakangungu au
 7. Kāore ia e kaukau āpōpō
 8. Ā tōna wā ka rata au
 9. Ka kohete te kuia ākuanei
 10. Āpōpō ka pai koe
(Note: There are other possible combinations, but concentrate on these for now.)

Rāapa – Wednesday

1. Whakakāhoretia ēnei rerenga kōrero. Ā ta tirohia te tauira.
1. *Negate the following sentences. Look carefully at the example.*
 1. Kāore a Rangi e tūtaki ki a Mereana āpōpō
 2. Kāore koe e hopu ika ā te ahiahi nei
 3. Kāore e ua ākuanei
 4. Kāore a Rīhari e mahi ā tērā wiki
 5. Kāore tāua e mekemeke ā tērā wiki

2. Whakamāoritia ēnei pātai.
2. *Translate the following questions into Māori.*
 1. Āhea ka **whakangungu** koe / Āhea koe **whakangungu** ai?
 2. Āhea koe **haere** ai?
 3. Āhea ia ka **tīmata**?
 4. Āhea te ngeru **kai** ai?
 5. Āhea koe ka **oho**?
 6. Āhea te hui **tīmata** ai?
 7. Āhea te kura ka **mutu**?
 8. Āhea te whānau **wehe** atu ai?
 9. Āhea koe ka **ako**?
 10. Āhea te wai **makariri** ai?

3. Tuhia te kupu Māori mō ēnei kupu hōu.
3. *Write the English word for these new words you have learnt.*

tīmata = start
oho = wake up
mutu = finish
ako = learn
makariri = cold
kai = food
haere = go
wehe = depart

Rāpare – Thursday

1. Whakamāoritia ēnei rerenga – whakamahia te kia . . . ka.
1. *Translate the following sentence – use the kia . . . ka combination.*
 1. Kia pupuhi te hau, ka whakarere tāua i te manu aute
 2. Kia wehe atu te whānau, ka haere koe ki te moe
 3. Kia maoa te kai, ka kai te iwi
 4. Kia mate tāna ngeru, ka tino pōuri ia
 5. Kia mutu te tākaro/kēmu, ka hoki rāua ki te kāinga
 6. Kia mutu te hui, ka tū te hākari

7. Kia tīmata te kiriata, ka mutu tā tāua kōrero
8. Kia mutu te ua, ka puta ngā tamariki ki waho ki te tākaro
9. Kia kōrero koe, ka whakarongo te iwi
10. Kia oma ia, ka hikohiko te uira
2. Tuhia mai he aha te wā.
2. *Write down the time.*
1. Rima karaka i te ahiahi
2. Ono karaka i te ata
3. Hauwhā i te kotahi karaka i te ahiahi
4. Hauwhā i te tekau mā tahi karaka i te ata
5. Tekau karaka i te pō
6. Hauwhā ki te iwa karaka i te ata
7. Haurua i te toru karaka i te ata
8. Ono karaka i te pō
9. Haurua i te waru karaka i te pō
10. Haurua i te rua karaka i te ahiahi

Rāmere – Friday

2. Whakamāoritia tā Māka rāua ko Mere kōrero.
2. *Translate the sample dialogue between Māka and Mere.*
Mere and Māka are watching TV.
Mere: When does *Te Karere* start?
Māka: At 4 o'clock.
Mere: Are you going to watch?
Māka: Heck yes! I watch every day! When is Hēmi's and your meeting?
Mere: Next week. He cancelled our scheduled meeting this week – it's next week now.
Māka: That's a hassle!
Mere: Indeed!
Māka: When does your family come back from holiday in Rarotonga?
Mere: On Sunday.
Māka: Do you miss them?
Mere: Yes. If they don't hurry up and come back, I will really miss them (even more).
Māka: Don't worry, you and I will go to Rarotonga this year.
Mere: Hooray! When, Māka?
Māka: December, how is that?
Mere: Magnificent!

He Pangakupu
Across: 4. maoa; 6. whakamātautau; 7. rau; 8. rata; 9. mutu. Down: 1. hōhā; 2. wakarererangi; 3. Kapa Ōpango; 5. whakangungu; 6. whakakore.

WEEK TWENTY – Asking and saying when something happened or took place in the past

Rāhina – Monday

1. Whakamāoritia ēnei rerenga kōrero.
1. *Translate the following sentences into Māori.*
1. Nōnahea rāua i kai ai?
2. Nōnahea ia i mate ai?
3. Nōnahea koe i tae mai ai?
4. Nōnahea ia i whakairo ai i tērā?

5. Nōnahea a Hēmi i hoko ai i tōna waka hōu?
6. Nōnahea kōrua i mārena ai?
7. Nōnahea te kurī i kai ai?
8. Nōnahea koe i ako ai ki te kōrero Māori?
9. Nōnahea te ua i mutu ai?
10. Nōnahea ngā tamariki i haere ai ki te moe?

Rātū – Tuesday

1. E nanu ana te takoto o ēnei kupu, māu e whakaraupapa.
1. *The words in these sentences are jumbled. Put them in correct order.*
1. Inapō rāua i noho ai ki te kāinga
2. I te ata i oho ai te whānau
3. Inakuanei a Mere i wehe ai i Kirikiriroa
4. Nōnahea te hui i mutu ai
5. I te whitu karaka te whānau i moe ai
6. I tērā tau au i whakangungu ai
7. Inapō ia i tāhoe ai
8. Nō te ata nei a Māka i whakapai ai i te whare
9. Inakuanei te kuia i kohete ai i āna mokopuna
10. Nō te waru karaka au i pai ai
(Note: There are other possible combinations, but concentrate on these for now.)

Rāapa – Wednesday

1. Whakakāhoretia ēnei rerenga kōrero.
1. *Negate the following sentences.*
1. Kāore a Rangi i mārena i a Mereana i tērā wiki
2. Kāore au i haere ki te mahi inanahi
3. Kāore rāua i haere ki te toa inakuanei
4. Kāore a Kereama i mahi i tērā wiki
5. Kāore ngā tamariki i tākaro poiwhana i tērā tau
2. Whakamāoritia ēnei pātai.
2. *Translate the following questions into Māori.*
1. Inahea kōrua i **tauwehe** ai?
2. Inahea koe i **haere** ai?
3. Nōnahea ia i **tīmata** ai?
4. Nōnahea te raiona i **kai** ai?
5. Inahea ngā tamariki i **oho** ai?
6. Inahea te hui i **tīmata** ai?
7. Nōnahea te kura i **mutu** ai?
8. Nōnahea te whānau i **angitu** ai?
9. Inahea koe i **ako** ai?
10. Nōnahea te wai i **makariri** ai?

Rāpare – Thursday

2. Pānuitia te kōrero paki, ka whakautu ai i ngā pātai.
2. *Read the story and answer the questions.*
1. Ki te kari tuangi
2. Ki a Mere
3. Ākuanei
4. Ā te whitu karaka i te pō
5. Nō te whā karaka
6. Nō te hauwhā i te whā karaka
7. Angiangi – thin
8. Ā te kotahi hāora (Ā te whitukaraka ranoi)

Rāmere – Friday

2. Whakamāoritia tā Māka rāua ko Mere kōrero.
2. *Translate the sample dialogue between Māka and Mere.*

Mere and Māka are watching TV.
Mere: When did *Te Karere* start?
Māka: At 4 o'clock.
Mere: Did you watch?
Māka: Of course! When did you and Hēmi meet?
Mere: Last week. He called our meeting. It was good.
Māka: What was it about?
Mere: Our fundraising for the disabled.
Māka: When did your family return to Rarotonga to live?
Mere: Last year.
Māka: Do you miss them?
Mere: Yes, but I received a letter from them yesterday.
Māka: That's good.
Mere: Very good!
Māka: When were you last in Rarotonga?
Mere: The year 2000!

He Pangakupu

Across: 3. paki; 4. tuangi; 5. angitu; 8. taumaha; 9. whakautu; 10. angiangi. Down: 1. māmā; 2. onepū; 4. tauwehe; 6. poiwhana; 7. kaupapa.

WEEK TWENTY-ONE – More on Time / Asking for the cost / Seasons / Weather / Months of the year

Rāhina – Monday

1. Tuhia mai, he aha te wā.
1. *Write down the time.*
   1. Tekau mā waru meneti i te rima karaka i te ahiahi
   2. Tekau mā waru meneti ki te whitu karaka i te ata
   3. Hauwhā i te iwa karaka i te pō
   4. Hauwhā i te whā karaka i te ata
   5. Rua tekau mā toru meneti i te tekau karaka i te pō
   6. Waenganui pō
   7. Rua tekau mā rima meneti ki te whā karaka i te ata
   8. Iwa karaka i te pō
   9. Haurua i te rima karaka i te ahiahi/pō
   10. Hauwhā ki te toru karaka i te ahiahi
   11. 4:18 a.m.
   12. 8:48
   13. 12:00 a.m.
   14. 7:30 a.m.
   15. 10 p.m.
   16. 12:03 a.m.
   17. 11:49 p.m.
   18. 12 p.m.
   19. 5:45 p.m.
   20. 9:20 a.m.

Rātū – Tuesday

1. Kōwhirihia te rerenga kōrero tika mō ēnei rerenga Pākehā.
1. *Choose the correct sentence for these English phrases.*
   1. It is daylight / daybreak
   2. It is night time
   3. Sunset
   4. We all (three or more) are late
   5. Tomorrow morning
   6. Early in the morning
   7. Tomorrow afternoon
   8. It's too early
   9. When does the tour begin?
   10. It's too late
   11. The sun is shining!
   12. Oh no, hurry up!
   13. Hang on a minute!·
   14. Every day
   15. Every hour
   16. The bus departs every 30 minutes
   17. Food is served every 15 minutes

2. Tuhia te utu mō ēnei taputapu.
2. *Write the cost for each item.*
   1. Tekau tāra te utu mō te koti
   2. E rima mano, e rima rau tāra te utu mō ngā waka
   3. E rua tāra te utu mō te pukapuka
   4. E toru tāra te utu mō ngā pene
   5. E rima tekau hēneti te utu mō te inu
   6. E rua tekau mā rima tāra, e toru tekau hēneti te utu mō te whakairo
   7. Kotahi mano, e rima rau tāra te utu mō te reo irirangi
   8. E whā mano, whitu rau, e rima tekau tāra te utu mō ngā pahikara
   9. E toru tāra, whitu tekau mā rima hēneti te utu mō te tīhi
   10. E iwa tāra te utu mō ngā heihei
   11. E iwa tāra mā iwa hēneti te utu mō te mīti whakarae
   12. E whā tāra, rua tekau mā iwa hēneti te utu mō te hinu huawhenua
   13. E kotahi tāra te utu mō te ranu tōmato
   14. E rua tāra, toru tekau hēneti te utu mō te pata pīnati
   15. E ono tāra, rima hēneti te utu mō te ranu huamata

Rāapa – Wednesday

1. Tuhia te rā me te marama.
1. *Write the date.*
   1. Te tekau mā iwa o Whiringa-ā-rangi
   2. Te tuawaru o Hereturikōkā
   3. Te rua tekau mā rua o Hereturikōkā
   4. Te rua tekau mā rima o Pipiri

5. Te tekau mā waru o Huitanguru
6. Te rua tekau mā ono o Kohitātea
7. Te tuatoru o Paengawhāwhā
8. Te tekau mā waru o Hakihea
9. Te tekau mā waru o Whiringa-ā-rangi
10. Te rua tekau mā tahi o Whiringa-ā-nuku
11. Te tuawaru o Hōngongoi
12. Te tekau mā tahi o Poutūterangi
13. Te tekau mā whā o Haratua
14. Te tekau mā ono o Pipiri
15. Te toru tekau mā tahi o Mahuru

Rāpare – Thursday

1. Tuhia he kōrero huarere mō ia whakaahua.
1. *Write a sentence about the weather in each picture.*
  1. Kei te whiti te rā, kei te pupuhi te hau
  2. He rangi kāpuapua
  3. Kei te ua

Rāmere – Friday

2. Whakamāoritia tā Māka rāua ko Mere kōrero.
2. *Translate the sample dialogue between Māka and Mere.*
   Mere and Māka are going to town.
   Mere: When does the bus arrive?
   Māka: 3 o'clock.
   Mere: What's the time now?
   Māka: 2:45pm, it's close.
   Mere: When we get to town, what are you going to buy?
   Māka: A new jacket.
   Mere: What will that cost?
   Māka: $70–$80
   Mere: That's expensive!
   Māka: There is a sale on at Hallensteins.
   Mere: It is a good time to buy a jacket. Winter is close.
   Māka: Indeed! The weather is getting colder. There is frost starting to appear on the ground.
   Mere: When does winter start?
   Māka: June.
   Mere: Summer is better than winter!

WEEK TWENTY-TWO – The passive sentence structure

Rāhina – Monday

1. Hurihia ngā rerenga kōrero nei hei rerenga hāngū.
1. *Change the following sentences into the passive form.*
  1. Kei te keria te whenua e ia
  2. Kua horoia e ia ngā kākahu
  3. Kei te katohia e rāua ngā putiputi
  4. Kei te herea e te whānau ā rātou kurī
  5. Kua waiatatia e rātou tēnā waiata
  6. I whāngaia e ia te pēpi
  7. I mekea ia e au

8. Ka karangahia e te kuia te manuhiri
9. Ka mahia e rātou tērā mahi
10. E ngakia ana e ngā tamariki te māra

Rātū – Tuesday

1. Whakatikahia ngā hapa.
1. *Correct the grammatical errors in these sentences.*
  1. Kei te takahia e ia te manuhiri
  2. Kei te patua e te ngeru te manu
  3. Kua kainga e ngā tamariki ngā tuangi
  4. E keria ana te waikeri e ngā tāngata
  5. I kōhurutia e te wahine tana tāne
  6. I panaia ia e te tumuaki
  7. Ka kohetetia koe e te koroua rā
  8. Ka herua e ia ō makawe
  9. Kua haria mai ngā harore e rātou
  10. Kua hauhaketia e rātou ngā kūmara
2. Hurihia ngā rerenga kōrero nei hei rerenga hāngū.
2. *Change the following sentences into the passive form.*
  1. Kei te pokepokea e ia te parāoa
  2. Kua tuhia e ia ngā kōrero
  3. I whakapaitia e koe tō taiwhanga moe?
  4. I kainga e koe āu puarere?
  5. Kei te whakairia e ia ōna kākahu
  6. I kimihia koe e au
  7. Kei te tokitokia e ia ngā rākau
  8. Kei te hokona e ia te kāngarere?
  9. Kua pātaitia e ia te pātai
  10. Ka tīhorea e ngā tamariki ngā āporo

Rāapa – Wednesday

1. Whakakāhoretia ngā rerenga kōrero hāngū nei.
1. *Negate the following passive sentences.*
  1. Kāore te iwi i te arahina e ia
  2. Kāore anō te pou kia whakatūria e ia
  3. Kāore anō te whare kia whakapaitia e te whānau
  4. Kāore ngā toenga kai i kainga e te kurī
  5. Kāore ōna kākahu i te whakairia e ia
  6. Kāore tō mahi i kitea e au
  7. Kāore rātou i te pērātia e ia
  8. Kāore te waka hōu i te hokona e ia
  9. Kāore anō te tamaiti kia āwhinatia e te kaiako
  10. Kāore koe e tautokohia e mātou

Rāpare – Thursday

1. Pānuitia te kōrero e whai ake nei, ka whakautu ai i ngā pātai.
1. *Read the following story and answer the questions.*
  1. arahina tahuna kohikohia pūhia huakina tangohia whakahokia tunua kainga patua whiua hopukina kitea hikina tohua
  2. Ka arahina ngā tamariki e tō rātou pāpā
  3. Ka tahuna he kāpura e rātou

4. Ka rongo ngā tamariki i tētahi tangi rerekē
5. He manu, he 'morepork'
6. Ka ngaua ngā taringa o te poaka e ngā kurī
7. Ka pūhia te poaka e te Pāpā
8. He tangata kōhuru koe, Pāpā!
9. I huakina, i tangohia ngā whēkau, i tahuna, i whakahokia hei kai mā rātou
10. I patua te poaka e te pāpā hei kai mā rātou

Rāmere – Friday

2. Whakamāoritia tā Māka rāua ko Mere kōrero.
2. *Translate the sample dialogue between Māka and Mere.*

Mere: Look! The lion is biting the zebra!
Māka: Who let them be in the same place together?
Mere: I don't know, but whoever it was deserves to be fired.
Māka: If I was his / her boss, I would give him / her a severe reprimand.
Mere: It looks like the zebra stole the lion's food.
Māka: No wonder the lion bit the zebra, serves him right!
Mere: My stomach is rumbling.
Māka: Are you hungry, Mere?
Mere: Yes! I could eat just about anything.
Māka: An ant sandwich?
Mere: I'd eat it.
Māka: A slug burger?
Mere: I'd eat it.
Māka: Whoa, you are hungry!

He Pangakupu

Across: 3. hēpapa; 5. hauhake; 7. karanga; 10. pōpokorua; 11. here; 12. keri. Down: 1. kato; 2. raiona; 4. whakaoho; 6. ngunguru; 8. hanawiti; 9. kōhuru.

WEEK TWENTY-THREE – Using 'ka taea'

Rāhina – Monday

1. Whakapākehātia ēnei rerenga kōrero.
1. *Translate the following sentences into English.*

1. Can you post this letter?
2. Can you facilitate/organise the welcome?
3. Can you answer that question?
4. A shark can kill a seal
5. He / She can shine your shoes
6. Who can climb that mountain over there?
7. Can you collect my children from school this afternoon?
8. We can shut that blow-bag up
9. Can you do this maths exercise?
10. You can do it my friend! You are a champion!

Rātū – Tuesday

1. Whakatikahia ngā hapa.
1. *Correct the grammatical errors in these sentences.*

1. Ka taea e ia te manuhiri te tiaki
2. Ka taea e te ngeru te manu te patu
3. Ka taea e ngā tamariki ngā tuangi te kohi
4. Ka taea e te whānau te manu te whakaora
5. Ka taea e te kōtiro tērā mahi te kawe
6. Ka taea e au te whare te hanga ināianei
7. E pai ana kia haere
8. E mōhio ana ia ki te kōrero Māori
9. Ka taea e ratou ngā harore te hari mai
10. Ka taea e rātou ngā kūmara te hauhake

2. Whakamāoritia ēnei rerenga kōrero.
2. *Translate the following sentences into Māori.*

1. Ka taea e au
2. Ka taea e rāua te kai te whakataka
3. Ka taea e au te whakaahua te mahi
4. Ka taea e te kurī te ripi te hopu
5. Ka taea e koe tō hoariri te patu
6. Ka taea e te koroua he tokotoko hōu te hoko
7. Ka taea e ngā tamariki ngā pahikara te whakatika
8. Ka taea e koe a Mere te kohi i te kura?
9. Ka taea e koe tō mātou wharenui te whakairo?
10. Ka taea e koe te kūaha te huaki?

Rāapa – Wednesday

1. Whakakāhoretia ngā rerenga kōrero nei.
1. *Negate the following taea sentences.*

1. Kāore e taea e ia te manuhiri te tiaki
2. Kāore e taea e te ngeru te manu te patu
3. Kāore e taea e ngā tamariki ngā tuangi te kohi
4. Kāore e taea e te whānau te manu te whakaora
5. Kāore e taea e te kōtiro tērā mahi te kawe
6. Kāore e taea e au te whare te hanga ināianei
7. Kāore e taea e te kōtiro te rakau te piki
8. Kāore e taea e koe
9. Kāore e taea e rātou ngā harore te hari mai
10. Kāore e taea e rātou ngā kūmara te hauhake

2. Ināianei, whakapākehātia ngā rerenga kōrero whakakāhore.
2. *The next task is to translate your negative sentences into English.*

1. He / She is unable to look after the visitors
2. The cat is unable to kill the bird
3. The children are unable to collect cockles
4. The family is unable to save the bird
5. The girl is unable to perform that task
6. I am unable to build the house now
7. The girl is unable to climb the tree
8. You can't do it / You are unable to do it
9. They are unable to bring the mushrooms
10. They are unable to cultivate the kūmara

Rāpare – Thursday

1. Pānuitia te kōrero e whai ake nei, ka whakautu ai i ngā pātai.
1. *Read the following story and answer the questions.*
 1. Kei te kai puarere a Mere
 2. Kei te heu te pāpā i tana pāhau
 3. Kāo
 4. Kāore ōna tūru
 5. I tīhaea
 6. Kāo
 7. Sellotape
 8. Mā tōna māmā tāna pukapuka e whakatika
 9. Āe
 10. Hooray

Rāmere – Friday

2. Whakamāoritia tā Māka rāua ko Mere kōrero.
2. *Translate the sample dialogue between Māka and Mere.*
 Mere and Māka are at work.
 Mere: Can you prepare this food?
 Māka: Of course, pass it here.
 Mere: When you are done, we'll go to the staff meeting, OK?
 Māka: Oh, I am not going to that meeting, can you give my apologies?
 Mere: Where are you going?
 Māka: My partner and I are going to celebrate our second-year anniversary.
 Mere: Can't you postpone / delay that event?
 Māka: Can't do it.
 Mere: All right then. I will give your apology.
 Māka: Thank you, Mere! My partner will be very happy.
 Mere: If you don't go to the next meeting, you'll get in trouble.
 Māka: You're right! There is no way I can miss that meeting.

WEEK TWENTY-FOUR – Giving orders

Rāhina – Monday

2. Whakamāoritia ēnei rerenga kōrero.
2. *Translate these sentences into Māori.*
 1. Mauria mai tērā merengi ki te tēpu
 2. Tikina tērā mārau
 3. Unuhia ō hū
 4. Katia te kūaha
 5. Āwhinatia ngā tauira hōu
 6. Hopukina te hōiho
 7. Hikina ake
 8. Whāia te mātauranga
 9. Ākona tēnei
 10. Waiatahia te waiata

Rātū – Tuesday

1. Honoa te hāngū tika ki ēnei kupu.

---

1. *Place the correct passive ending on these words.*
 1. Hokona ēnā rare
 2. Kōrerotia te reo Māori
 3. Taona ngā rīwai me ngā kūmara
 4. Mahia te mahi
 5. Ākona ngā kupu o te waiata
 6. Tahia te wharekai me te wharenui
 7. Waiatatia tā koutou waiata hōu
 8. Unuhia ō kākahu
 9. Inumia tō inu
 10. Whāia a Mere
 11. Horoia tō kanohi me ō ringaringa
 12. Pūhia te paihamu rā
 13. Tāria te wā
 14. Kuhuna te kāuta o te whare
 15. Whakaakona a Māka ki te mau taiaha

Rāpare – Thursday

1. Tuhia tō whakahau ki ēnei horopaki.
1. *Write your command for each of these situations.*
 1. Me moe a Rewi
 2. Me kai te koroua
 3. Me inu ngā tamariki
 4. Me hoko kai te whānau
 5. Me whakatika a Tame i tōna waka
 6. Me horoi a Māka i ōna ringa
 7. Me panoni te kope o te pēpi
 8. Me horoi ringa a Manawanui
 9. Me tiki wai / Me waea atu ki ngā kaipatu ahi
 10. Me whāngai te pēpi
 11. Me whakamaroke ngā kākahu
 12. Me tapahi te karaehe / Me pōtarotaro te mauti
 13. Me kuhu i ngā kahutere
 14. Me pani ki te ārai tīkākā
 15. Me maranga

Rāmere – Friday

2. Whakamāoritia tā Māka rāua ko Mere kōrero.
2. *Translate the sample dialogue between Māka and Mere.*
 Mere and Māka are at school.
 There is a knock at the door.
 Kaiako: Māka, stand up! Open the door.
 Mere enters.
 Kaiako: Very good, Māka, sit down!
 Mere: Hello, Whaea Charlotte. Sign this please.
 The teacher signs it.
 Kaiako: Take this to the office now, Mere. When will you be back?
 Mere: Soon, Whaea.
 Māka: Whaea, let's sing.
 Kaiako: OK, Māka, choose a song.
 Māka: 'Purea nei'?
 Kaiako: Great! Sing along children.
 Mere returns from the office.
 Kaiako: Come in, Mere, sit down.
 Māka: Hey Mere, pull my finger . . .

He Pangakupu

Across: 2. merengi; 4. kōwhiri; 5. kūaha; 6. pātītī;
7. tauira; 9. tari. Down: 1. huaki; 2. matimati;
3. rango; 6. pātōtō; 8. rīwai.

WEEK TWENTY FIVE – Stative verbs

Rāhina – Monday

1. Whakamāoritia ēnei rerenga kōrero.
   Whakamahia ngā kupu anga e whā.
1. *Translate the following sentences into Māori.
   Use one of the four direction indicators in
   each sentence.*

1. Kei te piki ake rāua ki te tihi o te maunga
2. Kei te heke iho rātou i te tihi o te maunga
3. Haere atu
4. Haere mai
5. Kōrero mai
6. Awhi mai
7. I taka iho i te rangi
8. I taka mai te pouaka whakaata i te pātū
9. I pahū ake te whare
10. I heke iho te ua i te rangi
11. Karanga mai
12. Karanga atu
13. Mihi mai
14. Mihi atu
15. Mihi ake

Rātū – Tuesday

1. Kei te tika, kei te hē rānei te takoto o ēnei
   rerenga? Mēnā kei te hē, māu e whakatika.
1. *Is the structure of the following sentences
   correct? If incorrect, fix it.*

1. Kei te hē = Kua pakaru i a koe
2. Kei te hē = Kua oti i a ia te mahi
3. Kei te hē = Kua ngaro i a Mere tana pēke
4. Kua ngaro i a Hēmi tōna pōtae
5. I ora au i a koe
6. Kei te hē = Kua pau i ngā tamariki te kai
7. Kua mākona taku puku i te maha o ngā kōura
8. Kei te hē = E kore e oti i a rātou taua whare i
   te ahiahi nei
9. Āpōpō, ka ea i te iwi tā rātou whakataunga
   tiriti
10. Kei te hē = Kua mau i a Rewi te pōro

Rāapa – Wednesday

1. Whakapākehātia ēnei rerenga kōrero kupu
   mahi āhua.
1. *Translate these stative-verb sentences.*

1. He / She has completed all of the children's
   chores
2. They have been defeated by you
3. He / She spent all our money
4. My land has been obtained by you
5. If not, we will leave you behind
6. He has broken his ankle
7. I have forgotten your books

8. If you hesitate, he / she will defeat you
9. At 7 p.m. their father passed away of cancer
10. Be careful, or you will be caught by the police
2. Whakamāoritia ēnei rerenga kōrero kupu mahi
   āhua.
2. *Translate these stative-verb sentences.*

1. Kua ngaro i a ia taku pōro
2. Kua pau katoa ngā inu
3. Kua oti i a au āku mahi
4. Kua ora katoa mātou i tō manaakitanga
5. I whati te kōiwi o tōna waewae
6. I mate ia i te hē manawa
7. Ākuanei ka wareware i a koe a Mere
8. I mau i a koe te manu
9. I mau au
10. I ora au i a Mere

Rāpare – Thursday

1. Whakakāhoretia ēnei rerenga.
1. *Negate the following sentences.*

1. Kāore anō te ipu kia pakaru i ngā tamariki
2. Kāore anō kia oti i ngā mātua ngā kōrero te
   tuhi
3. Kāore e ngaro i a Mere tana pōtae
4. Kāore rāua e mate i a Hēmi rāua ko Hēnare
5. Kāore mātou i ora i tāu manaakitanga
6. Kāore anō te kai kia pau i ngā tamariki
7. Kāore i mākona taku puku i te maha o ngā
   keke tiakarete
8. Kāore e oti ana i taua whare ngā manuhiri te
   whakaruruhau
9. Kāore tā rātou kaupapa i te mānu i te iwi
10. Kāore tōku mana i te riro i a koe

Rāmere – Friday

2. Whakamāoritia tā Māka rāua ko Mere kōrero.
2. *Translate the sample dialogue between Māka
   and Mere.*
   Mere and Māka are playing.
   Māka: You can't catch me. You can't catch me!
   Mere: I don't want to chase you, Māka. I am
   going to the see-saw, up, down, up, down.
   Māka: Wait for me, Mere.
   Mere: You are still on the swing, get down!
   Hurry up!
   Māka: When I am finished doing this, I will join
   you on the see-saw.
   Mere: You're a pain. I am going to buy a feed.
   Māka: There is food in our bag. Mum made it.
   Mere: I consumed that food a short while ago.
   Māka: Pig!
   Mere: Never mind yours!

WEEK TWENTY-SIX – Asking and answering 'why' and 'why not' questions

Rāhina – Monday

1. Tirohia te whakaahua, ka whakaoti ai i te rerenga.
1. *Look at the picture and complete the sentence.*
   1. He aha te kurī i kai ai i te wheua?
   2. He aha te ngeru i moe ai?
   3. He aha te manu i waiata ai?
   4. He aha ngā wāhine i noho ai?
   5. He aha ngā tamariki i tākaro ai?
2. Whakamāoritia ēnei rerenga kōrero.
2. *Translate the following sentences into Māori.*
   1. He aha a Rereata i whiu ai i te tāmure tuatahi ki te moana?
   2. He aha koe i whāki ai ki a ia?
   3. He aha rātou i wehe ai?
   4. He aha te rākau i mate ai?
   5. He aha a Mere i patu ai i a Hēmi?
   6. He aha au i haere ai ki te hui?
   7. He aha ia i hiahia ai ki te kai Hainamana?
   8. He aha koe i waea atu ai ki a ia?
   9. He aha koe i rawemākoi ai?
   10. He aha te heihei i whakawhiti ai i te huarahi?

Rātū – Tuesday

2. Whakamāoritia ēnei rerenga kōrero.
2. *Translate the following sentences into Māori.*
   1. He aha koe i kore ai e haere?
   2. He aha rāua i kore ai e pātai ki a au?
   3. He aha koe i kore ai e whai whakaaro ki a ia?
   4. He aha ia i kore ai e tāhae i tana kawe reo?
   5. He aha koe i kore ai e waea mai?
   6. He aha koe i kore ai e tiaki i a rātou?
   7. He aha te iwi i kore ai e pōwhiri i te manuhiri?
   8. He aha ngā tamariki i kore ai e mahi i ā rātou mahi kāinga?
   9. He aha te umu i kore ai e mahi?
   10. He aha au i kore ai e pānui i te karere hiko?

Rāapa – Wednesday

2. Whakamāoritia/Whakapākehātia rānei ēnei rerenga kōrero.
2. *Translate these sentences into Māori or English.*
   1. Because she is a mischievous girl
   2. Nā te mea i ngenge au
   3. Nā te mea kei te mataku māua
   4. Because the boys started to play
   5. Because I am watching *Te Karere*
   6. Nā te mea i mate ia i te hē manawa
   7. Nā te mea ka wareware i a koe a Mere ākuanei
   8. Because they caught the bird
   9. Because the boat sank
   10. Because you are a good singer

Rāpare – Thursday

2. Whakamāoritia/Whakapākehātia rānei ēnei rerenga kōrero, *kia . . . ai.*
2. *Translate these kia . . . ai sentences into Māori or English.*
   1. So that I wouldn't miss the rugby
   2. Kia pātai atu ai au ki a ia kia mārena i a au
   3. Kia kore ai māua e mataku
   4. So that they would finish fighting
   5. So that I would learn the traditional knowledge
   6. Kia kore ai ia e mate i te mate huka
   7. Kia kite ai au i taku tuahine
   8. So I could tell my younger sister off
   9. So that my motorbike wouldn't get stolen by you
   10. Kia kore ai taku keke e kainga e ngā tamariki

Rāmere – Friday

2. Whakamāoritia tā Māka rāua ko Mere kōrero.
2. *Translate the sample dialogue between Māka and Mere.*
   Mere and Māka are at school.
   Māka: Did you go to maths?
   Mere: No.
   Māka: Why not?
   Mere: Because I didn't want to. Why do you ask?
   Māka: I just wanted to know where you were.
   Mere: Did you go?
   Māka: Yes.
   Mere: Why? You're not into maths.
   Māka: Because I want to learn about algebra.
   Mere: Algebra?! Why do you want to learn about that boring topic?
   Māka: I like that topic.
   Mere: Why?
   Māka: It's choice! So there!

He Pangakupu

Across: 2. whiu; 7. whakahiamo; 8. take; 9. hē manawa; 11. tautoko; 12. mihi; 13. pīrangi; 14. kaingākau. Down: 1. pirimia; 2. whawhai; 3. rawemākoi; 4. mate huka; 5. haututū; 6. hongehongeā; 10. tao.

WEEK TWENTY SEVEN – Using 'ka' to tell a story

Rāhina – Monday

1. Whakaraupapahia ēnei rerenga kōrero kia tika ai te takoto o te kōrero paki.
1. *Put the following sentences in order so that the story makes sense.*
   1. I ngā ata o te wiki
   2. Ka oho au
   3. Ka whakapai au i taku moenga
   4. Ka kuhu au i ōku kākahu mō te rā
   5. Ka horoi au i taku kanohi

6. Ka karakia i taku kai
7. Ka parakuihi
8. Ka āka au i ōku niho
9. Ka pōkai au i taku pēke kura
10. Ka oma au ki te kura
2. Whakapākehātia ēnei rerenga kōrero paki.
2. *Translate these narrative sentences into English.*
   1. We had an awesome night last night, mate!
   2. First, we went to the Thai restaurant to eat
   3. Then we went to the pub
   4. We had three drinks
   5. Then we went to Hēmi's house to watch the netball
   6. Not long after that we left to go to town
   7. We went to Boogie Wonderland
   8. There were heaps of people there dancing
   9. At 3 a.m., we went to McDonald's and Te Arahi threw up
   10. Then we went home

Rāapa – Wednesday

1. Pānuitia te kōrero paki nei, ka whakautu ai i ngā pātai.
1. *Read the story and answer the questions.*
   1. Ki te moe koe i tēnā tāne, ka pōuri koe!
      = If you marry that man, you will be sad!
      Ki te whawhai tāua, ka patu au i a koe!
      = If we fight, I will destroy you!
      Ki te kihi koe i a au, ka huri au hei tāne ranginamu
      = If you kiss me, I will turn into a handsome man
      Ki te kore koe e kihi i a au, ka poroka tonu au
      = If you don't kiss me, I will remain a frog
   2. I a ia e noho ana, ka moemoeā ia i tētahi tāne ranginamu māna
      = While she was sitting, she dreamed of a handsome husband
      I a ia e kōrero ana ki te poroka, ka ngāueue te whenua, ka tae mai he tāne ranginamu mā runga hōiho mā
      = While she was talking to the frog, the ground shook, and a handsome man arrived on a white horse
      I a ia e whakapehapeha ana, ka huri te poroka ki te tapairu
      = While he was bragging, the frog turned to the princess
      I a ia e whakaaro ana, ka whakapehapeha tonu te toa
      = While she was thinking, the warrior continued to brag
   3. Kei te taha o te hōpua wai
   4. Kāore āna whaiāipo
   5. Ngāti Kutekute
   6. Ka tarapeke mai he poroka
   7. Tāne ranginamu

8. Nā te ruānuku
9. Ka papā te whatitiri, ka hikohiko te uira
10. Mā te kihi a te tapairu

Rāpare – Thursday

1. Tuhia te whakatūpato mō ēnei horopaki.
1. *Write the appropriate warning for these situations.*
   1. Kia tūpato, kei kai te mako i a koe!
   2. Kia tūpato, kei taka koe i konā!
   3. Kia tūpato, kei wera i a koe te whare!
   4. Kia tūpato, kei aituā koe!
   5. Kia tūpato, kei mate koe i te hiko!
   6. Kia tūpato, kei paheke koutou!
   7. Kia tūpato, kei toromi koutou!
   8. Kia tūpato, kei patua koe!
   9. Kia tūpato, kei ngaua tō ringa!
   10. Kia tūpato, kei mate koe!

Rāmere – Friday

2. Whakamāoritia tā Māka rāua ko Mere kōrero.
2. *Translate the sample dialogue between Māka and Mere.*
   Mere and Māka are under a tree.
   Māka: Tell me the story of Hinemoa and Tūtānekai again.
   Mere: In the old days, Tūtānekai lived on Mokoia Island.
   One day, he went to a meeting held by the people of Hinemoa.
   When he saw Hinemoa, he fell in love.
   Tūtānekai said, 'Come to the island tonight. Follow the sound of my flute.'
   When night came, Hinemoa set off to the lake edge, but her father had ordered all the canoes to be pulled up on the beach.
   Hinemoa took off her clothes and began to swim.
   She grew tired and weak, but continued to swim, eventually arriving at the island.
   She entered into the hot pool to warm her body. Tūtānekai's servant came to fetch water, but Hinemoa smashed his calabash.
   Tūtānekai then arrived and yelled, 'Who smashed my calabash?!'
   Hinemoa revealed herself, and Tūtānekai was so happy, they embraced and lived happily ever after.
   Māka: Awesome, Mere!

He Pangakupu

Across: 2. ngoikore; 5. tapairu; 10. whakapehapeha; 12. pakaru; 13. pūrere; 14. tinana.
Down: 1. poitarawhiti; 3. ruaki; 4. moutere; 6. pōkai tueke; 7. hāparangi; 8. Makitānara; 9. kanohi; 11. unu.

WEEK TWENTY-EIGHT – Summing up

Rāhina – Monday

2. Ināianei me tuhi ō rerenga kōrero.
2. *Now write down your sentences.*

1. Hōmai te rau mamao
   Hoatu te rau mamao
2. Hōmai te rorohiko
   Hoatu te rorohiko
3. Hōmai te whare
   Hoatu te whare

Rātū – Tuesday

1. Whakamāoritia ngā rerenga kōrero nei.
1. *Translate these sentences into Māori.*

1. Te tere hoki o Pita!
2. Tō pukumahi hoki!
3. Tō atamai hoki!
4. Te whakatoi hoki o tērā kuia!
5. Te teitei hoki o tērā rākau!
6. Te ātaahua hoki o tērā kōtiro!
7. Tō kōrua hiamoe hoki!
8. Tō koutou māia hoki!
9. Te koretake hoki o tērā kapa!
10. Te reka hoki o tēnei kai!

Rāapa – Wednesday

1. Whakapākehātia ngā rerenga kōrero nei.
1. *Translate these sentences into English.*

1. I have just seen her / him
2. The kids have just cooked our food
3. The tribe has just won
4. The Government has just settled their treaty claim
5. I have just been kissed by Mere
6. That rascal has just been dealt to by me
7. The girls have just arrived at the netball courts
8. The night's prayer service has just finished
9. The dogs have just been fed
10. The kids have just slept

Rāpare – Thursday

1. Pānuitia te kōrero, ka whakautu ai i ngā pātai.
1. *Read the following dialogue and answer the questions.*

1. Nō Kirikiriroa a Takutai
2. Ko Taupiri tōna maunga
3. Ko Mereana tana tuahine
4. Ko Nīkao tana wahine
5. He kaiako a Nīkao
6. E ono ngā tau ō Tūtere
7. Āe
8. Tokorua ngā tuākana o Takutai
9. Te Kura Kaupapa Māori o Hoani Waititi Marae

Rāmere – Friday

2. Whakamāoritia tā Māka rāua ko Mere kōrero.
2. *Translate the sample dialogue between Māka and Mere.*

Mere and Māka are at the dinner table.
Māka: Pass me the butter, Mere.
Mere: Here. Pass me the salt.
Māka: Where is Te Rina?
Mere: Still sleeping.
Māka: Whoa, what a sleepyhead that girl is!
Mere: Hang on, I can hear her voice.
Māka: She has just woken up.
Mere: Pass me a knife and fork so I can cut my toast.
Māka: Be careful, you might slice your finger!
Mere: I'm not clumsy like you are! Ouch!

WEEK TWENTY-NINE – Revision

Rāhina – Monday

1. Kei te hē te takoto o ngā kupu i roto i ngā rārangi nei. Māu e whakatika.
1. *The following sentences are grammatically incorrect. Rewrite the sentence in its correct form.*

1. Ka taea e au tēnā te hopu
2. Kāore au e mōhio ana ki te kōrero Māori
3. Kua oti i a au aku mahi
4. Mā Hemi ahau e kawe
5. Kei te patua e Hare te kurī
6. Ko te kurī hoki tērā a Mere
7. He aha rātou i noho atu ai ki Rotorua?
8. Nāna i whāngai ngā heihei.
9. Kei te pupuri i ngā kete a Hera mā
10. Ā tērā wiki, ka haere rātou ki te pupuhi poaka

Rātū – Tuesday

1. Whakakāhoretia ēnei rerenga kōrero.
1. *Negate these sentences.*

1. Kāore ngā tamariki i te kai i ngā hua rākau
2. Kāore rātou i haere ki Kirikiriroa inanahi
3. Kāore te kurī i raro i te whare
4. Kāore anō koe kia patu i te kau
5. Ehara tērā tāone i a Rotorua
6. Ehara a Mere i te tamāhine a Rīhari rāua ko Tunoa
7. Ehara tēnā i te āporo
8. Ehara i a ia te kākahu e iri mai nā
9. Ehara i a au tēnā pukapuka
10. He aha koutou i kore ai e haere ki tērā hui

Rāapa – Wednesday

1. Kei te hē te takoto o ngā kupu i roto i ngā rārangi nei. Māu e whakatika.
1. *The following sentences are grammatically incorrect. Rewrite them in their correct forms.*

1. Ka auraki atu rātou ki tō rātou kāinga
2. E mōhio ana rāua ki te kōrero i te reo
3. Māna e hanga te whare
4. Kāore i pakaru i a rātou te kūaha
5. Mā Hēmi e hautū te waka
6. Māu e tuhi ngā kōrero
7. Me waiata te waiata rā anō
8. Tatari ki a au i te marae

9. Kāore e taea e koe
10. Nāku tēnei pukapuka

Rāpare – Thursday

1. Whakaotia ēnei rerenga.
1. *Complete these sentences.*
   Let's all pass the rugby ball around
   Roimata is jumping
   Run off to the swing
   Roimata is clapping
   You're very good at skipping!
   Let's all dance!
   Hamuera is laughing!
   Shall we read a book?
   You're really good at writing
   Roimata is hopping

2. Whakapākehātia.
2. *Translate into English.*
   I am not hungry
   I don't know
   This is sour
   Don't be grumpy
   The floor is dirty

Rāmere – Friday

1. Tuhia te kupu Māori.
1. *Write the Māori word.*

mahi	paru
whakapai	mā
horoi	ūkui
rihi	kākahu
papa	runga
raro	āwhina
heketua	me

2. E nanu ana ēnei rerenga, māu e whakaraupapa.
2. *The sentences below are jumbled. Put them in order.*
   Me mahi tahi tātou?
   Me whakapai i tō moenga
   Me horoi i ō kākahu
   He paru te papa
   Me horoi ki runga
   Me horoi ki raro
   Māku koe e āwhina
   Me horoi i te heketua

WEEK THIRTY – Revision continued

Rāhina – Monday

1. Honoa te kupu Māori ki tana whakamārama Pākehā.
1. *Match up the Māori word to the English translation.*

horoi	wash
waka / motokā	car
wai	water
kākahu	clothes
waiata	sing / song

moemoeā	dreams
noho	sit (also stay)
moe	sleep
moenga	bed
kai	food

2. Whakaotia ēnei rerenga.
2. *Complete the Māori phrases.*
   1. I au tō **moe**?
   2. I **pai** ōu moemoeā?
   3. Me whakapai i tō **moenga**
   4. Kei hea ō **kākahu**
   5. He **kai** māu?
   6. Kia **āta** kai
   7. He **wai** mōu?
   8. Me **horoi** ki te wai
   9. Me **horoi** i ōu **kākahu**
   10. Me haere ki te **waka**
   11. Āta **noho** ki tō tūru
   12. Me **waiata** tātou?
   13. He **pai** tēnei waiata!

Rātū – Tuesday

1. Whakaotia ēnei rerenga.
1. *Complete the Māori phrases.*
   1. **Kaua** e umere
   2. Tīkina ngā **pukapuka**
   3. **Hōmai** te mea tākaro
   4. Me **tohatoha** koe
   5. He **tino pai** tāu mahi!
   6. **Kaua** e patu
   7. Kei runga noa **atu** koe!
   8. **Me** haere koe ki te taupua?
   9. **Waiho** tēnā
   10. Kaua e **tangi**

2. Honoa te rerenga Māori ki tana whakamāra ma Pākehā.
2. *Match the Māori sentence with its correct meaning.*

Kei te aha te raiona?	What is the lion doing?
Kei te whangaihia ki te aha?	What is he being fed?
Kei te kimi kai	He's looking for food
Kei te ngengere ia!	He's roaring!
Kei te whangaihia ki te mīti	He's being fed meat

Rāapa – Wednesday

2. Honoa te rerenga huarere Māori ki tana whakamārama tika.
2. *Connect the Māori weather phrase to its correct translation.*

Kei te whiti te rā	The sun is shining
Te āhua nei, ka paki	It looks like it's going to be fine
E pararā ana te hau	It's extremely windy
He rā pai tēnei mō te kaukau	It's a great day for a swim
He wera tēnei rā	It's hot today

Rāpare – Thursday

1. Whakamāoritia / Whakapākehātia.
1. *Translate into Māori or English.*
   1. Ka mahue rāua i tō rāua tuahine.
   2. I lost my pens. They were in my bedroom before.
   3. I mate ia i te hē manawa i a ia i runga te heketua.
   4. His throat is very sore due to the flu, but he won't take his medicine.
   5. Kua ea i a au aku nama, ināianei, me poro haurangi au!
   6. I stood on the soap while I was getting out of the shower, I slipped and my face hit the corner of the toilet. I broke my jaw and my nose.

Rāmere – Friday

1. Whakamāoritia / Whakapākehātia.
1. *Translate into Māori or English.*
   1. I mau au e mahi pūremu ana.
   2. I have emptied the clothes basket, taken the rubbish bin outside and repaired the chair.
   3. I roto au i te whawhai, kātahi ka ora au i tētahi tauhou. I whāki mai ia i tōna ingoa, engari kua wareware i a au.
   4. Kua takoto i a au te koha, me te taki kia panoni rātou i ā rātou tikanga.
   5. They have obtained control of the meeting and they have launched a new protocol.

He mihi / Acknowledgements

Ki taku tōrere pūmau ki a Stacey,

Ki aku tamariki kāmehameha ki a Hawaiki, Kurawaka me Maiana,

Ki taku kōkara whakaruruhau ki a Beverley,

Ki a Jeremy Sherlock me Tessa King o te umanga o Penguin,

Ki aku hoa whare wānanga, nā kōrua nei i whakatō mai te kākano o te reo ki tōku whatumanawa, arā, ki a Finney Davis kōrua ko Timi-i-te-pō Hohepa, tae atu rā ki aku pouako kaingākau nā koutou nei tōku reo i whakapakari, i whakamakaurangi kia puāwai atu ai ki te ao, arā, ki ngā whitiki o te kī, ki ngā rūānuku o te kōrero, ki a Ahorangi Wharehuia Milroy, Ahorangi Timotī Kāretu, me Ahorangi Pou Temara,

Tē taea e te kupu noa ngā mihi o te ngākau te whakapuaki ake, nō reira, kia pēnei noa, tēnā rā koutou katoa!

To my darling wife Stacey,

To my precious children Hawaiki, Kurawaka and Maiana Sam,

To my ever supportive mother Beverley,

To Jeremy Sherlock and Tessa King and Penguin,

To my university colleagues Finney Davis and Timi-i-te-pō Hohepa, who encouraged me to learn the language and imbedded its essence within me,

To my admired lecturers, who continue to shape and enhance my language skills in readiness for the public arena, doyens of oratory, virtuosos of rhetoric: Professor Wharehuia Milroy, Professor Timotī Kāretu and Professor Pou Temara,

Words cannot fully express my gratitude!

A RAUPO BOOK
Published by the Penguin Group
Penguin Group (NZ), 67 Apollo Drive, Rosedale,
Auckland 0632, New Zealand (a division of Penguin New Zealand Pty Ltd)
Penguin Group (USA) Inc., 375 Hudson Street,
New York, New York 10014, USA
Penguin Group (Canada), 90 Eglinton Avenue East, Suite 700, Toronto,
Ontario, M4P 2Y3, Canada (a division of Penguin Canada Books Inc.)
Penguin Books Ltd, 80 Strand, London, WC2R 0RL, England
Penguin Ireland, 25 St Stephen's Green,
Dublin 2, Ireland (a division of Penguin Books Ltd)
Penguin Group (Australia), 707 Collins Street, Melbourne,
Victoria 3008, Australia (a division of Penguin Australia Pty Ltd)
Penguin Books India Pvt Ltd, 11, Community Centre,
Panchsheel Park, New Delhi – 110 017, India
Penguin Books (South Africa) (Pty) Ltd, Block D, Rosebank Office Park,
181 Jan Smuts Avenue, Parktown North, Gauteng 2193, South Africa
Penguin (Beijing) Ltd, 7F, Tower B, Jiaming Center, 27 East Third Ring Road North,
Chaoyang District, Beijing 100020, China

Penguin Books Ltd, Registered Offices: 80 Strand, London, WC2R 0RL, England

First published by Penguin Group (NZ), 2015

Designed by Sarah Healey and Shaun Jury, © Penguin Group (NZ)
Typeset by Shaun Jury
Illustrations by Kiah Nagasaka
Printed and bound in Australia by Griffin Press,
an Accredited ISO AS/NZS 14001 Environmental Management Systems Printer

ISBN 978-0-143-57091-2

A catalogue record for this book is available
from the National Library of New Zealand.

www.penguin.co.nz

MIX
Paper from
responsible sources
FSC® C009448